ZU DIESEM BUCH

Kaum ein neues Thema aus der Arbeitswelt hat eine breite Öffentlichkeit so mobilisiert wie Mobbing, das vor allem durch die Forschungen des schwedischen Arbeitspsychologen Heinz Leymann und sein vor zwei Jahren bei rororo aktuell erschienenes Buch ins öffentliche Bewußtsein gerückt ist. Seitdem ist klar: Psychoterror am Arbeitsplatz ist eine häufige und keineswegs zufällige Erscheinung. Zu Mobbing eskalierende Konflikte überschreiten unter den besonderen Bedingungen der Arbeitswelt zwischenmenschliche, ethische und auch juristische Grenzen und führen in der Spätphase bei Betroffenen zu ernsten psychischen, psychosomatischen und auch physischen Erkrankungen. Es ist in Deutschland in der Auseinandersetzung mit Mobbing in den vergangenen zwei Jahren viel geschehen: Gewerkschaften, Krankenkassen, mit der Arbeitswelt vertraute Institutionen, Juristen und auch Manager sowie Journalisten wandten sich dem Thema zu, entwickelten Hilfsangebote für Betroffene, betrieben Aufklärung und setzten auch im deutschsprachigen Raum genauere Forschung in Gang. Trotzdem steht die gesellschaftspolitische Auseinandersetzung mit Mobbing immer noch am Anfang. Obwohl deutlich wird, daß Mobbing inzwischen sogar systematisch von Unternehmensleitungen eingesetzt wird, um beim «Abbau» von Arbeitskräften in Zeiten der Krise gesetzlich vorgeschriebene Leistungen zu umgehen, ist die Auseinandersetzung mit Mobbing auf der politischen Ebene bislang in Deutschland gleich Null. Weitere Aufklärung tut also not.

In diesem Band schreiben neben Heinz Leymann zumeist Autoren, die im deutschsprachigen Raum zu den Pionieren der Beschäftigung mit Mobbing zählen. Sie setzen sich mit den bisherigen Erfahrungen aus medizinischer, psychosozialer, gewerkschaftlicher, arbeitsrechtlicher und personalwirtschaftlich / unternehmerischer Perspektive auseinander, zeigen Perspektiven auf und berichten über konkrete Hilfsangebote.

Während es im ersten Buch von Heinz Leymann bei rororo aktuell darum ging, Mobbing in seiner ganzen Dimension bekannt zu machen, konzentriert sich dieser Band auf die Folgen von Mobbing in der Spätphase. Ausführlich wird beschrieben, was mit den Betroffenen von Mobbing, oft erst nach vielen Jahren, durch fortwährenden Psychoterror und durch die Beugung wie Verletzung ihrer Rechte geschieht. Die Beeinträchtigungen und Zerstörungen menschlicher Persönlichkeit und die zahlreichen Selbstmorde als späte Folgen von Mobbing sollten Anlaß genug sein, eine neue Debatte der Humanisierung der Arbeitswelt in Gang zu bringen.

Angaben zum Herausgeber und zu den Autoren finden sich am Ende des Bandes.

Zum Thema bei rororo aktuell:

Heinz Leymann: Mobbing. Psychoterror am Arbeitsplatz
und wie man sich dagegen wehren kann (rororo aktuell 13351)

HEINZ LEYMANN (HG.)

DER NEUE MOBBING-BERICHT

Erfahrungen und Initiativen, Auswege und Hilfsangebote

ROWOHLT

rororo aktuell
Herausgegeben von
Rüdiger Dammann und Frank Strickstrock

Originalausgabe
Veröffentlicht im Rowohlt Taschenbuch Verlag GmbH,
Reinbek bei Hamburg, Juni 1995
Copyright © 1995 by Rowohlt Taschenbuch Verlag GmbH,
Reinbek bei Hamburg
Alle Rechte vorbehalten
Umschlaggestaltung Susanne Heeder / Philipp Starke
(Foto: TCL / Bavaria)
Satz Aldus und Futura (Linotronic 500)
Gesamtherstellung Clausen & Bosse, Leck
Printed in Germany
1490-ISBN 3 499 13567 1

Inhalt

Auswege und Hilfsangebote

VORWORT

In den deutschsprachigen Ländern ist eine rege Debatte über Mobbing entstanden, die sicher noch lange Zeit anhalten wird. In den zwei Jahren nach der Publikation meines ersten Buches über dieses Thema sind eine Reihe von Initiativen in Gang gekommen und neue Erfahrungen gemacht worden. Sie sind der Anlaß und Ausgangspunkt für die Berichte und Debattenbeiträge dieses Buches, das in zwei Teilen angelegt ist. Der erste Teil beschreibt Tatsachen aus neuester Forschung, deutsche Erfahrungen und darauf bauende Initiativen. Der zweite Teil ist dann praktischer ausgerichtet und zeigt Auswege auf und Hilfsangebote an.

Dieses zweite Buch ersetzt das erste keineswegs. Es ist aber angebracht, einige wichtige Ergebnisse der Mobbingforschung zusammenzufassen, die dort ausführlich geschildert werden. Dies geschieht im ersten Kapitel. Das zweite Kapitel mag nicht alle Leserinnen und Leser gleichermaßen interessieren; es schien mir aber notwendig, zu einigen kritischen Reaktionen in der Wissenschaft kurz Stellung zu nehmen. Mit einiger Verwunderung hat mancher Experte wahrgenommen (um es dann schnell zu bestreiten), daß hier etwas gänzlich Neues am Horizont der Arbeitspsychologie und -soziologie aufgesegelt war. Unter anderem wird uns vorgeworfen, daß wir uns nicht um einige der geläufigen Theorien gekümmert haben. Aber warum sollte man sie eigentlich berücksichtigen, wenn solche Theorien seit Jahrzehnten übersehen, was aus Konflikten unter besonderen Bedingungen entstehen kann? Veraltete Theorien müssen auch einmal ersetzt oder zumindest weiterentwickelt werden können; und dazu ist die Praxis da. Sobald das Mobbingkonzept weiter herangereift ist, werden wir entsprechende Vorschläge machen können.

Im dritten Kapitel, «Wenn Mobbing krank macht», werden die Spätfolgen besprochen. Mobbing kann zu sehr krassen und lebensgefährlichen Angstzuständen führen – nicht nur zur psychischen Invalidität, sondern auch zum Tode durch eigene Hand. Die von Mobbing betroffenen Leserinnen und Leser sollten dabei im Kopf behalten, daß es hier wirklich um ein Gesamtbild von *Spätfolgen* geht, auch wenn einzelne der geschilderten Symptome schon früher auftreten. Das Kapitel dient der allgemeinen Aufklärung, sollte aber niemanden dazu verleiten, sich selbst eine Diagnose zu stellen. Das kann nur ein entsprechend ausgebildeter Arzt.

Klaus Niedl diskutiert in Kapitel vier Mobbing aus der Perspektive unternehmerischer Personalwirtschaft und fragt danach, wem das Mobben an den Arbeitsplätzen eigentlich nützt. Er geht dabei auch auf ein erschreckendes Phänomen ein, das in jüngster Zeit deutlicher hervortritt: planvoller Psychoterror, um Arbeitnehmer unter Umgehung der Gesetze und Bestimmungen, die die Verhältnisse im Arbeitsleben regeln, zu vertreiben. Und dazu werden in den deutschsprachigen Ländern sogar kurzsichtige Kostenberechnungen aufgestellt, um zu zeigen, daß sich der Gesetzesbruch lohnt – wenn ihn niemand anprangert.

Im fünften Kapitel macht Wolfgang Däubler deutlich, daß das gegenwärtige Arbeitsrecht wenig Schutz bieten kann, wo es nicht um die Vorbeugung, sondern die gerichtliche Verfolgung von Mobbingverläufen geht. Es wäre zu wünschen, daß die Entschleierungen in diesen beiden Kapiteln eine politisch ausgerichtete Debatte herbeiführen mögen – in Bonn, Wien, Zürich, aber auch in Brüssel. Ein Ansatz zu einer solchen Debatte findet sich im sechsten Kapitel von Uwe Grund.

Den Auftakt zum zweiten, praktisch ausgerichteten Teil des Buches macht das siebte Kapitel («Am Anfang steht das Zuhören») zum Umgang mit von Mobbing Betroffenen. Meistens werden Opfer eher abgewiesen, weil sie stören, weil man sie nicht versteht oder verstehen will, weil man ihnen keinen Glauben schenkt. Die Aufrichtung der Glaubwürdigkeit eines Menschen, der in Seelennot geraten ist, ist aber der erste bedeutungsvolle Schritt zu seiner Heilung. Michael Becker gibt dazu sehr gute Beispiele aus dem stationären klinischen Bereich im achten Kapitel, während Jürgen Ebeling in Kapitel neun auf einige Schwierigkeiten bei der ambulanten Auseinandersetzung mit Mobbingpatienten eingeht, die vor allem mit dem Zeitbudget niedergelassener Ärzte zusammenhängen. Martin Resch beschreibt im zehnten Kapitel Grundregeln zum Streßausgleich. Er macht aber zugleich darauf aufmerksam, daß Streßausgleich zwar helfen kann, um über kritische Passagen des Lebens zu kommen, nicht aber, um Dauerzustände zu bewältigen.

Das Schlußkapitel widmet sich einem Aspekt, der über die konkrete Auseinandersetzung mit Mobbing, seinen Folgen und den Möglichkeiten seiner Bewältigung hinausgeht. Es soll eine gesellschaftliche Entwicklung zumindest anreißen, die das Mobbing begünstigt: die Ideologisierung des Konkurrenzbegriffes. Sie hat zu einer Verwilderung des Umgangs mit den Werten und Regeln geführt, die dafür sorgen sollen, daß Arbeiten und Wirtschaften auch in der Wohlstandsgesellschaft nicht zum Selbstzweck werden. Es geht um einen falsch verstandenen Begriff von Konkurrenz, der zum Raubbau an den Seelen der Menschen führt.

Zunehmende Verunsicherung und ein allgemeines Klima, in dem die Angst vor dem Ausstoß aus dem Arbeitsleben zunimmt oder sogar geschürt wird, bindet psychische Energien, die für Kreativität und Lernbereitschaft verlorengehen. Ein solches Klima zerstört die wertvollen Potentiale der Menschen. Eine gute Zukunftsperspektive ist das nicht, übrigens auch nicht für die internationale Konkurrenzfähigkeit einer Volkswirtschaft. Es muß in Politik und Gesellschaft über Regeln nachgedacht werden, die dafür sorgen, daß in der Arbeitswelt verläßliche und gerechte Verhältnisse herrschen, in denen Mobbing und andere Auswüchse geächtet sind. Auch zu dieser nötigen Diskussion soll das vorliegende Buch beitragen.

Heinz Leymann   März 1995

ERFAHRUNGEN UND INITIATIVEN

1

HEINZ LEYMANN

Einführung: Mobbing

Das Konzept und seine
Resonanz in Deutschland

Vor zwei Jahren publizierte der Rowohlt Verlag mein erstes deutschsprachiges Buch über Mobbing, in dem ich meine eigenen Forschungen zusammenfaßte und darüber hinaus, was man insgesamt in
Skandinavien über Mobbing herausfand. Seitdem sind weitere Erhebungen in Skandinavien *nicht* durchgeführt worden, wohl aber in
Österreich. Und auch in Deutschland ist eine qualifizierte Auseinandersetzung in Gang gekommen. Die neue Forschung, die in den vergangenen zwei Jahren durchgeführt wurde, wendet sich vor allem der
Diagnostik und der Behandlung von Erkrankungen nach jahrelangen
Mobbingsituationen zu. Auch darüber wird in diesem Band berichtet
(Kapitel 3). Die neuen Forschungen und Auseinandersetzungen, um
die es im folgenden geht, fußen auf dem bisherigen Wissen, keines-
falls ersetzen sie es. Dieses zweite Buch von mir, das Sie in der Hand
haben (diesmal bin ich der Herausgeber), kann also das erste nicht
ersetzen. Es ist als Ergänzung gedacht.

In der deutschen Debatte wurde viel darüber spekuliert, woher der
Begriff «Mobbing» stammt und warum diese Forschung überhaupt in
Gang kam. Deshalb hier einige kurze persönliche Schilderungen
vorab.

Der Begriff «Mobbing». Der Bericht über die Geschichte des Begriffes
könnte ohne weiteres mit den Worten «Es war einmal» anfangen. Es
klingt wie ein kleines Märchen aus der Wissenschaftsgeschichte und

ist vielleicht auch eines. Es war nämlich wirklich einmal ein kleiner zehnjähriger Junge in Österreich, und dem hatte es ein Buch der schwedischen Nobelpreisträgerin Selma Lagerlöf besonders angetan: Nils Holgersson. Besonders eine Episode faszinierte den Jungen sehr. Es war das Kapitel, in dem Däumling Nils auf einen Baum flüchtet, unter dem der Fuchs mit triefender Schnauze darauf wartet, ihn fressen zu können. Nils aber bekommt Hilfe von den Gänsen. Im Tiefflug starten sie Scheinangriffe auf den Fuchs – wieder und immer wieder. Am Abend liegt der Fuchs vollkommen erschöpft auf dem Rücken, und Nils kann entkommen. Der kleine österreichische Junge war Konrad Lorenz. Und sein Biograph berichtet, daß der kleine Konrad von seiner Lektüre so beeindruckt war, daß er sich schon damals entschloß, das Verhalten der Gänse zu studieren.

Der Ethologe Konrad Lorenz fand später für Angriffe, die Gruppen von Tieren auf ein einzelnes Tier ausführen, um dieses zu verscheuchen, den Ausdruck «Mobbing». Angeregt von dieser Lektüre wiederum, übernahm ein schwedischer Arzt diesen Ausdruck zur Beschreibung des Verhaltens von Kindern auf dem Schulhof. Dieser Mediziner, Peter-Paul Heinemann, führte seine Studien in den 60er und 70er Jahren durch. Sie beschrieben und systematisierten ein Gruppenverhalten von Kindern, das sehr rohe Züge trug und so weit ging, daß es ein betroffenes Kind in eine soziale Situation stürzen konnte, die zuweilen mit einem Selbstmord endete. Sein schwedisches Buch über diese sozialen Prozesse nannte er «Mobbing – über Gruppengewalt bei Kindern» (Heinemann 1972 *).

Ich knüpfte an diese Tradition an und benutzte das Wort «Mobbing», als ich ähnliche Vorgänge in der Arbeitswelt der Erwachsenen entdecken und systematisieren konnte.

Eine Frage wird zum Forschungsthema. In den 70er Jahren arbeitete ich als Familientherapeut. Damals wunderte ich mich darüber, wie leicht es den Ehefrauen oft fiel, die Klagen über ihre Männer in Worte zu fassen, und wie schwer umgekehrt diesen, dasselbe zu tun. Die Handlungen der Männer waren anscheinend leichter zu beschreiben als die Handlungen der Frauen. Heute weiß man mehr über indirekte Angriffsformen von Menschen, die jemand anderen zur Weißglut

---

* ausführliche Literaturangaben finden sich jeweils am Ende des Bandes

treiben können, ohne daß dieser hinterher beschreiben könnte, was ihn so sehr gereizt hat. Es gibt neueste Forschungen hierüber in Finnland, Nord- und Südamerika. Aber diese sind nicht Thema unseres Buches. In der Arbeitswelt begegnete ich den unterschiedlichen Formen von indirekten und direkten Angriffen erneut. Und offenkundig erreichten die «indirekten» ihr Ziel häufiger als die «direkten». Ich entschloß mich dazu, in der Arbeitswelt darüber etwas in Erfahrung zu bringen. Die Zeit dafür war Ende der 70er Jahre günstig. Das schwedische Parlament hatte gerade neue Arbeitsgesetze verabschiedet, in denen eindeutig festgelegt wurde, daß das psychische Wohlbefinden der Angestellten genauso zu beachten sei wie das physische. Gleichzeitig richtete die damalige Regierung einen Forschungsfonds ein, der von ca. einem halben Prozent der Lohnauszahlungen im Lande gespeist wurde. Plötzlich war es möglich, ganz neuartige Forschungsprojekte zu entwickeln. Aber ich kam bald von meinem ursprünglichen auf ein anderes grundsätzlicheres Forschungsinteresse, nachdem ich dabei auf ein Phänomen stieß, das teilweise natürlich bekannt war: Konflikte am Arbeitsplatz, die sich bis hin zu dauerhaftem Psychoterror auswuchsen. Beobachtete man nur aktuelle Einzelfälle, schien sich wenig Neues zu ergeben. Doch das Phänomen ließ auf einmal ganz andere Verläufe und Strukturen erkennen, wenn man Beobachtungen in langen Zeitfolgen durchführte. 1984 publizierte ich einen ersten kurzen Bericht über das, was ich dann «Mobbing» nannte.

Zusammenfassung der wichtigsten Basisinformationen über Mobbing: Definition, Verbreitung, soziale Dimension, Zahlen und Fakten

Hier soll kurz an einige Fakten erinnert werden. Was meint der Begriff Mobbing? Wie lautet die Definition? Wie verbreitet ist Mobbing? Was sind seine sozialen Dimensionen? Wie sehen die Zahlen und Fakten aus?

Der Forschungsansatz der Originalforschung. Der Forschungsansatz war und ist arbeitsmedizinisch ausgerichtet. In den deutschsprachigen Ländern gibt es keine psychosozial ausgerichtete arbeitsmedizinische Forschung. Das hängt mit den politischen Rahmenbedingungen zusammen. Die Gesetzgeber in diesen Ländern haben bisher fast nur stoffliche und physikalische Schäden als mögliche Arbeitsschäden anerkannt. Daß Angestellte auch psychische Schäden erleiden können, hat man hier bislang nicht ernst genug genommen, um es zu berücksichtigen – und folglich wird in diesen Ländern solche Forschung nicht gefördert. Das, was in dieser Richtung an Forschung stattgefunden hat, wurde von Psychologen und Soziologen geleistet. Diesen waren arbeitsmedizinische Ansätze naturgemäß weniger bekannt, was sich im übrigen bei einigen von ihnen hernach in einer überraschten Kritik widerspiegelte.

Der Ansatz der Mobbingforschung ist also arbeitsmedizinisch ausgerichtet, er legt aber zugleich einen Schwerpunkt auf die arbeitssoziale Anamnese, welche von der amerikanischen soziologischen «critical incident»-Methode beeinflußt ist. In unserer klinischen Arbeit hat sich diese Anamneseform als sehr treffsicher und überzeugend erwiesen. Der arbeitsmedizinische Ansatz zielt darauf ab festzustellen, ob psychische bzw. psychosomatische Erkrankungen häufig aufgrund von Mobbingverläufen geortet werden können. Er zielt weiter darauf ab, Einsichten darüber zu gewinnen, ob es *generelle* psychische Belastungsprofile gibt, die in dieser Art Krankheiten und Erschöpfungszuständen enden. Die Forschungen, die durchgeführt wurden, hatten verschiedene methodologische Ansätze. Die klinische Forschung bestand durchweg aus qualitativen Erhebungen. Aber auch epidemiologische Statistiken wurden erarbeitet. Die epidemiologische Arbeit erfaßte teils die Situation im Lande (Schweden) durch Querschnittsuntersuchungen, teils bestand sie aus einzelnen Erhebungen in speziellen Berufsgruppen oder an den Arbeitsplätzen in einigen ausgewählten Branchen. Forschungen zur Auswertung des schwedischen Schulungsmaterials (in deutscher Sprache beim ÖGB-Verlag, A-1231 Wien, Postfach 109, erhältlich) sind derzeitig im Gange. Fortgesetzt wird auch die medizinische Behandlungsforschung, die derzeit in einer Zusammenarbeit der beiden Spezialkliniken in Karlskrona (Schweden) und Berlin-Neubrück durchgeführt wird.

Die Definition von Mobbing. Durch die Debatte in den deutschen Medien ist ein öffentliches Bild von Mobbing entstanden, das weitgehend von der authentischen Definition eines sozialen Phänomens absieht. Inzwischen werden häufig schlicht Streitereien, Unverschämtheiten oder auch psychische Nötigungen als «Mobbing» bezeichnet; die wissenschaftlichen Hintergründe aber bleiben außen vor. Dadurch ist die Gefahr entstanden, daß der Begriff «Mobbing» zu einem Modewort verkommt, mit dem man am Ende nichts weiter meint als «Konflikt». In diesem Falle aber könnte man sich den Gebrauch des Wortes «Mobbing» besser ganz ersparen.

Mit Mobbing wird ein *Prozeß* bezeichnet, der mit einem Konflikt anfängt, der aber in der Folge in typischer Form eskaliert und sich verselbständigt. Diese Art von Konfliktverlauf fokussiert sich spätestens nach längerer Laufzeit immer auf nur einen der Betroffenen, der daraufhin sozial stigmatisiert und oft aus dem Arbeitsleben ausgestoßen wird, ohne daß Geist oder Buchstaben arbeitsrechtlicher Gesetze und Verträge beachtet werden. Im Arbeitsleben kann somit ein sozialer Ausstoßverlauf entstehen, der aufgrund rechtlicher Vorgaben in der Arbeitswelt stereotype Eigenschaften annimmt (was sich daraus erklären läßt, daß sich diese Rechtsvorgaben in den hochindustrialisierten westeuropäischen Staaten sehr ähneln). Aus einem Konflikt heraus können sich fortwährende Angriffe, Attacken und Abweisungen gegenüber einer einzelnen Person einschaukeln, die diese Person in psychisch sehr belastendem Ausmaß treffen können. Als psychische Belastung wird in diesen Fällen (und nur für den statistischen, *nicht jedoch für den klinischen Gebrauch*) definiert, daß der Patient von einer oder mehreren von 45 konkret und ausschließlich beschriebenen Handlungen in feindlicher Absicht betroffen wird, und zwar wenigstens einmal in der Woche und während längerer Zeit als sechs Monate; dies ist die *frühe* Mobbingphase (siehe Leymann, 1992a, 1993a).

Diese Situation kann nach spätestens einem bis zwei Jahren zu einer Stigmatisierung und beruflichen Marginalisierung des/der Betroffenen führen, was wiederum bewirken kann, daß sich der Arbeitgeber von dieser Person durch gesetzliche oder ungesetzliche Maßnahmen befreien will (die *späte* Mobbingphase).

Es ist *diese* arbeitssoziale/arbeitspsychologische Ätiologie, dieser soziale Verlauf, der mit dem Ausdruck «Mobbing» (oder «Mobbingverlauf») umschrieben wurde. Mobbing ist also kein neues Wort für «Konflikt», sondern ein eigener Begriff für einen langzeitigen Verlauf, der bisher von Wissenschaftlern nie so gesehen worden ist. Die Gesellschaft gegen psychosozialen Streß und Mobbing e. V. hat folgende offizielle Definition geprägt:

> «Unter Mobbing wird eine konfliktbelastete Kommunikation am Arbeitsplatz unter Kollegen oder zwischen Vorgesetzten und Untergebenen verstanden, bei der die angegriffene Person unterlegen ist (1) und von einer oder einigen Personen systematisch, oft (2) und während längerer Zeit (3) mit dem Ziel und / oder dem Effekt des Ausstoßes aus dem Arbeitsverhältnis (4) direkt oder indirekt angegriffen wird und dies als Diskriminierung empfindet.»

Dabei ist zu beachten, daß die betroffene Person anfänglich durchaus gleich stark oder sogar überlegen sein kann, aber im Verlauf des Prozesses in die Unterlegenheit gerät. Für statistische Messungen wird als Häufigkeit der Mobbingattacken «mindestens einmal die Woche» vorgeschlagen und für die Duration mindestens ein halbes Jahr.

Der Ausstoß aus dem Arbeitsverhältnis scheint häufig der Fall zu sein (statistische Angaben fehlen derzeit). Auf jeden Fall aber, das zeigen klinische Erfahrungen, hat er häufig schwere Konsequenzen: Weil die Person in ihrem psychisch zerrütteten Zustand keine neue Anstellung finden kann, ist der Ausstoß aus dem Arbeitsverhältnis gleichbedeutend mit dem völligen Ausstoß aus der Arbeitswelt. Dieses zeigte sich bei klinischen Untersuchungen als Grund für die hohe Zahl der Suizide bei Betroffenen in den späten Phasen. Für Schweden muß angenommen werden, daß etwa jeder sechste Selbstmord im Lande diese Art Hintergrund hat. Für Deutschland dürfte ähnliches gelten. So gut wie alle Mobbingpatienten in der deutschen wie auch in der schwedischen Klinik hatten während längerer Zeiträume Suizidgedanken. Rund jeder zehnte dieser Patienten hatte schon mindestens einen Selbstmordversuch unternommen, ehe er oder sie in eine der Kliniken aufgenommen wurde.

Die epidemiologische statistische Analyse. Die umfassendste schwedische Untersuchung wurde vom staatlichen Arbeitsmilieufonds finanziert. Aus der schwedischen Bevölkerung wurde ein repräsentativer Querschnitt von 3507 Individuen aus der arbeitenden Bevölkerung ausgewählt. Diese Personen wurden besucht und befragt. 2438 Personen willigten in eine Teilnahme ein. Eine Analyse des Ausfalles ergab, daß unter denen, die nicht interviewt werden wollten, kaum ein Mobbingfall zu finden war. Die Interviews wurden mit Hilfe eines standardisierten Fragebogens (Fragebogen LIPT = *Ley*mann *I*nventory for *P*sychological *T*errorization, 1990a) durchgeführt. Die Fragen nach dem Mobbingvorkommen galten den vergangenen zwölf Monaten *vor* dem Interview.

Das Ausmaß des Mobbing. Diese repräsentative Untersuchung in Schweden zeigte für 1990 sehr hohe Belastungsfrequenzen. Prävalent (d. h. für den Zeitraum der Untersuchung) konnten 3,5 Prozent der schwedischen arbeitenden Bevölkerung (insgesamt 4,4 Millionen) der oben genannten Definition zugeordnet werden, also 154000 Personen. (Die statistische Abweichung bei $p = .05$ war 0.7%). Die Untersuchung wurde des weiteren epidemiologisch ausgewertet: Die jährliche Inzidenz (d. h. die Anzahl neuer Fälle pro Jahr) belief sich auf 120000 Betroffene. Damit konnte die durchschnittliche Exponierungszeit (für Patienten mit wenigstens einem halben Jahr dieser psychischen Belastung) auf 1,25 Jahre berechnet werden. Wer also entsprechend der Definition Mobbing ausgesetzt war, wurde im Durchschnitt 15 Monate lang gemobbt. Bei einer angenommenen durchschnittlichen Dauer des Arbeitslebens von 30 Jahren ist das Lebensrisiko 1 : 4, mindestens einmal und wenigstens sechs Monate lang gemobbt zu werden (Leymann, 1992b). Diese Zahlen beziehen sich nur auf die *frühe* Mobbingphase.

Unterschiede. Männer und Frauen wurden gleich oft gemobbt, wobei Männer hauptsächlich Männer mobbten und Frauen fast durchgehend Frauen. Dieser eigenartige Befund war, so zeigte es sich, ein statistischer Artefakt, der nicht die Gepflogenheiten der untersuchten Menschen spiegelte, sondern eine soziale Situation in Schweden: Männer arbeiten immer noch meistens mit Männern zusammen und Frauen mit Frauen. Überhaupt zeigte sich während der Studien immer wieder, daß Mobbingverläufe zunächst weniger von psychologischen Dispositionen gesteuert wurden als von sozialen Vorgaben, die an Arbeitsplätzen oft sehr destruktiv wirken konnten. Aus dieser Entwicklung heraus entstand dann natürlich sehr viel Psychologisches.

Unterschiede fanden sich auch zwischen den Branchen und Berufen, sie waren jedoch zunächst nicht signifikant (statistisch eindeutig). In der Folge kam jedoch eine Reihe von kleineren Untersuchungen immer wieder zu dem gleichen Ergebnis, so daß sehr wohl angenommen werden kann, daß es glaubwürdig ist: Danach scheinen Berufe des öffentlichen Dienstes bzw. Angestelltenberufe ein größeres Mobbingrisiko zu bergen als jene in den Produktionsbetrieben. Dies spiegelt sich übrigens auch in den Berufen der Patienten der schwedischen Spezialklinik wider. Krankenschwestern sowie Inhaber kirchlicher und pädagogischer Berufe haben bisher während jeder Behandlungsperiode jeweils die Hälfte der Betten belegt.

Das Phasenmodell. Ein Mobbingverlauf setzt in seiner *ersten Phase* nur den Konflikt voraus. Ohne Konflikt kann kein Mobbingverlauf entstehen. Ein Konflikt, dem die Möglichkeit gegeben wird, zu eskalieren, kann schnell in einen Mobbingverlauf ausscheren, der – und nun befinden wir uns in der *zweiten Phase* – sehr spezifische Merkmale aufweist (Leymann, 1993 a).

Ein Problem entsteht, wenn der/die Betroffene in die Unterlegenheit gekommen ist und im Umfeld keine Hilfe findet. Bemerkenswert ist natürlich, daß der Vorgesetzte im Betrieb diese Entwicklung hinnimmt (falls er sie nicht selbst provoziert hat), denn hier hat ja ein Konflikt die Grenze überschritten und mündet oft in ein haltloses Streitverhalten, das auch Produktion oder Verwaltung schädigt. Mobbingverläufe, aus diesem Gesichtspunkt des Betriebes gesehen, sind immer auch ein zumindest ideeller Verstoß des Arbeitgebers gegen seine Fürsorgepflicht.

Irgendwann kann die «Chefetage» dann doch nicht mehr umhin einzugreifen – meistens zu spät. Oft ist mindestens ein halbes Jahr vergangen. Der/die Betroffene ist zu diesem Zeitpunkt schon stigmatisiert, er/sie steht als Sündenbock da, und die Gefahr ist groß, daß diese Person auch weiterhin im Blickpunkt stehen wird. In dieser *dritten Phase* verstößt der Arbeitgeber nun häufig gegen geltende Gesetze, wenn er sich vom vermeintlichen «Störenfried» trennen will. Überlebenskämpfe und Krankheiten sind die Folgen, die leider oft von Psychologen oder Ärzten verkannt werden (*vierte Phase*).

Viele Opfer dieser Umstände werden in der *fünften Phase*, oft nach langen Jahren des sozialen Abstieges, aus der Arbeitswelt ausgegliedert. Oft leiden sie an Erkrankungen im chronischen Verlauf.

Ursachen, die bisher gefunden wurden. Es gibt zur Zeit keine zuverlässigen Untersuchungen, die einen *statistischen* Zusammenhang zwischen irgendwelchen Ursachen und Mobbingverläufen aufzeigen. Qualitative Studien, darunter viele hundert minutiöse Fallanalysen, deuten auf strukturelle Verhältnisse hin: Organisationsstrukturen (die immer auch der Ausdruck von Machtstrukturen sind), Aufgabengestaltung und Aufgabenverteilung, Führungsstil und Leitung der Arbeit. Stressoren auf diesen Gebieten (ich werde im dritten Kapitel hierauf zurückkommen) haben immer Bedeutung für die Entwicklung des Betriebsklimas. Der Zusammenhang zwischen problematischen Strukturen und Konflikten unter den Angestellten ist in der Arbeitspsychologie und -soziologie seit Anfang der 50er Jahre (Untersuchungen in englischen Kohlenbergwerken) immer wieder dokumentiert worden. Unsere derzeitigen Studien in Krankenhäusern, die der Überfrequenz von Selbstmorden unter Krankenschwestern gelten, belegen immer wieder fürchterliche organisatorische Zustände und Führungsdefizite (Leymann, in Arbeit).

Eine andere Gruppe von Ursachen, auf die wir bei Fallanalysen immer wieder gestoßen sind, hat damit zu tun, daß Menschen in bestimmten Positionen eine eher breite Angriffsfläche bieten, die sie selbst kaum beeinflussen können. Das gilt zum Beispiel für Frauen, die in männerdominierten Berufen arbeiten, oder umgekehrt für Männer in typischen Frauenberufen. Es sind auch die moralischen Ansichten und Werte der Menschen, die sie davor beschützen oder sie dazu verleiten, Mobber zu werden.

Eine geplante Studie wird von diesen und anderen Strukturen und Zuständen in Betrieben ausgehen und untersuchen, ob es Kombinationen von Ursachentypen gibt, die dazu führen, daß Konflikte sich häufiger zu Mobbing ausweiten als unter anderen Bedingungen.

Die Anzahl und Schwere der Erkrankungen. Die bisher sichersten Hinweise kommen auch hier aus Schweden. Aufgrund von Recherchen der Kranken- und Rentenversicherungskassen sowie aufgrund der Schätzungen der Gewerkschaften kann man annehmen, daß ungefähr 5–10 Prozent der jährlichen neuen Fälle in ihrem Verlauf zu schweren seelischen Erkrankungen führen. Dies wird im dritten Kapitel deutlicher dargestellt.

Mobbing und die Massenmedien

Ich bin den Journalisten großen Dank schuldig, da sie es im wesentlichen gewesen sind, die das Mobbingkonzept verbreitet haben. Ich selbst habe bewußt auf die publizistische Schiene gesetzt, um meine Forschungsergebnisse (und die anderer) zu verbreiten. Mir war – und ist – bedeutend mehr daran gelegen, Betroffene, Gewerkschaften, Krankenkassen, Ärzte oder Rechtsanwälte anzusprechen als Forscherkollegen. Diese Kollegen mögen mir verzeihen. Aber Publikationen in internationalen wissenschaftlichen Journalen in einer akademischen Sprachform des ausgehenden 19. Jahrhunderts retten nur selten Menschenleben.

Der Preis für eine solche Publikationsstrategie ist immer, daß neben hochqualifizierten Berichten auch sehr Nebensächliches oder Verfälschtes publiziert wird. Das liegt im Wesen der Massenmedien begründet, die dazu neigen, einen neuen Begriff wie eine neue Mode zu präsentieren, und ihn damit zugleich banalisieren. «Mobbing» ging es nicht anders, zum Teil wurde darüber berichtet wie über neue exotische Vögel im Tierpark. Das ist nun einmal so. Aber ich bin vollkommen überzeugt davon, daß das Mobbingkonzept ernst genommen werden wird – auch von jenen, die heute an seiner Bedeutung zweifeln. Es hat eine selbstlebende Kraft, weil es von faktischen, lebensnahen und lebenszerstörenden Einflüssen in unseren Gesellschaften handelt, denen zu viele Menschen schon einmal begegnet sind.

Der erste Bericht über Mobbing in einer deutschen Zeitschrift wurde meines Wissens schon 1988 von Monica Moebius in *Psychologie heute* publiziert. Davon abgesehen läßt sich das breiter einsetzende Medieninteresse ziemlich genau datieren. Im Juni 1991 fand in Hamburg der Weltkongreß des Arbeitsschutzes statt. Bei den Veranstaltern wurde auch ein Gesuch eingereicht, einen Vortrag über das einige Jahre vorher in Schweden entdeckte Phänomen des Psychoterrors am Arbeitsplatz zu halten. Einem längeren Briefwechsel war indirekt zu entnehmen, daß unter den Veranstaltern eine gewisse Uneinigkeit entstand. Einigen der «Offiziellen» war augenscheinlich durchaus daran gelegen, sich psychosozialer Themen des Arbeitsschutzes anzunehmen. Schließlich aber setzten sich die Konservativen durch, es kam die Absage.

Dr. Jürgen Ebeling in Hamburg ist es zu danken, daß ich gemeinsam mit ihm einen Tag vor der Pressekonferenz des Weltkongresses eine eigene anberaumen konnte – über das Thema Mobbing. Wir schöpften dem Kongreß damit das Wasser ab. Es kamen zwei Dutzend Journalisten der Hamburger Massenmedien. Der Kollege hatte eine Patientin mit, die von ihrem Erleben berichtete. Den Journalisten wurde das schwedische Forschungsmaterial vorgetragen, dazu ein Bericht des deutschen Kollegen über seine vielen Patientenkontakte – und sie waren entsetzt über das, was sie da hörten.

Das Ergebnis der Pressekonferenz waren ausführliche Berichte unter anderem im *Hamburger Abendblatt* *, in der *FAZ*, der *Welt* und im *Stern*. Auch das NDR-Fernsehen berichtete. Diese Resonanz gab uns den Mut, 1992 zu einem ersten Seminar für Führungskräfte und Gewerkschaftler in Hamburg einzuladen. Unter den Teilnehmern, die sich hier über das Thema Mobbing unterrichteten, waren ein Vertreter der DAG und des Kirchlichen Dienstes in der Arbeitswelt KDA (Uwe Grund und Udo Möckel). Es waren die Aktivitäten dieser beiden Organisationen, die in der Folgezeit die Wellen der Publikationen in den deutschen Massenmedien erst hochschlagen ließen. Unter den größeren Massenmedien, die sich des Themas annahmen, waren *Der Spiegel* (1992), *Die Wirtschaftswoche* (1992) und *Focus* sowie eine ganze Reihe von Hörfunk- und Fernsehanstalten. Die Resonanz bei den Zuschauern, Zuhörern und Lesern war durchgehend überraschend groß.

---

* Das Hamburger Abendblatt berichtete in einem präzisen fünfspaltigen Artikel über den Fall der Patientin, mit einem leider seltenen Erfolg: Drei Wochen später entschuldigte sich die Personalabteilung ihres Arbeitgebers bei ihr, und sie bekam eine neue attraktive Stellung.

Auf die erste Welle der Qualität folgte auch eine Reihe von medialen «Trittbrettfahrern». Plötzlich mußte jede Zeitung schnell etwas drucken, und nicht immer tat diese Eile den Inhalten gut. Doch dies ist nicht allzu tragisch. Ohne die Arbeit der Journalistinnen und Journalisten jedenfalls hätten heute weitaus weniger Menschen die Möglichkeit, Hilfe zu bekommen.

Problematischer wegen ihrer möglichen Wirkungen auf Betroffene waren einige der schnellen Buchpublikationen und eiligen Beratungsangebote. Kurze Zeit nach dem Erscheinen meines deutschen Buches (1993 a) wurde eine ganze Reihe von weiteren Büchern publiziert, in manchen davon war vieles offenkundig bereits geschrieben, bevor mein Buch herauskam. Was wußten diese Autoren über Mobbing? Sofern sie des Schwedischen nicht mächtig waren, einzig das, was in den Medien zu lesen oder zu sehen war. So wurden den Betroffenen Ursachenverhältnisse vorgegaukelt, die auf keinerlei gesicherten Tatsachen beruhten. Aus dem Handgelenk heraus wurden Ratschläge erteilt, darunter auch solche, die nach aller bisherigen Forschung und klinischen Erfahrung äußerst negative Folgen für Betroffene haben können, falls sie ernst genommen und befolgt werden. Kaum etwas in solchen Büchern hat Wert.*

Kommerzieller Mißbrauch des Themas war auch unter früh aktiven Beratern zu beobachten. Mancher glaubte eine Marktlücke zu entdecken und bot Seminare an – teilweise auf der gleichen schmalen Materialbasis wie oben geschildert. Wovon handelte da ein zweitägiges Seminar? – Von genau dem, was der Berater schon immer erzählt hat, nur wurden Worte ausgewechselt: Statt «Gruppendynamik» und «Konflikt» sagte man dann eben «Mobbing». Bei der Wahl von Beratern sollte man also darauf schauen, ob sie wirklich mit der Materie vertraut sind. Ein Buch gelesen zu haben reicht nicht aus; nötig ist die Teilnahme an einer Fortbildung durch Fachleute, die das Mobbingkonzept aus erster Hand kennen.

---

* Eine lobenswerte Ausnahme ist das Buch von Martin Resch: «Wenn Arbeit krank macht» (1994).

Wichtige Initiativen

Die erwähnte Kurpfuscherei wurde qualitativ aufgewogen durch engagierte und seriöse Arbeit der verschiedensten Akteure und Institutionen. Die DAG, vor allem in Hamburg, reagierte überraschend schnell. Sie installierte gemeinsam mit dem KDA und der AOK ein Hilfstelefon, dem weitere in verschiedenen Städten folgten, sorgte für gewerkschaftsinterne und öffentliche Aufklärung und organisierte unter anderem gemeinsam mit der KDA und der AOK im Februar 1993 ein erstes bundesweites Fach-Forum, das fast 300 Teilnehmer zählte: Führungskräfte, Betriebs- und Personalräte, Personalfachkräfte, Wissenschaftler und viele Betroffene. Auch wurde von der DAG im politischen Raum auf Gesetzgebungen in Finnland, Norwegen und Schweden hingewiesen, die die Anerkennung auch psychischer Streß- und Krankheitserscheinungen als Arbeitserkrankungen ermöglichen.

Unter den Krankenkassen reagierte zuerst die AOK, die interessierten Betrieben Kontakte anbot. Auch hier war es zuerst der Hamburger Raum, in dem Aktivitäten anliefen. Der Kirchliche Dienst in der Arbeitswelt in Hamburg organisierte in verdienstvoller Weise Beratung und Zusammenkünfte für Betroffene, was wiederum den Anstoß zur Gründung von Selbsthilfegruppen gab. Die Kontakt- und Informationsstelle für Selbsthilfegruppen KISS in Hamburg reagierte hier früh mit ihren Angeboten. Innerhalb des DGB hat es bisher nur lokale Aktivitäten gegeben. Das was angeboten wurde, hatte aber hohe Qualität. Zur Zeit fehlt es augenscheinlich an der Unterstützung aus der Spitze.

In Bad Lippspringe wurde schon im April 1992 die Gesellschaft gegen psychosozialen Streß und Mobbing e. V. gegründet, die bereits eine Reihe von Seminaren für Fachleute durchgeführt hat und weitere plant. Auch privat praktizierende Berater ergriffen Initiativen, um sich weiterzubilden.

Gewerkschaften, Krankenkassen, Ärzte, Berater haben in den vergangenen zwei Jahren sehr viel geleistet. Alles in allem gibt es heute Hilfe durch Beratungstelefone, gut ausgebildete Gewerkschaftsvertreter, die zudem in der Lage sind, allgemeinrechtliche und arbeitsrechtliche Möglichkeiten der Auseinandersetzungen mit Mobbing auszuloten. Es gibt eine Reihe von Ärzten, die Mobbingverläufe als anamnestische Ursachen für psychosomatische und psychische Belastungen und Erkrankungen erkennen. Es gibt eine Reihe von Beratern, die sich sorgfältig weitergebildet haben, und es gibt auch schon eine Reihe von Managern in Betrieben, die das Konzept vorbildlich ausnutzen, um die Qualität des psychosozialen Klimas in ihren Betrieben zu verbessern.

Publikationen und Öffentlichkeitsarbeit haben nicht zuletzt zur Folge gehabt, daß viele Menschen die wahren Gründe für ihre Probleme am Arbeitsplatz selbst erkennen konnten. Das Mobbingkonzept gab ihnen die Möglichkeit zum sprachlichen Ausdruck; sie konnten endlich angehört werden. Die Rückmeldungen vieler Leser auf das Mobbingbuch ließen erkennen, daß es auf sie auch – wie beabsichtigt – eine therapeutische Wirkung ausübte. Sie konnten erkennen, daß die «Schuld» für ihr Schicksal nicht bei ihnen allein oder gar nicht bei ihnen liegt.

Besonders erfreulich ist, daß es nun auch Spezialkliniken für Menschen gibt, die durch Mobbing erkrankt sind. Aber noch wichtiger ist, daß immer mehr Krankenkassen und Rententräger den Zusammenhang zwischen psychosozialem Klima am Arbeitsplatz und diesbezüglichen Erkrankungen anerkennen und ihren Versicherten die Möglichkeit einer heilkräftigen Behandlung einräumen. Der initiale Einsatz des deutschen Klinik-Gründers Dr. Michael Becker kann hier nicht hoch genug eingeschätzt werden. Er hat auch mir Mut gemacht, meine Klinik in Schweden zu gründen. Eine EU-Direktive über Gesundheitsschutz und Arbeitssicherheit (89/91 EEC), die psychosoziale Belastungen ausdrücklich berücksichtigt, wird in ihrer Wirkung diese positive Entwicklung voraussichtlich noch unterstützen.

Erfreulich ist auch, daß die Forschung im deutschsprachigen Raum in Gang gekommen ist, wenn auch bisher nur eine größere wissenschaftliche Arbeit publiziert ist (Niedl 1995). Die Studenten waren im allgemeinen schneller als ihre Professoren. Inzwischen sind bereits zahlreiche Semester- und Diplomarbeiten verfaßt worden oder in Arbeit. An einigen deutschen Universitäten gibt es jetzt konkrete Pläne für Mobbingforschung. Am weitesten ist die Abteilung Psychologie an der Universität Konstanz.

2

HEINZ LEYMANN

Theorien – aber welche?

Wie Lena, die Schweißerin, unter die Wissenschaft fiel: zur Kontroverse über Mobbing

Die Reaktionen der wissenschaftlich-akademischen Welt in Deutschland auf das Mobbingkonzept und die Mobbingforschung waren sehr unterschiedlich. Das ist kein Wunder, denn es liegt in der Natur des «Gegenstandes» von Psychologie, Psychiatrie und Sozialpsychologie, daß es immer wieder zu kontroversen Debatten kommt. Mobbing macht da keine Ausnahme. Viele Wissenschaftler zeigten sich interessiert, aber abwartend. Einige signalisierten Interesse an einer internationalen Zusammenarbeit. Andere gingen nahezu unmittelbar zum Angriff über. Dieses Kapitel setzt sich vor allem mit der Kritik am Mobbingkonzept auseinander, denn sie bietet die Gelegenheit, einige grundsätzliche Irrtümer und Mißverständnisse über das Mobbingkonzept geradezurücken und bei dieser Gelegenheit noch einmal allgemein zu verdeutlichen, was dieses Konzept leistet und was nicht.

Bevor ich mich einigen Kritikern im einzelnen zuwende, will ich kurz und dem Rahmen dieses Buches angepaßt etwas über die Theorieverbundenheit der Mobbingforschung aussagen, einen Punkt, über den es immer wieder zu Mißverständnissen kommt. Im wissenschaftlichen Sprachgebrauch unterscheidet man zwischen Theorie und Theorem, wobei letzteres in etwa eine begründete wissenschaftliche Meinung bezeichnet, die Glaubhaftigkeit beansprucht. Vieles, was im alltäglichen Sprachgebrauch zum Beispiel als «Organisationstheorie» oder «Konflikttheorie» beschrieben wird, ist eigentlich ein Theorem, das auf empirischen Befunden beruht. Mit dem Mobbingkonzept verhält es sich ähnlich, es ist keine Theorie, sondern besteht aus einer Reihe von Theoremen. Es liegen ihm aber Theorien zugrunde, und zwar im wesentlichen arbeitspsychologische und streßmedizinische.

Im internationalen Vergleich fällt auf, daß die deutsche Forschung über Streß einige Eigenarten aufweist und auch – je nachdem, wo sie stattfindet – von unterschiedlichem Rang ist. Die deutsche Medizin hat auf diesem Gebiet Weltrang, zum Beispiel in Teilbereichen wie der Psychoneuroimmunologie (die das Wissen über Streßeinwirkungen auf den Organismus und ihre möglichen Folgen in Form von Störungen des Immunsystems beschreibt). Richtet man jedoch das Augenmerk auf die deutsche Arbeitsmedizin, so muß man wohl von einem ziemlichen Versagen sprechen. Das Thema Streß bleibt weitgehend ausgeklammert, weil man sich in höchst konservativer Weise nur für die klassischen Arbeitserkrankungen interessiert.

Möglicherweise ist diese Kritik an der Arbeitsmedizin ungerecht. Die Schuld an ihrem Ausfall liegt wohl eher bei den Politikern und bei jenen Akteuren, die die Gesetzgebung im Arbeitsrecht beeinflussen. Denn auch sie orientieren sich nahezu ausschließlich an den klassischen physischen Ursachen von Arbeitserkrankungen, psychologische und soziologische Ursachen werden nicht beachtet. Entsprechend ist das deutsche Arbeitsrecht in dieser Frage gestaltet. Daraus ergibt sich natürlich, daß Streßforschung in der Sparte Arbeitsmedizin nicht gefördert wird.

Es gibt allerdings gleichwohl deutsche Forschung auf diesem Gebiet. Sie ist in den siebziger und achtziger Jahren über Forschungsprojekte unter dem Leitmotto «Humanisierung der Arbeitswelt» auch von Arbeitspsychologen und -soziologen aufgenommen worden. Und diese Forschung weist nun zumeist jene deutsche Eigenart auf, von der ich sprach: Der Streßbegriff wird seines biologischen Ursprunges entkleidet. Aus diesem Grund kann mir in Deutschland die Frage gestellt werden, was denn der Unterschied zwischen Streß und Mobbing sei. Meine Antwort ruft regelmäßig vielsagendes Schweigen hervor, wenn ich darstelle, daß Mobbing ein sozialer Stressor ist, der biologische – und somit psychische – Streßreaktionen erzeugt.

Für die Mobbingforschung ist die amerikanische und schwedische arbeitsmedizinische Streßforschung maßgebend gewesen. Eine sehr gute Übersicht über diese Forschung findet sich bei dem Autorenpaar Karasek (Amerikaner) und Theorell (Schwede). Ihr Buch (Healthy Work. Stress, productivity, and the reconstruction of working life, Basic Books, New York 1990) ist grundlegend auf diesem Gebiet. Ein vergleichbares deutsches Buch, das jedoch ein wenig von dem erwähnten und etwas kuriosen deutschen Streßbegriff widerspiegelt, wurde von Greif, Bamberg und Semmer herausgegeben (Psychischer Streß am Arbeitsplatz, Göttingen 1991).

In der Auseinandersetzung mit den einzelnen Phasen des Mobbingverlaufes können weitere Theorien aktualisiert werden, nicht zuletzt, wenn es darum geht, die Forschung voranzutreiben. So ist in meinen Augen die *erste Phase*, die Phase des Konflikts am Arbeitsplatz, noch mangelhaft erforscht. Fruchtbare neuere Ansätze, bei denen deutlich wurde, daß sie weiterführen können, beziehen sich durchweg auf die feministisch orientierte Organisationsforschung. In den USA ist dies zum Beispiel die feministische sozialpsychologische Forschung (z. B. Kolbe, Bartunek, 1992), ein Beispiel aus Deutschland bieten Gust, Moitz, Peter (1992).

In der Auseinandersetzung mit der *zweiten Phase*, dem eskalierten und zum Teil ins Kriminelle mutierten Konflikt, ziehe ich Theorien der Sozialpsychologie denen der Gruppendynamik und Persönlichkeit vor. Sozialpsychologische Theorien, die sehr gute Erklärungen für gewisse Phasenabschnitte geben, sind die der Stigmatisierung (zum Beispiel Jones 1984) sowie des Copingverhaltens und -vermögens. Auch psychologische und biologische Theorien über Streß stellen abschnittsweise gute Deutungsmuster bereit.

In bezug auf die *dritte Phase* bieten sich Managementtheorien und juristische Erklärungsansätze an. Da es hier meistens um erstaunliche Machtübergriffe geht, hat sich gezeigt, daß die Machttheorien der politischen Wissenschaft große Aussagekraft haben (Leymann 1992a, Bachrach und Baratz 1962, Gaventa 1987, Lukes 1974, Parenti 1970, Petersson 1987). Machttheoretische Konzepte, die international bislang hauptsächlich zur Erforschung von Entscheidungsverläufen auf staatlicher und überstaatlicher Ebene dienten, ergaben fruchtbare Ansätze, wenn es darum ging, das Verhalten der Arbeitgeber besser zu verstehen. Dieses insbesondere, wenn es um Großbetriebe, kommunale Arbeitgeber (besonders wenn Politiker als Arbeitgeber auftreten) und um übernationale ideelle Organisationen als Arbeitgeber (Leymann 1992 a) ging.

Für die *vierte und fünfte Phase*, die ebenfalls noch wenig erforscht ist, ist das Wissen über das Verhalten von Angehörigen sozialer und medizinischer Berufe von Gewicht, die Anamnesen und Diagnosen stellen oder – so bei Versicherungs- und Rententrägern – Fallbeurteilungen abgeben müssen.

Meinungsverschiedenheiten über Theoriebeiträge

Neben zahlreichen interessanten Disputen sind mir derzeit drei Texte in wissenschaftlicher Darstellungsform bekannt, die sich kritisch mit dem Mobbingkonzept auseinandersetzen. Zweien davon will ich mich nur kurz zuwenden, dem dritten, da er in Buchform vorliegt, etwas ausführlicher. Es sind dies Ardelt, Buchner und Gattinger, mit denen ich anläßlich eines Besuches in Salzburg einmal eine halbe Stunde bei einer Tasse Kaffee das Mobbingkonzept diskutierte, weiter Hahne (in der Zeitschrift Führung und Organisation) sowie Neuberger (in seinem Buch: Mobbing – Übel mitspielen in Organisationen, Mering 1994). Allen drei Kritikern ist gemeinsam, daß sie zwar mein deutschsprachiges Buch wohl kennen, nicht aber die Originalliteratur, die es zusammenfaßt. Dies ist aber schon notwendig, wenn es nicht von vornherein zu Irrtümern über Hintergrund, Methodik und Ansatz der Mobbingforschung kommen soll. So legen alle drei Kritiker nahe, es sei im Prinzip mein Ziel, eine konfliktfreie Kommunikation in den Betrieben herzustellen. Dem ist natürlich nicht so, im Gegenteil wird in der Mobbingforschung in nahezu jedem Bericht deutlich unterstrichen, daß man Konflikte nicht nur nicht vermeiden kann, sondern daß sie auch wichtige Bestandteile eines kreativen Arbeitslebens sein können. Es geht vielmehr darum, destruktive Konflikte, die dann in Mobbing münden, sichtbar zu machen, sie frühzeitig zu erkennen und womöglich auszuräumen, bevor sie ausufern, wobei natürlich dem Arbeitgeber angesichts seiner Fürsorgepflicht gegenüber den Mitarbeitern, aber auch seiner Verpflichtung, optimale Produktionsbedingungen zu gewährleisten, eine besondere Rolle zukommt. Auffällig bei allen ist weiter eine gewisse Theoriefixiertheit. Ardelt u. a. speziell meinen, es fehle dem Mobbingkonzept an theoretischer Grundierung. So respektiere es nicht die gruppendynamischen Theorien, nicht die Konflikttheorien, nicht die Organisationstheorien und auch nicht die Persönlichkeitstheorien.

Nun habe ich bereits kurz dargestellt, daß das Mobbingkonzept durchaus theoretisch grundiert ist. Um so problematischer ist ein Verhalten in der Auseinandersetzung, das mir verschiedentlich bei Kritikern aufgefallen ist, und für das ich am Ende dieses Kapitels ein krasses Beispiel gebe: Sie nehmen sich Fallbeispiele von Mobbingopfern vor, die sie in Publikationen fanden, um sie dann im Lichte ihrer Lieblingstheorien neu zu interpretieren. Es liegt auf der Hand, wie fragwürdig das ist, und auch, daß sich so natürlich nicht die Mobbingforschung überprüfen läßt. Schließlich sind die Fallbeschreibungen selbst schon Teil einer Analyse, und es darf nicht vergessen werden, daß sie gemeinsam mit den Betroffenen erarbeitet wurden. Es ist ein entscheidender Unterschied, ob man in der Zusammenarbeit mit lebenden Menschen und ihrer konkreten Wirklichkeit zu Ergebnissen kommt oder an seinem Schreibtisch auf der Grundlage von Texten, die diese Menschen und ihre Wirklichkeit in einer spezifischen Weise beschreiben.

Warum werden bestimmte Theorien in der Mobbingforschung nicht oder wenig berücksichtigt? Eine interessante Frage, die immer wieder gestellt wird. Im Folgenden will ich mich zu einigen kurz äußern:

● *Persönlichkeitstheorien*
Die Mobbingforschung gibt den Persönlichkeitstheorien wenig Raum, was in Disputen von Anhängern oder Spezialisten dieser Fachrichtung moniert wird. Ihre allgemeine These besagt, daß es sich bei den gemobbten Mitarbeitern um Personen handele, die auf Grund ihrer Persönlichkeitsmerkmale oder Charakterzüge prädestiniert seien, in Mobbing verwickelt und dessen Opfer zu werden. Damit ist natürlich direkt oder indirekt die Kritik daran verbunden, daß die Mobbingforschung die sachlichen, sozialen Situationen analysiert und eben nicht die Persönlichkeitsvariationen der Opfer. Ganz allgemein gesagt – und es ist interessant, daß sich die entsprechenden Kritiker in der Tat recht allgemein äußern – wird also geltend gemacht,

daß die Variationen menschlichen Verhaltens eher auf Typen von Persönlichkeit beruhen und weniger auf die Veränderungen der sozialen Situation zurückzuführen sind, in der sich ein Mensch gerade befindet.

Aussagen der Persönlichkeitstheorien zur Erklärung von Mobbing heranzuziehen ist aus verschiedenen Gründen problematisch. Wenn diese Gründe hier aufgeführt werden sollen, dann bedeutet das freilich nicht, daß ich diese Theorien ablehne. Im Gegenteil, sie können sehr wohl wichtige Aufschlüsse geben, dann nämlich, wenn es um die Gestaltung der *Therapie* eines einzelnen Patienten geht. Sie können also für das Verständnis beim Therapeuten hilfreich sein. (Ich habe aber beobachtet, daß sich die Einschätzung einer psychologischen Gruppenzugehörigkeit in der Wirklichkeit eher selten auf die Wahl der Therapie auswirkt. Viele Therapeuten arbeiten nach einer bevorzugten Methode und lassen sich dabei kaum von den jeweiligen Charaktereigenschaften ihrer Patienten beeinflussen. Eher schon dienen solche Einschätzungen später als Erklärung dafür, die Patienten abzuwerten, wenn die Methode versagt hat.)

Es gibt eine ziemliche Anzahl von Persönlichkeitstheorien. Jede hat ihre eigenen Eigenschaftsfaktoren, mit denen auf verschiedene Arten der Persönlichkeit geschlossen werden soll. Eine Konsistenz unter diesen verschiedenen Ansätzen ist bislang nicht gefunden worden, jede Theorie mißt und deutet auf ihre Weise. Voraussagen, wie sich eine einzelne Person in einer bestimmten Situation in der Zukunft verhalten wird, können mit ihrer Hilfe, streng wissenschaftlich gesehen, schwerlich getroffen werden. Entsprechende Längsschnittstudien, die Menschen mit verschiedenen Persönlichkeitsdiagnosen über längere Zeit verfolgen, gibt es – auch international gesehen – bislang jedenfalls nicht. Dagegen gibt es psychiatrische Längsschnittstudien, die zeigen, daß Kindheitsprägungen kaum, aktuelle Situationstypen im Lebensverlauf dagegen recht gut zu Voraussagen von menschlichem Verhalten taugen. In den psychiatrischen Lehrbüchern wird insofern auch immer wieder davor gewarnt, Persönlichkeitstypologien einzel*diagnostisch* anzuwenden (z. B. Schneider 1950, Huber 1992).

Ein weiteres Problem stellen Häufigkeitsaussagen dar. Kliniker ziehen allzuoft entsprechende Schlüsse aus den Patientenzusammensetzungen in ihren Sprechstunden. Ein kurzes Beispiel: Gesetzt den

Fall, ich sehe in meiner Patientenstatistik, daß 40 Prozent der Mobbingopfer dem Persönlichkeitstyp X angehören und 25 Prozent dem Typ Y, die übrigen 35 Prozent verteilen sich gleichmäßig auf sechs weitere Typen. Kann ich nun behaupten, daß der Typ X anfällig für Mobbing ist (Wir nehmen einmal an, meine Patientenauswahl ist zufällig demographisch repräsentativ)? Natürlich kann ich das *nicht* behaupten. Denn für keine der Persönlichkeitstheorien und -typen gibt es ja epidemiologische Bevölkerungsuntersuchungen, die deutlich machten, wie häufig welcher Typ in der Bevölkerung überhaupt vorkommt. Wir stellen uns weiter vor, diese Untersuchungen würden endlich einmal durchgeführt, und es zeigte sich, daß Typ X mit der Häufigkeit von 61 Prozent in der Bevölkerung zu finden ist und Typ Y zu 12 Prozent. In diesem angenommenen Falle wären meine X-Patienten also unter- und meine Y-Patienten überrepräsentiert. Es wäre also herausgekommen, daß der Persönlichkeitstyp X eigentlich überhaupt nicht, dagegen der Typ Y aber besonders anfällig für Mobbing wäre. In der Diskussion besonders zwischen Klinikern der Psychologie und der Psychiatrie wird von diesem Problem kaum Notiz genommen – von weniger Ausgebildeten in diesen Fächern ganz zu schweigen. Insofern werden oft Aussagen gemacht, die wissenschaftlich ganz und gar nicht zu vertreten sind.

Ein weiteres Problem mit den Persönlichkeitstheorien erhebt sich besonders in bezug auf die Patienten, die infolge von Mobbing schwer erkrankt sind (siehe das folgende Kapitel). Wenn ein Mobbingverlauf offiziell aufgenommen wird (der Arbeitgeber schreitet ein oder der / die Betroffene geht zum Arzt), dann ist meistens weit mehr als ein Jahr vergangen. Die schwedische epidemiologische Untersuchung weist einen Zeitraum um zwei Jahre aus. Nach dieser Belastungszeit sind viele Patienten bereits an einer chronisierten Form von PTSD erkrankt (post-traumatic stress disorder, siehe das folgende Kapitel), die den PTSD-Theorien der Psychiatrie zufolge schon langsam mit einer Veränderung der Persönlichkeit des Opfers einhergeht. Wenn nun Mobbingverläufe zu beweisbaren Veränderungen in der Persönlichkeit führen, wie will man dann für diese schweren Fälle (und es sind ja gerade immer diese, die aus der Sicht der Persönlichkeitstheorien diskutiert werden) nachweisen, daß gerade *diese* Persönlichkeit für das Geschehen ursächlich ist? Es gibt in der psychologischen Diagnostik kein seriöses Verfahren, das die Möglichkeit anbietet, bei einem Patienten, der durch eine Extrembelastung oder Erkrankung eine Persönlichkeitsveränderung erlitten hat, die Eigenschaften der «ehemaligen» Persönlichkeit auszumachen. Natürlich können Freunde, Verwandte und Bekannte dazu Aussagen machen. Doch dürfte ihr wissenschaftlicher Wert eher gering sein. Es gibt aber durch die PTSD-Erkrankung eine Verwechselungsgefahr: Da PTSD spezifische Verhaltensmuster erzeugt, kann der unaufgeklärte Betrachter auf die Idee kommen, gleichartige «Persönlichkeiten» vor sich zu haben.

Ein letzter, ein anderer Aspekt sei schließlich hervorgehoben: Psychologische Gutachten, die Patienten routinemäßig bestimmte Persönlichkeitsmuster zuschreiben, können zum Beispiel bei Krankenkassen oder auch bei anderen Institutionen sehr leicht den Eindruck erwecken, daß es am Patienten selbst liegt, wenn er in seinem Leben Probleme bekommt. Dies hat in Ländern, wo auch psychische Erkrankungen als Berufskrankheiten anerkannt werden können, zu Rechtsverlusten geführt (Leymann 1992 a). Dieses Risiko kann zum Beispiel einen Menschen treffen, der in einen Mobbingverlauf geraten ist, der ihn letztlich krank machte, und dem dann eine narzisstische Veranlagung diagnostiziert wird. Und ich muß leider darauf hinweisen, daß Diagnosen dieser Art oft sehr leichtfertig getroffen werden. Mir sind Fälle bekannt, wo ein entsprechendes diagnostisches Interview eine knappe Viertelstunde gedauert hat. Darüber hinaus besteht sogar die Gefahr, daß Mobbingopfer, die sich in einem Rechtsstreit befinden, auf Grund persönlichkeitsorientierter Diagnosen bürgerliche Rechte verlieren.

Aus diesen Gründen wird davon abgeraten, Mobbingpatienten im Lichte dieser Theorien zu begutachten.

● *Kleingruppenforschung und gruppendynamische Theorien*
Das Problem dieser Forschungsrichtung ist nach wie vor (und dies ist eine Kritik, die seit dreißig Jahren immer wieder vorgebracht wird), daß sie sich zu sehr von zufälligen Arrangements, zum Beispiel von Studentengruppen, von geschichts- oder aufgabenlosen Gruppen oder aber von Gruppen mit künstlichen, spielerischen Aufgaben, abhängig gemacht hat. Die Gesetzmäßigkeiten gruppendynamischer Prozesse, die diese Forschung postuliert, sind nur sehr bedingt auf Gruppen in der Arbeitswelt anzuwenden, die nach professionalen und

produktionsorientierten Kriterien gebildet werden. Sie gelten eigentlich nur dann uneingeschränkt, wenn das Management gewissermaßen abgetreten ist, indem es unterläßt, äußere Regeln und Rahmenbedingungen für das Geschehen und Verhalten am Arbeitsplatz zu setzen.

Das Entstehen von Rollen, das in der Kleingruppenforschung einen wichtigen Stellenwert hat, ist in der Arbeitswelt nur sehr bedingt das Ergebnis von gewissermaßen freien gruppendynamischen Prozessen. Im Gegenteil. Die Rollenverteilung wird sehr stark durch bestehende Hierarchien, die Arbeitsaufgaben und Vorgaben des Managements beeinflußt. Wenn in Arbeitsgruppen gemobbt wird, liegt dies in aller Regel nicht an gruppendynamischen Gesetzmäßigkeiten, sondern eher an Fehlern des Managements bei der Gestaltung der Arbeitsbedingungen. Denn Arbeitsgruppen sind ja keine ideellen Gemeinschaften, sondern Zweckgemeinschaften, die freilich vom Management so organisiert werden müssen, daß sie ihren Zweck auch im guten Einvernehmen miteinander erfüllen können.

● *Organisationstheorien*
Organisationstheorien kennzeichnet, daß ihre Erschaffer sie entwerfen, indem sie Praktikern in der Wirtschaft über die Schulter gucken, um zu erforschen, was eine Gruppe von Managern oder auch von Betrieben mit welchem Zweck getan hat und warum es gelungen ist oder nicht. Es sind Theorien, die meistens im Nachhinein erschaffen werden und ihren Sinn nicht zuletzt für das Studium der Betriebswissenschaften haben, wenn es darum geht, Studenten modellhaft Grundbegriffe nahezubringen.

In der Regel ist die Praxis der Theorie voraus, und die Wissenschaftler gestalten sie nur dann wirklich mit, wenn sie selber die Chance bekommen, in die Wirtschaft zu gehen und im Einvernehmen mit den Managern Neues zu schaffen. Ein Beispiel für einen solchen Wissenschaftler war mein Doktorvater, Professor Einar Thorsryd aus Norwegen, der Erfinder der teilautonomen Gruppen, einer Organisationsform, die von Managern in den verschiedensten Ländern weiterentwickelt wurde (in den achtziger Jahren als sogenannte Qualitätsgruppen in Japan und jetzt seit einigen Jahren als lean production aus den USA kommend). Man sieht, Organisationstheorien wandeln sich mit der Praxis, sie bestimmen die Praxis aber nur zum Teil.

Interessantere Ansätze zur Erklärung von Mobbing stellen in meinen Augen die Machttheorien der Makrosoziologen und der politischen Wissenschaften bereit. Was treibt Topmanager von heute an, woraus beziehen sie ihre Motivationen? Wie kommt es, daß seit achtzig Jahren existierende arbeitspsychologische Erkenntnisse, die immer wieder die wirtschaftlichen Vorteile von psychologisch aufbauender Menschenführung unterstreichen (eine neuere Zusammenfassung bieten Karasek und Theorell 1990), in vielen Unternehmen und Verwaltungen vom führenden Management kaum beachtet werden? Ich fürchte, daß diesen Mächtigen gar nicht so sehr daran liegt, große Gewinne zu erzeugen, daß ihnen viel mehr an Macht und Einfluß selber liegt und am Kampf darum. Jedenfalls kann dies äußerst interessant über die «Machttheorien» erläutert werden. Ich habe einen solchen Versuch unternommen und finde, daß er einen interessanten Weg aufzeigt (Leymann 1992a).

Die wissenschaftliche Originalität des Mobbingkonzeptes

Eine etwas flachere Kritik ist dem Konzept zuteil geworden, indem ihm die Originalität abgesprochen wurde: Mobbing bezeichne mit einem neuen Wort nur etwas, das schon immer bekannt gewesen sei. Dem wäre sicher so, wenn man «Mobbing» als Synonym für «Konflikt», «Gehässigkeit unter Kollegen» oder dergleichen begreifen würde, was auch manche Wissenschaftler leider tun.

Mit Verlaub: Das Mobbingkonzept hat einen hohen Grad an Originalität. Die Beschreibung des Konzeptes hat auch eine sehr große Begriffsvalidität. So hat bisher jeder Psychologe oder Arzt schon durch eine ernsthafte Auseinandersetzung mit seiner Beschreibung eine diagnostische Fähigkeit erworben, Mobbingpatienten sofort erkennbar zu machen.

Die Originalität des Konzeptes liegt somit in seiner Leistung, einen bisher *verborgenen* Verlauf aufzuzeichnen, ihn transparent und somit greifbar zu machen. Dies wird im übrigen auch tagtäglich durch Briefe und Aussagen von Patienten bestätigt, die jahrelang herumgeschickt, abgestempelt, verlacht und verachtet wurden und die schlagartig beim Lesen des Konzeptes eine Katharsis erleben. Häufig gebrauchen sie den Satz: Es liest sich Seite für Seite, als ob mein eigener Fall beschrieben würde.

Das Neue ist also nicht, daß hier jemand behauptet, entdeckt zu haben, daß sich Menschen in der Arbeitswelt feindselig bekämpfen. Neu ist vielmehr, die stereotypen Folgen dieses destruktiven Verhaltens Schritt für Schritt über einen Zeitraum von mehreren bis zu vielen Jahren im «critical-incident»-Verfahren beschrieben zu haben. Der Mobbingvorgang läuft erstaunlich gesetzmäßig ab – auch wenn man Fälle miteinander vergleicht, die aus verschiedenen westlichen Industriestaaten stammen. Das ist damit zu erklären, daß die Arbeitsverhältnisse in diesen Staaten in sehr ähnliche oder gleichartige kulturelle, juristische, organisatorische und hierarchische Formen gegossen sind.

Neu sind die minutiöse Beschreibung der Arten feindlicher Handlung in der zweiten Phase, der Arten von Rechtsverdrehungen und -übergriffen in der dritten, der Typen von Falschdiagnosen in der vierten und die Bereitstellung von diagnostischen Leitlinien, die für die hier entstehenden psychischen Berufskrankheiten zu gelten haben.

Neu ist weiter, gezeigt zu haben, unter welchen Vorzeichen und mit welchen Mitteln der Ausstoß des/der Gemobbten vor sich geht und daß auch dies wieder – wenn man Fälle vergleicht – ein erstaunlich stereotypes Bild abgibt. Neu ist die Beschreibung, welche Instanzen der Gesellschaft an diesem Prozeß mitwirken und wie sie es tun. Neu schließlich ist die Entdeckung, daß das Management eigentlich jederzeit die Befugnis und die Mittel in der Hand hat, den Prozeß abzubrechen – selbst wenn schon Jahre verflossen sind. Dies alles sollte eigentlich Originalität genug sein.

Ein Kritiker

Das Buch von Neuberger (1994) stellt in der bisherigen Auseinandersetzung mit meinem Konzept einen erstaunlichen Sonderfall dar. Auch er erliegt der Verwechslung von Theorem und Theorie. Auch er glaubt, es mangele meinem Konzept an theoretischer Grundierung – und leitet daraus zwanglos die Berechtigung ab, das Mobbingkonzept mit einem atemberaubenden Durchgang durch alle möglichen Theorien zu überziehen, und am Ende hat wirklich alles und jedes mit Mobbing zu tun. Um die Unzulänglichkeit meiner Forschung zu belegen, erweckt er immer wieder den Anschein, als seien gerade die empirisch-statistischen Befunde der Mobbingforschung wie Theorien zu behandeln. Wird auf diese Weise erst einmal das konkrete Ergebnis einer jahrelangen Auseinandersetzung mit der Wirklichkeit des Arbeitslebens zur bloßen Meinungsäußerung über irgendein beliebiges Feld menschlichen Zusammenlebens gemacht, so ist es natürlich leicht, beliebige andere Meinungen daneben- und dagegenzusetzen.

Entsprechend sorglos geht Neuberger mit den Quellen um, die er seinen Analysen zugrunde legt. Aus welchem Medium und aus welchen Zusammenhängen sie auch stammen, sie werden alle gleich ernst genommen, ob als Beleg oder als Grundlage von Kritik. Er billigt Fallberichten und ihren Deutungen in beliebigen Zeitungen die gleiche Authentizität zu wie den sorgsam ausgearbeiteten Fallbeispielen der Mobbingforschung, die einerseits auf empirisch-statistischen Erhebungen und andererseits auf ausführlichen Interviews mit Betroffenen beruhen. Text ist für ihn Text.

Das führt zu unsachgemäßen Verallgemeinerungen, denen schließlich auch meine Forschungen ausgeliefert werden. So unterstellt Neuberger (S. 71) meiner Untersuchung über Mobbing gegen Behinderte, ihre Ergebnisse spiegelten die Situation von Behinderten in der gesamten schwedischen Arbeitswelt wider. Das mag besser zu seiner Argumentation passen, ist aber falsch: Die Studie bezog sich auf einen ganz bestimmten Ausschnitt der Arbeitswelt (karitative Organisationen), dessen Besonderheiten erst dazu führten, daß hier behinderte Menschen fünfmal häufiger Opfer von Mobbing wurden als ihre nichtbehinderten Kolleginnen und Kollegen. In bezug auf die schwedische Querschnittuntersuchung zur Bestandsaufnahme von Mobbing in der Arbeitswelt stellt er den – wirklich schwerwiegenden – Vorwurf in den Raum, es seien von mir «die Befragten nicht auf einen Bezugszeitraum (konkret: ‹dieses Jahr›) festgelegt worden» (S. 39). Genau das ist selbstverständlich geschehen. Die Frage lautete nämlich, ob der oder die Befragte von einer oder mehreren aufgeführten Handlungen *in den vergangenen zwölf Monaten* betroffen gewesen sei. Neuberger setzt sich mit einer Forschungslage auseinander, die er offenkundig nicht genau genug kennt. So auch, wenn er (S. 47) eine Zeitung zitiert, der zufolge eine amerikanische Untersuchung ergeben hat, daß 20 Prozent aller Selbstmorde die Folge von Psycho-terror am Arbeitsplatz seien. Es gibt keine solche Untersuchung in den USA. Und es gibt dort überhaupt keine Untersuchungen über Mobbing in dem Sinne, wie der Begriff in Skandinavien entwickelt wurde.

Ebenso sorglos ist der Umgang mit authentischen Fallbeschreibun-gen und -analysen. Neuberger erfindet – zum Beispiel – zu der Be-schreibung von Lena, der Schweißerin, deren Geschichte mein erstes deutsches Mobbingbuch durchzieht, Alternativgeschichten und Deu-tungen.

Sie sollen den Sinn haben, ihrem Erleben die Perspektive der Um-gebung, der Mobber, hinzuzufügen. Sie sollen deutlich machen, daß und wie Lena selbst zum Mobbingprozeß beigetragen hat und welche Alternativen es gegeben hätte, um den Prozeß zu stoppen. Nur: Le-nas Geschichte kommt aus der Wirklichkeit (die hier natürlich deu-tend beschrieben wird). Neubergers Alternativen sind Geschichten über Geschichten, die am Ende mehr über ihren Autor aussagen als über das Geschehen.

Ein Beispiel: Die Mobbinggeschichte Lenas wies die Besonderheit auf, daß eine junge Frau einen «Männerberuf» gewählt hatte und deshalb zu einer Arbeitsgruppe stieß, in der sonst nur Männer be-schäftigt waren. Sicherlich hat dieser Umstand den Mobbingverlauf beeinflußt, aber bei Neuberger wird er zum Anlaß genommen, die Verweigerung eines gruppendynamischen Prozesses zu konstru-ieren.

Und dazu wird die authentische Fallgeschichte nicht nur neu inter-pretiert, sondern bisweilen auch einfach umgeschrieben. So wird aus der Tatsache, daß Lena aufgefordert wird, in der Werksküche er-kranktes Personal zu vertreten, ein «Küchendienst» gemacht, den bis-her die Männer erledigen mußten. Und daraus darf man dann schlie-ßen, warum Lena nicht versteht, was mit ihr geschieht (S. 103): «Lena erlebt die ‹Erniedrigung› nicht als Aufforderung, sich in der Gruppenhierarchie hochzudienen, sondern interpretiert sie als Ge-schlechterdiskriminierung: Weil sie eine Frau ist, muß sie in die Kü-che!» In Neubergers Umdeutung scheitert Lena, weil sie mit den an-geblichen Regeln einer «Männerwelt» nicht zurechtkommt. Und in seinen Folgerungen entwirft er Bilder über Männer und Frauen in der Arbeitswelt, die Gewerkschafter und Feministinnen gleichermaßen interessieren dürften, unter anderem (S. 106 ff.): «Als Neuling keine großen Ansprüche stellen, sich langsam hochdienen» – «Immer daran denken, daß eine Frau in einem Männerberuf und einem ‹Männerladen› (buchstäblich) ein Fremdkörper ist. Frauen sind wie Frauen zu behandeln» – «Nicht jammern, weinen, krank werden, sondern sich durchbeißen, sich nichts anmerken lassen» – «Männliche Besitzstände sind zu wahren! (z. B.: ‹keine erniedrigenden Küchenarbeiten, solange Frauen dafür verfügbar sind!›)» – «Die Männergruppe ist geschlossen und einig im Vorhaben, Lena eine Lektion zu erteilen. Dieser Zusammenhalt erlaubt keine Dissidenten, die Lena evtl. auf ihre Seite ziehen könnte» – «Ihr Fall muß herhalten als Warnung für Frauen, die ihre Grenzen nicht kennen...»

Von welcher Arbeitswelt ist hier die Rede? Von der schwedischen? Von der deutschen? – Hier werden wohl eher Vorurteile über Vorurteile ausgebreitet, die mit Lenas Realität und der ihres Betriebes jedenfalls nichts zu tun haben.

Die Kritik Neubergers am Mobbingkonzept läuft in der Substanz darauf hinaus, daß es gewissermaßen den oder die Mobber einseitig schuldig spreche, die Opfer mit ihrer Geschichte ebenso einseitig in Schutz nehme und damit unterschlage, daß Mobbing in komplexen Kommunikationszusammenhängen stattfinde, in denen alle Beteiligten Schuld auf sich laden und die man in ihrer Komplexität durchschauen müsse, um Mobbing zu begegnen. Nichts von alledem ist der Fall. Wahr ist nur, daß für die Mobbingforschung von Bedeutung ist, daß sich in einem zu Mobbing eskalierenden Prozeß ein Opfer herausschält und was dann warum mit ihm geschieht. Und daß sie dabei von juristischen und ethischen Regeln nicht absieht, weil sie das Verhalten der Beteiligten mit prägen. Die Kritik Neubergers – und auch sein eigenes Theoriegebilde, das sich an der Spielmetapher orientiert – lebt davon, daß seine Entwürfe von Mobbing sich grundsätzlich im rechtsfreien Raum bewegen, in dem die Beteiligten ihre Handlungsspielräume nach Belieben neu aushandeln oder ausfechten können. Arbeitsrecht und Arbeitsschutzgesetze – das zeigt auch sein Umgang mit Lenas Fall – scheinen für ihn nicht zu existieren, ebensowenig Zivilrecht und Strafrecht. Mobbing findet aber in der *Arbeitswelt* statt, und deshalb kann man von diesen äußeren, feststehenden «Regeln» nicht absehen, wenn es darum geht, Mobbing und seine Folgen zu qualifizieren – und etwas dagegen zu tun. Denn gerade sie werden im Mobbingverlauf immer wieder verletzt (auch wenn es schwer ist, das vor Gericht zu beweisen) oder gebeugt. Somit hat diese Art der akademischen Kritik bisher sehr wenig dazu beigetragen, das Mobbingkonzept weiterzuführen.

HEINZ LEYMANN

Wenn Mobbing krank macht

Die posttraumatische Streßbelastung und ihre Folgen

Zwei Forschungsereignisse führten auf die Spur der Diagnose für Mobbinggeschädigte. Die schon im ersten Kapitel erwähnte Querschnittstudie mit einer repräsentativen Auswahl aus der schwedischen arbeitenden Bevölkerung ergab einen ersten Hinweis (Leymann 1992c). Klinische Erfahrungen in Zusammenarbeit mit Dr. Michael Becker in Berlin-Neubrück führten zu einer klinischen Sicherheit: Mit wenigen Ausnahmen erkranken die Mobbingopfer, die medizinischer Behandlung bedürfen, an PTSD – post-traumatic stress disorder. Oder auf deutsch: an posttraumatischer Streßbelastung (post = nach, hernach).

Vorausgegangen ist ein psychisches traumatisches Erlebnis. Ein psychisches Trauma entsteht, wenn ein Erlebnis eine derart schockartige Wirkung hat, daß es von den normalen, alltäglich wirkenden psychischen Kräften nicht mehr gemeistert werden kann. Das Erlebnis hat dann eine so starke Wirkung, daß weitgehende psychische Überlebensängste entstehen, die der Betroffene nicht mehr ohne weiteres bewältigen kann. Dies wirkt sich besonders dramatisch aus, wenn das physische oder soziale/wirtschaftliche Leben des/der Betroffenen äußerst gefährdet wird. Und in der Spätphase des Mobbingverlaufes ist gerade dieses ja der Fall.

Die posttraumatische Streßbelastung ist ein Krankheitsbild, das jedwedes Opfer jedweder gefahrenerfüllten Situation haben kann. Entsprechend verschlungen ist die Geschichte seiner «Entdeckung», die hier nur in einigen Stationen angedeutet werden soll. Sie beginnt mit dem Ersten Weltkrieg (Leymann 1989). In den Stellungskriegen zwischen 1914 und 1918 mit ihren ständigen Artilleriebombardements zeigten zahlreiche Soldaten in den Schützengräben psychische Schockreaktionen, die man bis dahin nie beobachtet hatte. Es fiel auf, daß die Soldaten somatische Symptome zeigten, die denen einer Gehirnerschütterung sehr ähnlich waren. Deshalb glaubte eine Mehrzahl von Ärzten und Psychiatern tatsächlich an eine physische Ursache, an einen «shellshock» (Granatschock), der auf den Luftdruck von Granatenexplosionen zurückzuführen sei.

Siegmund Freud, damals als Militärpsychiater ebenfalls mit dem Phänomen befaßt, entwickelte eine andere Position. Er hatte von seinen Theorien her große Mühe zu begreifen, wieso derart viele Soldaten psychische Traumata bekommen konnten; denn seiner Theorie nach konnte ein Erwachsener nur dann ein psychisches Trauma erhalten, wenn er als Kind traumatisch geprägt worden war. Und das war angesichts der Häufigkeit der Fälle in den Schützengräben kaum wahrscheinlich. Freud behalf sich mit der theoretischen Konstruktion, daß die betroffenen Soldaten «regredierten», also in ihrer Todesangst psychisch in ein Kindheitsstadium zurückfielen, in diesem «kindheitsähnlichen Zustand» traumatisiert wurden, um dann gewissermaßen wieder mit dem Trauma in die Erwachsenenwelt zurückzukehren. Was immer man von dieser Konstruktion halten mag, sie markiert den Beginn der Auseinandersetzung mit dem Phänomen. Im Zweiten Weltkrieg wurde das Phänomen von den Psychiatern als Neurosenentwicklung erklärt, was letztlich auch auf Freuds Trauma-Theorie zurückging (Jones, 1953–57).

In den fünfziger Jahren wanderten viele jüdische Überlebende des Holocaust in die USA ein. Psychoanalytiker stellten fest, daß so gut wie alle Überlebenden der Vernichtungslager schwere psychische Angstprobleme hatten. Aber noch immer suchte man nach Ursachen in der Kindheit. In der amerikanischen psychoanalytischen Literatur gab es eine länger anhaltende Debatte über die Frage, welche speziellen Kindheitsmuster in den jüdischen Familien dafür ausschlaggebend sein könnten, daß kaum jemand die nationalsozialistischen Lager ohne psychische Schäden überstanden hätte – eine sehr beschämende und einsichtslose Debatte.

In den sechziger Jahren begann sich der Nebel zu lichten, als Psychiater die Nöte von Menschen zu untersuchen begannen, die Naturkatastrophen ausgesetzt waren. Man fand Symptome, die jenen von Menschen ähnlich waren, die den Holocaust überlebt hatten, die in Gefangenenlagern torturähnlichen Verhältnissen ausgesetzt gewesen waren oder die traumatischen Überlebensängsten in Kriegssituationen hatten standhalten müssen. In der Folgezeit verdichtete sich allmählich die Erkenntnis, daß Menschen, die lebens- und existenzbedrohenden Erlebnissen ausgesetzt waren –, ob durch Krieg oder Lagerhaft oder Katastrophen –, gleichartige psychische und somatische Symptombilder zeigten.

Seit über zehn Jahren hat sich nun ein Diagnosebild herausgeschält, das sowohl über das psychiatrische Diagnosehandbuch der Weltgesundheitsorganisation WHO (ICD-10, 1991) als auch über jenes der amerikanischen Gesellschaft für Psychiatrie (DSM-III-R, 1989) Verbreitung fand: die posttraumatische Streßbelastung PTSD. Um von posttraumatischer Streßbelastung sprechen zu können, müssen nach dem amerikanischen Diagnosehandbuch fünf Faktoren festgestellt sein:

(A) das Vorkommen eines psychischen Traumas; (B) eine gedankliche Inanspruchnahme mentaler Kräfte in der Form, daß immer wieder und zwanghaft das Erlebnis durchgespielt wird (unsere Patienten wählen sehr oft den Ausdruck «Gedankenterror»); (C) vergebliche Versuche des/der Betroffenen, von diesen Gedanken loszukommen, was oft auch zu Selbstisolation führen kann (weil man Situationen vermeiden will, die Erinnerungen hervorrufen könnten); (D) eine Kette von mentalen und psychosomatischen Streßsymptomen. Und (E): Dieses Problemgebilde muß mindestens einen Monat lang bestanden haben, damit die Diagnose PTSD gewählt werden kann.

Traumata mit einer anschließenden PTSD-Belastung können durch die verschiedensten Situationen auftreten. Anfänglich wurde angenommen, daß nur *bestimmte* Situationen ein Trauma auslösen konnten, so die erwähnten Kriegserlebnisse, der Holocaust, Katastrophen. Sehr bald aber fand man sehr viele Ausnahmesituationen im Alltagsleben, die diese Art psychischer Verläufe ebenfalls auslösen können: Vergewaltigungen, Geiselnahmen, Raubüberfälle, physische Gewalt,

Einbrüche, Autounfälle, Psychoterror (Leymann 1989). Die Bestandteile des Krankheits- oder Belastungsbildes sind immer die oben angeführten.

Es ist öfter versucht worden, Vergleiche zwischen verschiedenen
Opfergruppen anzustellen, um herauszufinden, welche traumatischen Erlebnisse die schwersten Folgen haben könnten. Meines
Erachtens führten diese Anstrengungen in eine Sackgasse. Meine klinische Arbeit deutet immerhin darauf hin, daß eine *Kombination* von
Begebenheiten zu schweren Belastungen und somit zu Krankheitserscheinungen führen kann: Wenn eine Person intensive Lebens- oder
Existenzgefahr verspürt (was immer *sehr* hohe Angst erzeugt) und
wenn dieses Erlebnis gepaart ist mit Rechtsbrüchen und Rechtsverdrehungen durch gesellschaftliche Instanzen, die die Person sozial
stigmatisieren und die Gefahr sozialen Abstiegs bedeuten, dann kann
sich das Krankheitsbild chronifizieren. Bei «zermobbten» Menschen
ist dieses Risiko immer vorhanden.

Nach unseren klinischen Erfahrungen zu urteilen, haben die lang-
zeitig vom Mobbing betroffenen Personen immer klinische Maximal-
werte bei den PTSD-Untersuchungen. Diese liegen so hoch, daß es oft
schwerfällt, zwischen den einzelnen Patienten noch qualitative Schat-
tierungen wahrzunehmen (oder mehr technisch ausgedrückt: die
z. Z. verfügbaren Diagnosemethoden können bei diesen hohen Belastungen nicht mehr differenzieren).

Es zeigt sich bei Verlaufsstudien ein interessantes und zugleich er-
schütterndes Bild. Wenn wir an den Mobbingverlauf zurückdenken,
dann sind die ersten (Früh-)Phasen des Mobbing eine Erscheinungsform, die mit anderen traumatischen Erlebnissen sehr gut zu verglei-
chen sind. Ich meine die Wirkung: Ob ein Mensch Opfer von Psychoterror, eines schweren Autounfalles, einer Vergewaltigung oder von
Folter wird, sind sehr verschiedene Situationen. Aber die dabei entstehenden Angstverläufe sind dennoch vergleichbar. In jeder dieser
Opfersituationen können im weiteren Verlauf belastende Zustände
auftreten, die von der Umgebung des Opfers und auch von gesellschaftlichen Institutionen ausgehen können. Rechtskränkungen,
Rechtsverdrehungen oder bürokratische Prozesse zum Beispiel können zuweilen auf das Opfer kränkender und bedrohlicher einwirken
als die ursprüngliche Situation, die ein Trauma erzeugte. Diese Situation ähnelt in ihrer Struktur sehr der dritten Mobbingphase.

Von dieser Phase an ähneln sich die Verläufe immer mehr (siehe die umfassenden Analysen in Leymann 1989): der oder die am Arbeitsplatz psychisch Terrorisierte erlebt die Rechtsverdrehungen oder die Entziehung von Rechten und/oder das Unverständnis innerhalb des Lebensumfeldes als weiterhin zerstörend – und jetzt ist es die eigene Gesellschaft und ihr Rechtsapparat, der sich unerwarteterweise entgegenstellt. Die Opfer erleben das immer als eine Art von Verrat. Bei vergewaltigten Frauen kann ein solches Geschehen sehr oft sehr deutlich beobachtet werden. Gleiches gilt für Opfer von anderen traumatisierenden Situationen.

Der Fünfphasenverlauf des Mobbing kann durchaus verallgemeinert werden. Für sämtliche traumatisierenden Opfersituationen ließe sich dann folgendes Gedankenmodell aufzeigen:

Phase 1: Eine gefahrenträchtige Situation stellt sich ein (beim Mobbing: ein Konflikt; in der Bank: ein bewaffneter Raubüberfall; eine Vergewaltigung; eine Feuersbrunst).

Phase 2: Es geschieht eine psychische Traumatisierung, die die Möglichkeit der Stigmatisierung in sich trägt (siehe z. B. Jones 1984).

Phase 3: Bei seinem Versuch, sich wieder einzugliedern, widerfährt dem Opfer Rechtsverdrehung, Rechtsentzug, Unverständnis, Abweisung, Schuldzusprechung u. ä. – das Opfer wird weiterhin stigmatisiert.

Phase 4: Ärzte, Psychiater, Psychologen etc. wählen aus unzureichendem Wissen solche Diagnosen, die weiterhin stigmatisieren und schuldzuschreibend wirken.

Phase 5: Das Opfer gleitet in eine Pariasituation hinein. Sein weiterer sozialer Überlebenskampf wird falsch gedeutet und ihm zur Last gelegt. Mehr noch: Dieser verzweifelte Überlebenskampf und das dabei gezeigte Verhalten *überzeugt* die Umwelt davon, daß die Person an irgendwelchen Charakterfehlern leidet.

Der Krankheitsverlauf der Mobbingopfer

Aus der klinischen Diagnosearbeit mit Opfern von Mobbing und Ausstoß aus dem Arbeitsleben ergeben sich einige interessante Beobachtungen. Eine zulässige Annahme ist, daß diese Patienten häufig falsch diagnostiziert werden. In unserer Arbeit mit Patienten, die Arbeitsuntauglichkeit beantragt haben (was in Schweden auch bei psychischen Problemen durch Belastungen am Arbeitsplatz möglich ist), lassen die Analysen immer wieder diese Annahmen zu (Leymann 1992 d; Becker 1993 a). Vier Diagnosen werden besonders häufig irrtümlich angewendet. Die erste lautet «Querulanz mit paranoiden Einschlägen». Eine andere ist «manisch / depressives» Verhalten und eine dritte «Charakterprobleme». Die vierte, etwas weniger oft angewandt, heißt «Probleme bei der Anpassung an die soziale Umwelt» (dies wurde zum Beispiel Überlebenden aus Hitlers Vernichtungslagern von amerikanischen Psychoanalytikern zugeschrieben).

Die Ursachen für Falschdiagnosen sind einleuchtend. Zum einen ist diese Patientengruppe bisher noch nie so einheitlich beschrieben worden wie in der Mobbingforschung. Zum anderen wird relativ selten ein tieferes Verständnis für die sozialen Probleme, mit denen diese Menschen zu kämpfen haben, durch anamnestische Analysen erarbeitet. Der naheliegende Grund dafür ist, daß soziale Anamnesen in der Medizin sehr zeitaufwendig sind. Die Diagnostik hat darum in diesen Fällen eher einen beschreibenden Charakter, der auf «Ähnlichkeiten-mit» abstellt. Das heißt, daß häufig auch Vorurteile in sie einfließen.

Im Grunde genommen handelt es sich bei dem Krankheitsbild, um das es hier geht, wie schon beschrieben, um genuine und sehr starke Angstreaktionen aufgrund von sehr destruktiven sozialen Umständen, die durchgehend auch ein Protestverhalten hervorrufen durch den hohen Grad von Unrecht und Rechtsverdrehungen, die die Betroffenen über sich ergehen lassen müssen. Folgende hypothetische Syndromätiologie (Ätiologie = Gesamtheit der Faktoren, die zu einer Krankheit führen) kann somit vorgeschlagen werden:

Bei Beginn des Mobbing: Sofort oder schon nach wenigen Tagen erzeugt der soziale Streß psychosomatische Symptome des Unwohlseins. Patienten berichten immer wieder von Magen-/Darmproblemen, leichteren Depressionen, Schlafstörungen und ähnlichen früh auftretenden Streßsymptomen.

Unter normalen Umständen, wenn sich die soziale Situation wieder einrenkt, klingen diese sozialen Streßsymptome nach sehr kurzer Zeit wieder ab, und der Mensch entspannt sich. Nicht aber im Mobbingzustand, der ja seiner Definition nach einen andauernden sozialen Druck während sehr langer Zeit darstellt.

Nach ca. einem halben Jahr Mobbing: Dieser Zeitpunkt ist einmal als *statistischer* Grenzpunkt in der Definition des Mobbing gewählt worden (für den Praktiker ist natürlich auch ein Verlauf von kürzerem Zeitraum interessant und sollte auch zu Maßnahmen führen). Zum anderen wird diese Zeitabgrenzung oft in der Literatur im Zusammenhang mit posttraumatischen psychischen Problemen genannt (dies, obwohl die psychiatrischen Diagnosehandbücher durchweg von nur einem Monat Reaktionsdauer sprechen). – Spätestens nach dieser Zeit und unter der Voraussetzung, daß eine Traumareaktion noch nicht abgeklungen ist, kann man von *behandlungsbedürftigen* posttraumatischen Belastungsstörungen reden. Erfahrungen aus der Erstellung von sozialen Anamnesen bei Mobbingopfern zeigen traumatische Erlebnisse, die danach *nicht* abklingen, sondern – über das Mobben – immer wieder aktualisiert werden.

Nach ca. 1 bis 2 Jahren: Angesichts des fortlaufenden und eskalierenden sozialen Drucks (als durchschnittliche Exponierungszeit wurden 1,25 Jahre gefunden) kann man aufgrund klinischer Beobachtungen annehmen, daß sich die mentalen und psychosomatischen Symptome *vertiefen* und *ausbreiten.* Diese Beobachtungen stimmen sehr gut mit dem Resultat einer Faktorenanalyse überein (Leymann 1992c). Ohne die Chance abzuschwellen, scheint sich das Syndrom in einen generellen Angstzustand auszuweiten.

Somit kann angenommen werden, daß diese Arten von langzeitiger sozialer Destruktion zu einer speziellen Ätiologie führen, an deren Anfang vereinzelte frühe Symptome auftreten, die sich in der Folge zu traumatischen Erlebnissen und zu einer posttraumatischen Belastungsstörung entwickeln, die sich wiederum bei fortwährender Eskalation der sozialen Zustände erweitern. Diese Problematik kann so extensiv werden, daß sie immer weitere Lebensbereiche belastet.

Anamnestische Analysen von Mobbingopfern zeigen, daß der soziale Druck nach diesem Zeitraum häufig traumatisierende Rechtsübergriffe beinhaltet, die auch wiederum eskalieren und zu kafkaesken Situationen führen können (siehe Fallbeschreibungen in Leymann 1992 a und 1993 a). Die Verletzung der Rechte stellt sich somit auch, zusammen mit der Angst vor dem wirtschaftlichen Ruin, als zentrale Triebfeder für Gegenattacken und Proteste heraus. Der Patient scheint nunmehr in eine Situation geraten zu sein, in der die soziale Not und das Risiko eines unmittelbar bevorstehenden sozialen Abstieges eine starke, wiewohl destruktive Sozialisationskraft darstellen (Leymann 1993 a).

Nach ca. 2 bis 4 Jahren: Die psychischen Beschwerden scheinen innerhalb dieses Zeitraumes (der, wohlgemerkt, noch *sehr* mangelhaft erforscht ist) chronische Verläufe anzunehmen. Diese scheinen entweder in eine *depressive* Entwicklung überzugehen, hin und wieder von «Protestwellen» mit fieberndem Tätigkeitsdrang unterbrochen, um das Berufsleben vielleicht doch noch zu retten. Oder es entwickelt sich im Gegensatz eine *Obsession* mit querulantischen Vorzeichen und Hyperaktivität, hin und wieder von einer depressiven Pause unterbrochen. In dieser späten Phase können veränderte Persönlichkeitszüge entstehen, vermutlich, weil der Patient sich der Situation des Ausgestoßenseins gegen seinen Willen anpassen muß. Ein Sozialisierungsprozeß läuft ab. Der/die Betroffene muß ja in diesem «Pariazustand» überleben können. (Die Geschichten von Selbstmorden, die untersucht werden konnten, scheinen darauf hinzuweisen, daß sich der Patient gegen diesen Sozialisierungsverlauf gesträubt hat und dann nicht mehr die Kraft fand, weiterzukämpfen.)

In der ICD-10-Diagnose «andauernde Persönlichkeitsveränderung nach Extrembelastungen» (F 62.0; 1992) werden die diagnostischen Leitlinien hierzu dargestellt: Die Belastung soll so extrem sein, daß Vulnerabilität (Verletzlichkeit) der betroffenen Person als Erklärung für die tiefgreifende Auswirkung auf die Persönlichkeit nicht ausreicht. Zahlreiche detaillierte Fallbeschreibungen von Mobbingverläufen zeigen kaum faßbare Lebensschicksale, die alle einer strengen sozialen Verlaufsstruktur unterworfen sind. Diese soziale Ätiologie der Fälle ist in ihren Grundzügen so stereotyp, daß sie auch die psychisch stärksten Personen angreifen kann.

Nach ICD-10 wird diese Diagnose schon nach zweijähriger Dauer dieser Persönlichkeitsveränderung vorgeschlagen. Unseren klinischen Erfahrungen nach scheint diese Zeitangabe in bezug auf die Opfer von Mobbing zu kurz bemessen zu sein. Darum wird vorgeschlagen, daß eine Persönlichkeitsveränderung als bestehend betrachtet werden soll, *wenn sie mit derzeitigen Methoden der Rehabilitation nicht mehr rückgängig gemacht werden kann.* Klinisch fällt auf, daß die Persönlichkeitsveränderung auf einer Sozialisation an erschreckend schwere soziale Umstände beruht, und zwar unter Sträuben des Opfers. So ein Prozeß scheint, nach unseren Erfahrungen mit Patienten, mindestens drei bis vier Jahre zu dauern. Um zu überleben, muß der Patient / die Patientin das eigene Lebensideal in Frage stellen, denn das Verhalten, das mit diesem Ideal und der damit verbundenen Persönlichkeit korrespondierte, schützt ihn / sie nicht mehr in der verfahrenen Situation. Wenn diese kaum noch zu beheben ist, müssen Abstriche an den bisherigen Verhaltensmustern gemacht werden, die auch wieder psychisch integriert werden müssen – was mit gleichbleibenden Persönlichkeitswerten nicht geschehen kann. Dieser Prozeß wird als Ursache für eine andauernde Persönlichkeitsveränderung vorgeschlagen.

Die Veränderung der Person scheint, wie erwähnt, mit zwei pathologischen psychischen Zuständen einherzulaufen: entweder einer Depression oder einer Obsession. Bisherige klinische Erfahrungen deuten darauf hin, daß der jeweilige Zustand pathologisch akut bleibt, solange der Patient sich weigert, sich der massiv veränderten Lebenssituation zu unterwerfen. Die im ICD-10 zur Diagnosenstellung angegebenen Merkmale scheinen sich, unter diesem Gesichtspunkt betrachtet, in drei Gruppen aufzuteilen, zu denen sicher noch weitere Merkmale gefunden werden können. Alle Merkmale setzen eine erfolgte Persönlichkeitsveränderung voraus (vorgeschlagene Erweiterungen der ICD-10 Leitlinien sind mit △ gekennzeichnet):

Pathologisch chronische Obsession:
1. Eine feindliche oder mißtrauische Haltung der Welt gegenüber.
2. Ein chronisches Gefühl von Nervosität, wie bei ständigem Bedrohtsein.
3. Ein suchthaftes Erzählen des eigenen Geschickes, das die Tole-

ranzschwelle der Umwelt weit überschreitet und zu Vereinsamung oder Selbstisolation (und zu weiterem Leiden) führt. △

4. Hypersensitivität gegenüber Unrecht und ein stetes hyperaktives Aufgreifen und Sichvertiefen in das Leiden anderer. △

Pathologisch chronische Depression:
5. Gefühle der Leere und Hoffnungslosigkeit.
6. Ein chronisches Unvermögen, irgendwelche Freuden an kleinen Begebenheiten des Alltages zu erfahren. △
7. Ein ständig akutes Risiko, in ein Abhängigkeitsverhältnis zu Medikamenten zu geraten. △

Sobald sich Patienten dieser beiden Pathologiegruppen ihrer Situation unterwerfen oder sie traurig oder erbost hinnehmen:
8. Sozialer Rückzug.
9. Entfremdung.
10. Zynischer Stoismus. △

Arbeitsrechtlich sollte diese Entwicklung als Arbeitsunfähigkeit beurteilt werden, sobald eine Rehabilitation nicht mehr erfolgen kann, und als Berufsunfähigkeit, sobald ein Einsatz auf dem früheren beruflichen Niveau (d. h. dem *vor* dem «psychosozialen Arbeitsunfall» oder *vor* der «psychosozialen Berufserkrankung») nicht mehr möglich ist.

Einige Bemerkungen über die Obsession: Der Kehrweg in die Rechthaberei

Während jeder Mensch ungefähr weiß, was eine Depression ist, ist die Obsession unbekannter. Im Volksmund nennt man einen Menschen in dieser mentalen Situation gern einen Rechthaber. Im Grunde kann angenommen werden, daß ein Mensch, der chronisch rechthaberisch über ein und dasselbe Thema doziert und nie zum Ende kommt, der immer wieder ein Gutachten ergattern will, um das nächste juristische Verfahren voranzutreiben, irgendwann in seinem Leben einmal eine schwere Rechtsentziehung oder Rechtsverdrehung erlebt hat.

Ein Mobbinggeschädigter versucht über sein suchthaftes Erzählen jemanden zu finden, der ihn endlich aus der verfahrenen Lebenslage befreien könnte. Der Ausdruck «suchthaft» ist hier sehr bewußt gewählt worden, denn das Erzählen entspannt den Betroffenen kurzfristig. Dieser psychosomatische Effekt scheint ähnlich dem zu sein, den ein angespannter Mensch erfährt, wenn er ein Psychopharmaka einnimmt. Die Menschen in seiner Umgebung finden ihn und sein Verhalten auf die Dauer aber schrecklich. Sie wollen sich seine Geschichten nicht länger anhören, sie meiden ihn, er vereinsamt. Einen in dieser Art in der Folge von Mobbing erkrankten Mann (ich kenne in Schweden drei solcher Fälle und in Deutschland vier davon) lernte ich 1994 für eine Reihe von Therapiestunden in der Klinik von Dr. Michael Becker kennen: Herrn M., den ich für mich zunächst den «Sandwich-Mann» nannte.

Herr M. war 18 Jahre zuvor in seiner Firma in einen Mobbingverlauf geraten. Seine soziale Arbeitsplatzanamnese zeigt die für diese Situation typischen Phasen und Verfolgungen auf: Sein Zustand war jedoch fortgeschritten chronisch geworden. Mit derzeitigen Verfahren der Rehabilitation konnte ihm kaum geholfen werden.

Fast jede freie Stunde, die Herr M. hatte – und nach dem Verlust seines Arbeitsplatzes waren das viele –, verbrachte er damit, in seiner Heimatstadt im Südosten Deutschlands als eine Art «Sandwich-Mann» umherzugehen. An zwei Achselbändern waren zwei Plakate befestigt, eines trug er vor dem Bauch und eines auf dem Rücken. Auf diesen Plakaten stand in großen Lettern der Name seiner Firma, in der er vor vielen Jahren angestellt gewesen war, sowie der Hinweis, daß ihn diese Firma psychisch terrorisiert hatte. Dazu führte er einen Plastikbeutel mit sich, in dem er einen Stapel selbstgefertigter Handzettel verstaut hatte, gefaltete DIN-A4-Blätter mit Texten seiner Anklage gegen die Firma.

Herr M. war und ist sehr bekannt in seiner Stadt. Man versucht, ihn zu meiden. Angehörige schämen sich. Auch sie meiden ihn, weil sie seine Anklagen nicht mehr hören können. Sogar seine kleinen Enkelkinder, klagte er mir, die noch nicht schulreif sind, meiden ihn. Er konnte nach einigen Therapiestunden die Gründe für sein Dilemma weitaus deutlicher sehen als zuvor. Er sagte mir aber auch sehr ehrlich: «Sehen Sie, diese Plakate und diese Zettel, die ich verteile, sie sind mittlerweile das einzige, was ich noch vom Leben habe. Wenn ich damit aufhöre, was soll ich denn dann tun?»

Eine erschütternde und sehr richtige Frage. Was soll er dann tun? Es ist zu seinem Lebensinhalt geworden, weiterhin gegen ein Geschehen zu protestieren, über das bei der Firma schon sehr lange Gras gewachsen ist. Er ist zu einem «Berufs»opfer geworden, einem Opfer, das sein Opfertum ausübt wie andere ihren Beruf. *

Herr M. mußte sich mit der Tatsache abfinden, daß er «ausgeschaltet» war und nie mehr irgendwo beruflichen Anschluß finden konnte. Auch in seiner nächsten Umgebung tat man ihn ab. Wie kann ein Mensch weiterleben, der selbst nicht mehr aus seiner Situation herauszufinden vermag? Dem auch derzeitige Rehabilitierungsmethoden nur unvollständig oder gar nicht helfen können? – Er muß sich damit abfinden, das heißt, über einen schweren Sozialisationsprozeß zur Anpassung an die veränderten Verhältnisse wird für ihn dieses Leben einigermaßen ertragbar. Innerlich weiß er, wie es um ihn steht (und ich weiß, daß er sich deshalb schämt). Aber er weiß keinen Weg heraus.

Im Grunde gleicht die gesellschaftliche Lage von Herrn M. – nur um ein weit hergeholtes Beispiel zu nennen – der vieler Schweralkoholiker. Es gibt eine Chance der Rehabilitation. Aber damit diese wiederum dauerhaft erhalten bleiben kann, muß die Gesellschaft diesen Menschen eine gesellschaftliche Funktion anbieten können, die als Lebensinhalt, als Sinn des Lebens dienen kann. In bezug auf Herrn M. scheint dies der Gesellschaft derzeitig nicht möglich zu sein. Ich habe die Überzeugung, daß eine psychische Rehabilitation (das heißt ein wesentliches Nachlassen der Obsession) sehr wohl möglich ist – unter der Voraussetzung, daß Herrn M. ein sinnvolles Lebensangebot von und in der Gesellschaft gemacht wird. Daß die Gesellschaft dies nicht vermag, hat zunächst damit zu tun, daß sie die Geschichte von Herrn M. (noch) nicht als das begriffen hat, *was* sie ist: die Geschichte eines Krankheitsverlaufes, der sich mit Fragen nach Schuld oder Unschuld nicht sinnvoll zugewandt werden kann.

---

* Die weitaus beste Studie über die japanischen Opfer der amerikanischen Atombomben wurde von einem Amerikaner durchgeführt (Lifton 1967; weiterhin analysiert in Leymann 1989). Auch Lifton fand diese Art chronisch PTSD Geschädigten, die «Berufs»opfer geworden waren. In der PTSD-Literatur gibt es viele dieser Opferbeschreibungen, die voll und ganz mit den oben aufgeführten Leitlinien des ICD-10 diagnostiziert werden können. Auch der aus der Literatur bekannte Michael Kohlhaas könnte mit diesem Theorem diagnostiziert werden.

Durch die PTSD-Entwicklung, die Herr M. hinter sich hat, sind ihm, so wie die Dinge derzeit liegen, alle Wege zurück in die Gesellschaft verbaut. Seine «Wahl» liegt zwischen Selbstmord (und das ist bei Mobbingopfern nicht selten!), Stoff- oder Trunksucht oder Obsession. Mir scheint die Obsession in dieser Perspektive nicht die schlechteste «Wahl» zu sein. Seine Lebensqualität ist jedoch äußerst stark herabgesetzt. Für die Gesellschaft bedeutet so eine Entwicklung im übrigen, daß sie für einen solchen Patienten aufkommen muß, obwohl er theoretisch eine Chance hätte, ins Arbeitsleben zurückzukehren. Und das kostet auf die Dauer bedeutend mehr als die in der Praxis teuersten Verfahren der Rehabilitation.

4

KLAUS NIEDL

Wem nützt Mobbing?

Psychoterror am Arbeitsplatz und die Personalwirtschaft von Unternehmen

Ein Blick in die Medien genügt, um festzustellen, daß Gewalt – sei sie physischer oder verbaler Art – eine alltägliche Erscheinung ist. Es ist daher nicht überraschend, daß systematische Feindseligkeiten gegen bestimmte Personen in allen Formen von Institutionen wie Familien, Kindergärten, Schulen oder Arbeitsplätzen in Erscheinung treten.

Der Schwede Heinemann verhalf in den siebziger Jahren mit seinem Buch «*Mobbing – Gruppengewalt unter Kindern und Erwachsenen*» [1], das in den skandinavischen Ländern zum Bestseller wurde, der Thematik sich wiederholender Feindseligkeiten gegen bestimmte Personen – als Mobbing bezeichnet – zum Durchbruch. Vorerst konzentrierten sich die Forschungen und Lösungsvorschläge auf den Schulbereich, für den zahlreiche Ergebnisse vorliegen. Der amerikanische Universitätsprofessor Brodsky legte 1976 mit seiner Arbeit «*The Harassed Worker*» (zu deutsch: Der gequälte Mitarbeiter) erstmals ein umfangreiches Werk vor, das die Auswirkungen systematischer Feindseligkeiten am Arbeitsplatz für die davon betroffenen Unternehmen dokumentierte. [2] Seit den achtziger Jahren widmeten sich skandinavische Arbeitspsychologen der Thematik «Mobbing im Betrieb», was sich in einer Reihe verschiedener Forschungsprojekte widerspiegelt.

Die Problematik systematischer Feindseligkeiten ist in der betrieblichen Praxis seit langem geläufig. Immer wieder werden den Personal- oder Sozialabteilungen Fälle bekannt, bei denen systematische Übergriffe in Form von Demütigungen, Feindseligkeiten oder Einschüchterungen eine wesentliche Rolle spielen. Auch zeigen wissenschaftliche Ergebnisse, daß es sich um kein neues Phänomen handelt. So berichteten bereits im Jahre 1939 Roethlisberger/Dickson in ihrer Studie in den amerikanischen Hawthorne-Werken von wiederholten feindseligen Übergriffen gegen Kolleginnen und Kollegen, die gegen Leistungsnormen der Arbeitsgruppe verstoßen hatten und somit als Abweicher wahrgenommen wurden.[3] Dennoch ist Mobbing am Arbeitsplatz im deutschen Sprachraum – von einigen Ausnahmen abgesehen (so z. B. ABB Asea Brown Boveri, Ciba-Geigy, Schering, die sich bewußt mit der Thematik Mobbing auseinandersetzen) – bislang kein (offizielles) Thema für Unternehmen. Vermutlich hängt dies auch mit der Tatsache zusammen, daß gesicherte betriebswirtschaftliche Erkenntnisse darüber, welche Folgen Mobbing für ein Unternehmen haben kann, bislang für den deutschen Sprachraum gänzlich fehlten. Berichte einer Vielzahl deutscher Autorinnen und Autoren – zumeist Unternehmensberater – tragen mit ihren oftmals sehr spekulativen Arbeiten dazu bei, daß bei Interessierten Unsicherheit im Umgang mit der Problematik ausgelöst wird.[4]

Im folgenden Beitrag wird versucht, personalwirtschaftliche Überlegungen hinsichtlich der Mobbingthematik auf Basis wissenschaftlicher Erkenntnisse anzustellen. Damit sollen jene Interessengruppen (Personalverantwortliche, Mitarbeiter von Sozialabteilungen, Führungskräfte usw.) mittels Informationen unterstützt werden, denen im (präventiven) Umgang mit Mobbing eine wesentliche Rolle zukommt.

Der Stellenwert des Menschen im Unternehmen oder: der Mensch als Mittelpunkt – der Mensch als Mittel. Punkt.

Die Motivation eines Unternehmens, sich mit Mobbing aktiv auseinanderzusetzen, kann von vielen Einflußfaktoren abhängen. Eine Rolle spielen in diesem Zusammenhang nicht zuletzt die Kosten, die durch Mobbing verursacht werden (und die man noch nicht kennt). Ob sich die Führungsverantwortlichen mit dem Thema beschäftigen, ist auch durch den Stellenwert des Menschen im Unternehmen bedingt. Dieser hängt davon ab, welches Menschenbild – und damit auch, welche ethischen Grundsätze – die Unternehmensverantwortlichen ihrem Handeln zugrunde legen. Eine weitere wichtige Einflußgröße stellt die Abhängigkeit des Unternehmens von sogenanntem «Humankapital» dar.

Menschenbilder – also die Vorstellung des Managements von den Eigenschaften der Menschen, die sie führen – haben im Laufe der Zeit einen Wandel erfahren. So dominierte zu Beginn des Jahrhunderts der «Produktionsfaktoransatz», bei dem Beschäftigte neben Werkstoffen (wie Holz) und Betriebsmitteln (wie Schmieröl) als Elementarfaktoren betrachtet wurden. Der Mensch wurde in einem solchen System als «homo oeconomicus» gesehen, der nur um des Geldes willen arbeite; individuelle Bedürfnisse und Dispositionen wurden als nicht relevant für das Unternehmen erachtet. Eine Auseinandersetzung mit dem Thema Mobbing hat in einer solchen Ideologie keinen Platz. Viel eher findet Mobbing im Menschenbild des «sozialen Wesens» Verständnis, in dem die Bedeutung der Gruppe für ein Individuum und dessen Arbeitsleistung betont wird. Durch die Vernachlässigung all der anderen Bedürfnisse repräsentiert dieses Menschenbild dennoch eine verkürzte Sichtweise. Erst durch die Vorstellung, daß Beschäftigte als «komplexe, differenzierte Individuen» zu betrachten sind – eine Sichtweise, die in den vierziger Jahren entstand –, wird ein realitätsgerechteres Bild von einem Menschen mit vielfältigen Bedürfnissen entworfen.[5]

Es sind dies Bilder, die alle in der ersten Hälfte dieses Jahrhunderts entstanden sind und heutige Organisations- und Motivationssysteme geprägt haben. Dessen ungeachtet herrschen in vielen Unternehmen heute noch Bilder von Beschäftigten vor, die jenen der Jahrhundertwende ähnlich sind. In nicht wenigen Unternehmen wird davon ausgegangen, daß der Mensch von Natur aus faul ist und ständig kontrolliert werden muß. Autoritäre Führungskräfte sind in ihnen daher willkommen, die Unternehmensstrukturen entsprechend ausgestaltet. Daß der Mensch dabei als Mittel betrachtet wird und Mobbing als Mittel zum Zweck der Sanktionierung auch bewußt eingesetzt wird, liegt auf der Hand. Der Mensch ist Mittel. Punkt.

Immer mehr Unternehmen erkennen jedoch die Bedeutung, die

Beschäftigte für den Unternehmenserfolg haben. Dies zeigt sich zum Beispiel in einer Studie, in der Zukunftstrends der Personalarbeit untersucht wurden. Man befragte Topmanager namhafter deutscher Unternehmen, wie die künftig dominierende Führungsphilosophie aussehen wird. Das Ergebnis, in einem Satz zusammengefaßt: Die Experten waren sich darüber einig, daß ein Unternehmen nur dann Erfolg haben kann, wenn der Mitarbeiter nicht nur als Mittel zur Leistungs- und Erfolgssicherung angesehen wird.[6] In Zeiten der Internationalisierung, der weltweiten Vernetzung und immer kürzer werdender Produktlebenszyklen hängt es in starkem Ausmaß vom Können und Willen der Beschäftigten ab, welchen Erfolg ein Unternehmen hat. Der Mensch als «Humankapital» wird zum Mittelpunkt. Mobbing wird damit ein Thema der Führungsverantwortlichen, denn es gilt, soziale Reibungsverluste zu vermeiden. Und daß diese ein großes Ausmaß erreichen können, zeigt z. B. eine Studie bei der VOITH GmbH: Bei einer Befragung, die unter 1481 Mitarbeitern durchgeführt wurde, stellte sich heraus, daß rund 80 Prozent der Nennungen von krankheitsfördernden Faktoren auf Beziehungsprobleme und nur rund 20 Prozent auf Sachprobleme zurückzuführen waren.[7]

Die Relevanz des Mobbingproblems für die deutschsprachige Personalwirtschaft

Geht man grundsätzlich davon aus, daß ein Menschenbild entworfen wird, das den ganzen Menschen berücksichtigt, so stellt sich die Frage der Wertigkeit des Phänomens Mobbing. Jede(r) Personalverantwortliche sieht sich täglich mit einem breiten Spektrum an Problemen konfrontiert (z. B. Gehaltsprobleme, arbeitsrechtliche Fragen, Beförderungen, Konfliktlösungen). Von daher ist es gerechtfertigt, sich bei einer näheren Auseinandersetzung mit Mobbing die Frage zu stellen, welche Bedeutung das Phänomen im System der alltäglichen personellen Probleme im Betrieb hat.

Grundsätzlich gab es systematische Feindseligkeiten unter den Menschen schon immer. Neu ist jedoch die wissenschaftliche Betrachtung von ausschließlich arbeitsbezogenen Feindseligkeiten gegen bestimmte Personen, die uns eine Einschränkung des Betrachtungswinkels erlaubt und damit gezielte Ansatzpunkte für konkrete Gestaltungsansätze bietet. Im Vordergrund steht damit die Frage, wie sehr Mobbing in Unternehmen verbreitet ist und wie viele Personen davon betroffen sind.

Es liegen zu dieser Frage eine Reihe von wissenschaftlichen Ergebnissen vor, die zu einer raschen Antwort verleiten: Mobbing ist diesen Ergebnissen nach kein betriebliches Randphänomen, sondern betrifft ein deutliches Segment der Belegschaft. Diese Aussage beruht jedoch auf Ergebnissen skandinavischer Studien, die aufgrund bestimmter rechtlicher und ökonomischer Rahmenbedingungen im Prinzip nur für den Sprachraum Gültigkeit haben, in welchem sie erhoben wurden. Für den deutschsprachigen Raum existierten bislang keine systematischen Belege darüber, ob und in welchem Ausmaß Mobbing auftritt. Man könnte nun versucht sein, die Ergebnisse aus den nicht deutschsprachigen Ländern, die zumeist in Prozentwerten vorliegen, auf den deutschen Sprachraum zu übertragen. Diese Vorgangsweise mag für eine erste Grobschätzung ausreichen, sie widerspricht jedoch wissenschaftlicher Präzision, weil dadurch mehr verschleiert als enthüllt wird. Um diesem Problem zu begegnen, wurde mit mehreren deutschsprachigen Studien versucht, erste Vergleichsergebnisse zu erhalten. Die wesentlichen Ergebnisse werden im Folgenden dargestellt.

In Österreich wurden in den Jahren 1992 und 1993 in zwei unterschiedlichen Unternehmen Befragungen auf Basis des auch in Schweden verwendeten LIPT-Fragebogens durchgeführt; somit sind direkte Vergleiche mit schwedischen Ergebnissen möglich.[8] Die erste Erhebung fand in einem privaten Forschungsinstitut statt; 63 von den 250 Befragten antworteten. Die zweite Erhebung wurde in einer öffentlichen Krankenanstalt durchgeführt, wobei von den 1264 erreichbaren Personen 368 antworteten. Mobbing kann nun unterschiedlich definiert werden. Um Vergleichsergebnisse zu erhalten, wurde jenes Abgrenzungskriterium verwendet, das Leymann in seinen Studien vorschlägt. Demnach ist eine Person von Mobbing dann betroffen, wenn er/sie mindestens einer feindseligen Handlung aus einem Katalog von 45 Handlungen (im LIPT-Fragebogen aufgelistet) mindestens einmal pro Woche und über einen Zeitraum von einem halben Jahr ausgesetzt ist. Problematisch ist die Tatsache, daß in beiden Untersuchungen nichts über jene Personen gesagt werden kann, die nicht geantwortet haben (dies waren jeweils rund 70 Prozent), so daß ein Mittelwert der Betroffenheit geschätzt werden muß. Demnach sind im Forschungsinstitut zwischen mindestens 4,4 und maximal 17,5 Prozent der Mitarbeiter von Mobbing betroffen, in der Krankenanstalt bewegt sich dieser Prozentsatz zwischen mindestens 7,8 und maximal 26,6 Prozent. Neben diesen Ergebnissen wurde eine Vielzahl an Einzelergebnissen erzielt, die an dieser Stelle nicht dargestellt werden können.

M. Nosthoff führte im Rahmen ihrer Diplomarbeit problemzentrierte Interviews in fünf größeren deutschen Unternehmen durch. Ansprechpartner waren dabei Mitarbeiterinnen und Mitarbeiter der betrieblichen Sozialarbeit. Sie berichtet, daß die Befragten zum Großteil Mobbingsituationen in ihrem Unternehmen kannten; eine aktive Auseinandersetzung mit der Thematik hatte bis zur Befragung aber nicht stattgefunden.[9]

Neben diesen organisationsspezifischen Erhebungen liegen für die Bundesrepublik, Österreich oder die Schweiz bislang noch keine wissenschaftlichen Ergebnisse vor, die Aufschlüsse über die Verbreitung von Mobbing in Unternehmen oder in der Bevölkerung geben könnten. Daneben existieren jedoch mehrere Ergebnisse, die sich direkt auf die Gruppe der gemobbten Personen in diesen Ländern beziehen. So untersuchte etwa Knorz in der Bundesrepublik 50 gemobbte Personen aus verschiedenen Berufen und Branchen anhand eines Fragebogens, um Unterschiede in der Befindlichkeit und in den Arbeitsplatzmerkmalen gemobbter / nichtgemobbter Personen festzustellen. Knorz kommt zu dem Schluß, daß die Arbeitsplatzmerkmale gemobbter Personen sich von denen nichtbetroffener Beschäftigter nicht unterscheiden. Bei den Gemobbten konnte lediglich ein erhöhtes Ausmaß an sozialem Streß festgestellt werden.[10] Weiter protokollierten Dick / Dulz im Zeitraum von August 1993 bis Februar 1994 die Gespräche mit Anruferinnen und Anrufern bei der von der AOK Hamburg eingerichteten Anlaufstelle für Mobbingbetroffene. Insgesamt meldeten sich in diesem Zeitraum 524 betroffene Personen; ein Schluß auf Unterschiede in der Verteilung auf die Gesamtbevölkerung oder unterschiedliche Branchen kann jedoch nicht gezogen werden.

Auf der Basis der berichteten und einer Vielzahl von Ergebnissen anderer Studien kann behauptet werden, daß Mobbing nicht auf Einzelfälle in einem Unternehmen beschränkt ist. Aus der Perspektive der Personalwirtschaft bedeuten diese ersten Ergebnisse, daß ein deutliches Mitarbeitersegment im betrieblichen Alltag systematische Feindseligkeiten, Einschüchterungen und Demütigungen erlebt und daß von negativen Effekten für die Betroffenen bzw. für das Unternehmen auszugehen ist.

Damit sich die betriebliche Personalwirtschaft des Themas Mobbing annimmt, muß neben der Intensität der Problematik in der Regel eine zweite Bedingung erfüllt sein: Ein bestimmtes Phänomen muß einen gewissen Nutzen aufweisen oder mit Kosten verbunden sein, um ernsthaft thematisiert zu werden.

Zum «Nutzen» von Mobbing

Im Rahmen einer Präsentation von Untersuchungsergebnissen zum Thema Mobbing wurde der Autor von drei Praktikern angesprochen, die sich für das Phänomen näher interessierten. Im Laufe des Gespräches fragten sie, ob es so etwas wie eine Anleitung gäbe, wie man Mobbingstrategien planen könnte. Ungläubig fragte ich nach, ob diese Frage wirklich so gemeint war. Die drei wiederholten, daß sie gerne eine Anleitung hätten, wie man bei Mobbing richtig vorgehen könne. Denn alle drei stünden vor dem Problem, Personal kostengünstig abbauen zu müssen. Dieses Beispiel illustriert eindringlich, daß Mobbing auch bewußt eingesetzt werden kann, um personalwirtschaftliche Ziele (in diesem Fall, die Kosten eines geplanten Personalabbaus zu drücken) zu erreichen.

«Management by Champignons» – die bewußte Strategie der Nichtinformation von bestimmten Mitarbeitern –, «nach Sibirien schicken» – die bewußte Strategie, Beschäftigte von den übrigen zu isolieren und sie nicht mit einer adäquaten Arbeit auszustatten – sind nur zwei Beispiele dafür, wie Mobbing bewußt durch das Personalmanagement betrieben werden kann und betrieben wird. Daß darüber üblicherweise nur hinter vorgehaltener Hand gesprochen wird, ist selbstverständlich, denn Mobbing lebt von seiner Grauzonenexistenz: «*Die Gewalt der Schikane ist subtil und reflektiert. Der Schikaneur quält sein Opfer, ohne mit den legalen und moralischen Rahmenbedingungen in offenen Konflikt zu geraten.*»[11] Solange die zumeist sehr weit interpretierbaren rechtlichen Normen nicht verletzt werden, glauben bestimmte Unternehmensverantwortliche, mit

Mobbing als Strategie ihr Ziel erreichen zu können. Welcher mögliche wirtschaftliche Vorteil sich dahinter verbergen kann, zeigen die folgenden Beispiele:

● Kostenreduktion bei notwendigem Personalabbau: Wenn der Beschäftigte zur Eigenkündigung veranlaßt wird, gehen bestimmte wohlerworbene Rechte (z. B. die Abfindung) für den Beschäftigten verloren; dadurch reduzieren sich für ein Unternehmen die Kosten der Kündigung. Unliebsam gewordene Mitarbeiter oder «sehr teure» Beschäftigte können also auf «kostengünstige» Art freigesetzt werden.

● Rasche Zuweisung der Rangordnung: Durch bestimmte Einführungsrituale für neue Mitarbeiterinnen und Mitarbeiter (z. B. Übertragung aller unangenehmen oder «niedrigen» Arbeiten) werden die konkreten Machtverhältnisse in einem Unternehmen demonstriert. Durch verschiedene Maßnahmen, die zumeist junge Beschäftigte oder Randgruppen (z. B. ausländische Arbeitnehmer) treffen, wird den «Neuen» ihre Position zugewiesen.

● (Leistungs-)Steuerung: Auf Max Weber geht der Gedanke zurück, daß die Struktur eines Unternehmens so lange instabil ist, wie ihr kein Gehorsam entgegengebracht wird.[12] Aus diesem Grund ist es Anliegen eines jeden Managements, mit unterschiedlichen Methoden «Gehorsam auf seine Anordnungen zu finden». Je nach Managementideologie wird mittels direkter (z. B. Anweisung) oder indirekter Steuerungsmethoden (z. B. über Organisationskultur) versucht, daß die Beschäftigten ihre Leistung im Sinne des Unternehmens erbringen. Mobbing kann in diesem Sinne zum Instrument werden, um Beschäftigten die gewünschte Verhaltensnorm zu demonstrieren. Die nichtgemobbten Beschäftigten lernen am Modell der gemobbten Person, welchen Standards sie zu folgen haben, um die gewünschten materiellen (z. B. Gehalt) oder immateriellen Anreize (z. B. Anerkennung durch die Führungskraft, Akzeptanz durch ein Team) zu erhalten. Die Ergebnisse einer Explorativstudie (siehe weiter unten) mit gemobbten Personen verdeutlichen, daß häufig als Reaktion auf Mobbing zunächst eine Leistungssteigerung bei der betroffenen Person eintritt, die zeigen möchte, daß sie zu Unrecht gedemütigt wird.

Aus den angeführten Beispielen, die nicht als vollständige Auflistung betrachtet werden sollten, wird erkennbar, daß Mobbingstrategien rein betriebswirtschaftlichem Denken als Nutzen erscheinen können (dabei wird bewußt die Frustration, Krankheit oder die Zerstörung von Menschen ignoriert). Ein Vergleich mit einer ähnlichen Problematik drängt sich auf: Volkswirtschaftlich gesehen entsteht ein «Nutzen» auch dann, wenn eine erhöhte Anzahl von Verkehrsunfällen auf deutschen Straßen zu verzeichnen ist. Denn unabhängig vom menschlichen Leid, das dadurch entsteht, bedingt ein Verkehrsunfall ja eine Reihe von Dienstleistungen (z. B. Pannendienst, Spengler, Autoersatzteile), die sich in volkswirtschaftlichen Bilanzen als Steigerung des Bruttosozialproduktes niederschlagen. Solches Denken blendet freilich das menschliche Leid völlig aus, ebenso seine Folgen für den Betroffenen, seine Familie, seine Umgebung, seine Kolleginnen und Kollegen, die fürchten müssen, ebenso behandelt zu werden.

Kosten von Mobbing

Anders als Non-profit-Einrichtungen, die sich der Bearbeitung von sozialen oder gesellschaftlichen Zielen verpflichtet fühlen (z. B. Greenpeace, amnesty international), unterliegen erwerbswirtschaftliche Unternehmen den Gesetzen des Marktes. Unternehmen, die langfristig ihren Bestand sichern wollen, müssen einen Gewinn erzielen. Je nach Unternehmensphilosophie wird dies zum Selbstzweck oder zu einer Bedingung erhoben (nach dem Motto «Gewinn ist nicht alles, aber ohne Gewinn ist alles nichts»). Die Gewinnspanne ist dabei von den auftretenden Kosten beeinflußt, wobei die Personalkosten in den meisten Fällen einen beträchtlichen Anteil ausmachen. Deshalb soll es im Folgenden etwas ausführlicher darum gehen, welche personalwirtschaftlichen Kosten Mobbing in einem Unternehmen verursachen kann, soweit man darüber Bescheid weiß, gewissermaßen als Entscheidungshilfe, wenn es darum geht, an welchen Stellen Personalentwicklungs- und Organisationsplanungen ansetzen könnten.

Die Probleme bei «hypothetischen» Modellrechnungen
Es existiert für Skandinavien und für den deutschen Sprachraum eine Reihe von Modellrechnungen, die über Kosten in Zusammenhang

mit Mobbing aufklären sollen. In sehr anschaulicher Weise wird anhand von Einzelfällen oder allgemein demonstriert, aus welchem Mobbingumstand (z. B. Krankenstand, Kündigung, Frustration usw.) heraus welche Kosten in welcher Höhe entstehen können.

Die Problematik, die sich hinter derartigen Modellrechnungen verbirgt, ist folgende: Die kostenauslösenden Momente beruhen auf reinen Vermutungen (Hypothesen) der Autorinnen und Autoren, sie sind bislang wissenschaftlich nicht abgesichert. So wird in der Literatur zu Mobbing z. B. einstimmig davon ausgegangen, daß gemobbte Beschäftigte eine geringere Produktivität aufweisen, was zu Kostensteigerungen für das Unternehmen führt. Wie die Ergebnisse einer Explorativstudie mit gemobbten Beschäftigten zeigen, stimmt dies nur zum Teil.[13] Über bestimmte Zeiträume hinweg können die betroffenen Personen sogar als «überproduktiv» charakterisiert werden. Durch den Druck ihrer sozialen Umgebung arbeiten sie nicht am «Normalmaß», sondern wollen zeigen, daß sie fleißig, zuverlässig sind; ihre Produktivität bewegt sich in viel höheren Dimensionen als jene ihres sozialen Umfeldes am Arbeitsplatz. Damit ist bereits durch eine kleine Untersuchungspopulation widerlegt, daß gemobbte Personen grundsätzlich eine geringere Produktivität aufweisen. Wie die Studie weiter zeigt, kann die Produktivität aber tatsächlich dann sinken, wenn die betroffenen Personen aufgrund ihrer Mobbingerfahrung psychische oder physische Beeinträchtigungen erleiden oder erkennen, daß all ihre Bemühungen, den unbefriedigenden Zustand verändern zu wollen, nichts fruchten. Dieser Produktivitätsverlust kann aber unter Umständen erst nach Zeiträumen von über 10 Jahren auftreten.

Aus diesem einfachen Beispiel wird deutlich, daß die Folgen von Mobbing präzisiert werden müssen. Es wird nun der Fehler gemacht, daß diese hypothetischen Modellrechnungen einzelner Autoren als wissenschaftlich abgesichert verstanden werden und zu Spekulationen über das «wahre» Kostenausmaß von Mobbing verleiten. So schätzte etwa Resch für die Bundesrepublik, daß der Arbeitsausfall des «Mobbingopfers» und die Minderleistung der mobbenden Gruppe zusammen mit dem Ausfall der Arbeitszeit von Vorgesetzten und der Personalabteilung, die sich mit dem Mobbingfall auseinandersetzen müssen, Kosten in der Höhe von 30000 bis 100000 Mark pro Jahr verursachen; umgerechnet auf die Gesamtwirtschaft der

BRD würde dies einen jährlichen Schaden von 30 Milliarden Mark bedeuten.[14] Solche Zahlen führen, wenn sie nicht als Hypothesen, sondern als Tatsachenbehauptungen wahrgenommen werden, nicht selten dazu, daß Praktiker die Seriosität der Mobbingforschung anzweifeln und eine sachliche Auseinandersetzung damit verhindert wird.

Wissenschaftliche Forschungsergebnisse zu personalwirtschaftlichen Folgen von Mobbing
Obwohl eine Vielzahl von wissenschaftlichen Ergebnissen – vor allem aus dem skandinavischen Raum – zum Phänomen Mobbing vorliegt, existieren nur wenige seriöse Ergebnisse zum Thema der personalwirtschaftlichen Konsequenzen. Diese werden nachfolgend dargestellt. Grundsätzlich ergeben sich die kostenintensivsten Anlässe, die mit Mobbing in Zusammenhang stehen können, aus personalwirtschaftlicher Sicht durch erhöhte Fehlzeiten, erhöhte (und unerwünschte) Fluktuationsraten und verminderte Produktivität.

● Aufgrund der psychischen und physischen Beschwerden, die mit Mobbing verbunden sind, muß damit gerechnet werden, daß die betroffene Person erhöhte *Fehlzeiten* im Betrieb (Krankenstand und Absentismus) hat. In einer norwegischen Studie konnte festgestellt werden, daß Personen aufgrund von Mobbing ihrem Arbeitsplatz ferngeblieben waren. Dies berichteten 2,8 Prozent von insgesamt 2141 befragten Personen.[15] In einer anderen norwegischen Befragung unter Krankenschwestern war der Zusammenhang zwischen Krankenstand und der eigenen Mobbingbetroffenheit hingegen schwach.[16] In einer schwedischen Studie konnte festgestellt werden, daß zwischen der erlebten Anzahl von feindseligen Handlungen am Arbeitsplatz und der Anzahl der Krankenstandstage ein direkter Zusammenhang besteht.[17] Ebenso berichteten 11 Prozent der Mitglieder einer schwedischen Selbsthilfegruppe, daß eine ihrer Reaktionen auf Mobbing war, sich krank schreiben zu lassen.[18]

● Neben den Fehlzeiten ist vor allem die *Fluktuation* – der Austritt aus einem Unternehmen – sehr kostenintensiv. Eine erhöhte Fluktuation im Falle von Mobbing belegt eine schwedische Gewerkschaftsstudie: In einer Abteilung der schwedischen Gewerkschaft SIF wurden die Austritte des vergangenen Halbjahres untersucht. Es wurde festgestellt, daß 60 Prozent der Befragten als Grund für ihren «freiwilligen» Austritt aus dem Unternehmen Unbehagen und Schikane am Arbeitsplatz angaben. Sie hatten also lieber gekündigt, als weiteres Mobbing zu ertragen.[19] In einer finnischen Untersuchung zum Thema Mobbing gaben von 99 betroffenen Personen 46 Prozent an, daß sie daran denken, ihr Unternehmen zu verlassen.[20]

● Neben Fehlzeiten und Fluktuationen spielt die verminderte *Produktivität* in Zusammenhang mit Mobbingsituationen eine bedeutende Rolle. Daß Mobbing in bestimmten Phasen die Produktivität einschränkt, wird in einer norwegischen Studie berichtet: 27 Prozent der 2082 befragten Beschäftigten gaben an, daß Mobbing am Arbeitsplatz ihre Effektivität reduziert.[21] Eine globale Schätzung des amerikanischen «Bureau of National Affairs» beziffert die verlorene Produktivität aufgrund eines tatsächlichen oder wahrgenommenen Mißbrauchs von Beschäftigten in den USA mit 5 bis 6 Milliarden Dollar pro Jahr.[22]

Die soeben berichteten Einzelergebnisse sind freilich sehr unspezifisch und widersprechen sich teilweise. Aus ihnen können deshalb bislang nur Tendenzen abgelesen werden, eine präzisere Forschung ist notwendig.

Ergebnisse einer Explorativstudie zu personalwirtschaftlichen Effekten gemobbter Patientinnen und Patienten

Untersuchungsgruppe und Methodik
Wie im letzten Abschnitt ausgeführt wurde, besteht bislang ein Forschungsdefizit, was die (personal-)wirtschaftlichen Wirkungen von Mobbing anbelangt.[23] Es fehlen genügende Kenntnisse über die konkreten Bedingungen, unter denen bestimmte Effekte auftreten (z. B.: Ab welchem Ausmaß von Mobbing erhöht sich die Wahrscheinlichkeit einer Eigenkündigung der gemobbten Person? Wie sieht die durchschnittliche «Frustrationszeit» aus, bis eine Eigenkündigung ausgesprochen wird?), und es mangelt an einer Prozeßbetrachtung. Mobbing tritt – wie das Prozeßmodell von Leymann zeigt – nicht plötzlich ein, sondern entwickelt sich mehr oder weniger schnell.

Dementsprechend sind auch die personalwirtschaftlichen Folgen: Wenn jemand ein halbes Jahr lang von seinen Kollegen «geschnitten» wird, so hat das vermutlich andere Auswirkungen als bei einer Dauer von 15 Jahren. Die konkreten Wirkungen können dabei von der Persönlichkeit der betroffenen Person (z. B. Ausmaß der Frustrationstoleranz, Bindung an das Unternehmen) und den konkreten Systemstrukturen (z. B. Ausmaß an sozialer Unterstützung, Konfliktmechanismen des Unternehmens) abhängen.

Es gibt mehrere Möglichkeiten, genauere Ergebnisse über personalwirtschaftliche Folgen zu erhalten. In den meisten Fällen werden sehr vielen Personen – meistens mittels Fragebogen – wenige Fragen gestellt. Eine andere Möglichkeit besteht darin, nur einigen wenigen Personen sehr viele Fragen zu stellen, ihnen zuzuhören, um viele mögliche Effekte kennenzulernen. Eine solche Studie wird als Explorativstudie bezeichnet. Um genauere Ergebnisse über personalwirtschaftliche Effekte gemobbter Personen zu erhalten, wurde im Jahr 1993 in der Bundesrepublik mit zehn deutschen Beschäftigten – vier Frauen und sechs Männern – eine derartige Studie durchgeführt.[24]

Die Untersuchungsgruppe setzte sich aus zehn Patienten einer deutschen Klinik für Psychosomatik und Psychotherapie zusammen. Ein Behandlungsschwerpunkt dieser Klinik waren Personen, die durch Mobbing erkrankt waren. Es handelte sich bei den untersuchten Patientinnen und Patienten um Beschäftigte, die in ihrem Unternehmen gemobbt worden waren und wegen der dadurch verursachten Beschwerden in der Klinik durch eine sechswöchige Therapie stationär betreut wurden, die neben der medizinischen Versorgung unter anderem Gesprächs-, Sport- / Moto- und Ergotherapien umfaßte. Zudem wurde auch durch juristische Beratung versucht, die Rehabilitation zu erleichtern.

Die Erhebung wurde in zwei Schritten mit unterschiedlichen Methoden durchgeführt. Die erste Untersuchung fand im Mai 1993 und die zweite im September 1993 statt. Mit allen Personen wurde ein mündliches Interview geführt (problemzentriertes Interview), das in der Regel zwischen 1,5 und 2,5 Stunden dauerte, auf Tonband aufgezeichnet und wörtlich vom Interviewer schriftlich übertragen wurde (Transkription), um genaue Auswertungen zu ermöglichen. Weiter wurde ein Computerdiagnoseprogramm (CEPAR) verwendet, das zur Erhebung der Belastungs-/Beanspruchungssituation der Patienten diente. Dabei handelt es sich um einen Fragebogen auf einem PC, der spezielle Situationen der untersuchten Person berücksichtigt (das Programm stellt z. B. einem unverheirateten Azubi ohne Kinder andere Fragen als einer Lehrerin mit drei Kindern).[25] Durch diese Computerdiagnose wurde es möglich, in relativ kurzer Zeit die gesamte Lebenssituation der Betroffenen zu erkunden, neben der Arbeits- also auch die Partnerschafts-, Familien-, Haushalts- und Freizeitsituation der Betroffenen.

Untersuchungsergebnisse
Um die Beanspruchung der Patienten in den verschiedenen Lebensbereichen feststellen zu können, wurden sie mittels Computer danach gefragt, in welchen Lebensbereichen sie welches Ausmaß an Zufriedenheit verspüren. Die Patienten waren mit ihrer Partnerschaft, ihrem Familienleben und ihrer Freizeitgestaltung zufrieden, mit ihrer Arbeitssituation jedoch unzufrieden. Im Anschluß wurde die Frage gestellt, wie sehr sie die jeweilige Situation verändern möchten. Dabei zeigte sich eindeutig, daß sich alle Patienten vor allem wünschten, daß sich ihre Arbeitssituation verändern sollte. Damit war eindeutig geworden, daß ihre Hauptbelastung im Arbeitsleben stattfand und nicht aus sogenannten «privaten Problemen» folgte. Diese Erkenntnis ist wichtig, denn in vielen Fällen kümmern sich Führungskräfte oder Personalverantwortliche deshalb nicht um Befindensbeeinträchtigungen ihrer Mitarbeiter, weil sie deren Probleme als «Privatangelegenheit» betrachten.

Wenn Beschäftigte durch Arbeitsbelastungen erkranken, dann gibt es meistens mehrere Ursachen dafür. Denn oft wird erst durch das Zusammenspiel mehrerer Belastungen (Mehrfachbelastung) ein Ausmaß erreicht, das bei den Betroffenen zu Beeinträchtigungen führt. Um auszuschließen, daß die untersuchten Personen durch eine andere Belastungsart als Mobbing beeinträchtigt wurden, mußten sie also auch nach ihren Einzelbelastungen am Arbeitsplatz gefragt werden. Die Ergebnisse zeigen, daß die höchsten Belastungswerte im Bereich des zwischenmenschlichen Umgangs lagen. Das Verhältnis zu Vorgesetzten, Kollegen und anderen Personen war stark belastet; die Probleme waren vor allem persönlicher und fachlicher Natur. Man spricht in diesem Zusammenhang davon, daß die sozialen Beziehungen am Arbeitsplatz durch «sozialen Streß»[26] gekennzeichnet sind, der in diesem Fall durch Mobbing verursacht wurde. Die Arbeitsinhalte (z. B. Ausführung einer monotonen Tätigkeit) bzw. die Rahmenbedingungen der Arbeit (z. B. Unfallgefahr) waren im Vergleich dazu weniger belastend.

Es war damit sichergestellt, daß die Patientinnen und Patienten sich vor allem durch Mobbing beansprucht fühlten. Jetzt ging es um die konkrete Frage, welche Auswirkungen für ein Unternehmen damit verbunden sein konnten. Dazu wurden die langfristigen Auswirkungen von Mobbing untersucht. Zum einen gehört dazu der Bereich der physischen und psychischen Befindensbeeinträchtigungen, der an dieser Stelle nicht weiter ausgeführt wird (siehe dazu die Beiträge von Leymann in diesem Band). Die Patienten litten alle an deutlichen psychischen sowie physischen bzw. psychosomatischen Beeinträchtigungen ihres Befindens. Eine Vielzahl von Ergebnissen verdeutlicht, daß diese Beeinträchtigungen in direktem Zusammenhang mit personalwirtschaftlichen Größen wie Arbeitszufriedenheit, Fehlzeiten, Leistung usw. stehen und negative Auswirkungen haben.[27] Daneben ist vor allem von Bedeutung, welche Verhaltensänderung im Unternehmen durch Mobbing bewirkt wird. Diese Ergebnisse werden im Folgenden zusammengefaßt.

Die beiden amerikanischen Autoren Withey und Cooper fragten sich, welche Alternativen Beschäftigte ergreifen können, die am Arbeitsplatz unglücklich sind, und entwickelten ein Modell, das vier Reaktionsmöglichkeiten zeigt.[28] Dieses Modell wurde auf die Untersuchungsgruppe der zehn Patientinnen und Patienten angewendet und zeigt, mit welchem Verhalten die gemobbten Beschäftigten zu einem bestimmten Zeitpunkt reagierten. Die vier Reaktionsmöglichkeiten sehen folgendermaßen aus:

● *Voice* (Verbesserung der Situation): Die gemobbte Person versucht alles in ihrer Macht Stehende, um die Situation zu verbessern. Sie spricht z. B. mit Vorgesetzten, Kollegen, dem Betriebsrat, um eine Besserung herbeizuführen; ihr Verhalten ist damit sehr aktiv und konstruktiv. Die meisten der untersuchten Personen reagierten mit einem derartigen Verhalten, wenn ihnen bewußt wurde, daß sie Zielscheibe von Demütigungen, Schikanen oder Einschüchterungen geworden waren. Diese Erkenntnis verlieh ihnen sehr viel Energie, die Situation zu verbessern. Die Reaktion auf dieses Engagement war in den meisten Fällen enttäuschend: Die gemobbten Personen wurden nicht ernst genommen, ihr Anliegen nicht behandelt. Daneben versuchten einige der Patienten durch ein geändertes Arbeitsverhalten zu zeigen, daß sie Mobbing nicht verdient hatten. Ein Patient formuliert es so: «Ich war wie ein Kamikaze-Flieger. Es hat Tage gegeben, da bin ich in einem derartig fürchterlichen Zustand zur Arbeit gegangen, das hältst du im Kopf nicht aus. Ich wollte nur zeigen, daß ich gut bin, daß ich zuverlässig bin und pünktlich zur Arbeit erscheine, obwohl es mir dreckig ergangen ist.» Dieses Beispiel belegt, daß in bestimmten Phasen die Produktivität der Betroffenen sehr hoch sein kann.

● Eine weitere mögliche Reaktion auf Mobbing ist loyales Verhalten *(Loyalty)* gegenüber dem Unternehmen. Beschäftigte, die sich in diesem Sinne verhalten, haben eine starke Bindung an das Unternehmen entwickelt. Tritt Mobbing auf, so ertragen sie geduldig die Situation in der Hoffnung, daß sich die Dinge schon irgendwie regeln. Sie glauben an die «Selbstheilungskraft» der Situation und vermeiden es, Dinge in Gang zu setzen. Ein Patient formulierte dieses geduldige Zuwarten wie folgt: «Und irgendwie hat man auch gedacht, na ja, das geht vorbei, irgendwann bessert sich die Situation, irgendwann wird sie besser, und dann wirst du vielleicht befördert, weil die ja sehen müssen, daß du kein Faulpelz bist, daß du kein Dünnbrettbohrer bist.» In den meisten Fällen änderte sich jedoch die Situation durch dieses Ausharren nicht. Die Folgen waren Demotivation und Frust, die sich auch in der Leistung niederschlagen konnten.

● Spätestens bei der dritten Reaktionsform zeigt sich das enorme Kostenpotential, das mit Mobbing verbunden sein kann. Im Falle des leistungsmäßigen Rückzuges aus dem Unternehmen – als *Neglect* bezeichnet – zieht es die betroffene Person vor, sich aus der unbefriedigenden Situation zurückzuziehen. Sie «flüchtet» in Krankenstände, erbringt weniger Leistung oder verlegt ihr Interesse auf außerbetriebliche Aktivitäten. In der Personalwirtschaft wird dieses Verhalten auch als «innere Kündigung» bezeichnet. Eine Person beschreibt diese Reaktion auf ihre Mobbingsituation so: «Das hat zu dem geführt, was man innere Kündigung nennt: Trotzhaltung, nur noch das Nötigste tun, Dienst nach Vorschrift, sich Anweisungen geben lassen, keine Initiative mehr entwickeln, kein Engagement, was mir eigentlich nicht so liegt. Ich bin immer engagiert bei dem, was ich tue, aber wenn es da nur eine Einbahnstraße ist...»

● Die letzte der Reaktionsmöglichkeiten besteht in der Alternative, das Unternehmen zu verlassen *(Exit)*; die gemobbte Person entscheidet sich, zu kündigen. Es handelt sich dabei um ein sehr aktives Verhalten, das meistens dann gewählt wird, wenn die Bindung an das Unternehmen gering ist. Ein Patient drückte seine Frustration folgendermaßen aus: «Dann versuche ich tatsächlich in einem Haus noch einmal einen neuen Anfang... aber das ganz woanders, und die Peiniger sind dann nicht mehr da.»

Den einen oder anderen Leser mag es nicht überraschen, daß auf Mobbing in diesen Formen von den Betroffenen reagiert wird. Das Neue der Untersuchung bestand aber darin, nicht nur mögliche Reaktionen zu untersuchen, sondern auch zu prüfen, ob nur eine dieser Reaktionen zu bestimmten Zeitpunkten auftritt oder ob eine gemobbte Person verschiedene Reaktionen zeigt. Aus diesem Grund wurden die einzelnen Fallgeschichten der Patientinnen und Patienten genau analysiert und daraufhin untersucht, zu welchem Zeitpunkt die einzelnen Personen welche Art von Reaktion gezeigt hatten.

Das Ergebnis war überraschend. Es zeigte, daß die Mehrzahl der Patientinnen und Patienten als erstes mit einem starken Engagement auf ihre unbefriedigende Mobbingsituation reagiert hatten *(Voice)*. Sie beschwerten sich bei Vorgesetzten, Betriebsräten und anderen Personen, um ihre Situation am Arbeitsplatz zu verbessern. Nur zwei der zehn Beschäftigten unternahmen hingegen überhaupt nichts, in der Hoffnung, die Situation würde sich von alleine bessern *(Loyalty)*. Beide Reaktionen fruchteten nicht, so daß die Personen nach einer bestimmten Zeitdauer – diese war bei jedem unterschiedlich lang – ihr Verhalten änderten. Der Großteil jener, die sich zuvor sehr um die Verbesserung ihrer Situation bemüht hatten, begann sich im Sinne der «inneren Kündigung» zu verhalten *(Neglect)*. Die Familie wurde wichtiger, man blieb auch schon mal wegen einer kleinen Krankheit zu Hause (was früher nicht geschehen wäre), es wurde insgesamt weniger gearbeitet, die Personen suchten ihre Erfüllung in der Freizeit. Eine der beiden Personen, die sich zuvor loyal dem Unternehmen gegenüber verhalten hatte, versuchte nun, die Situation zu verbessern; die zweite Person harrte noch immer der Dinge. Einige Personen erkannten schließlich, daß auch diese Strategien auf Dauer keinen Sinn machten, und entschieden sich trotz massiver Nachteile zur Kündigung *(Exit)*. Die übrigen Beschäftigten verharrten in der inneren Kündigung.

Betrachtet man die Ergebnisse dieses Verlaufsmodells insgesamt, so hatten sich alle gemobbten Personen zu Beginn des Mobbingprozesses sehr konstruktiv im Sinne der Personalwirtschaft verhalten: Sie versuchten mit viel Energie, ihre Situation zu verbessern, oder harrten der Dinge in der heimlichen Hoffnung, daß jemand (z. B. der Vorgesetzte) ihre prekäre Lage erkennt. Diese Signale wurden von den Verantwortlichen (z. B. auch Personalabteilung, Sozialabteilung, Betriebsrat usw.) aber nicht wahrgenommen oder ganz bewußt abgewehrt, was einem typischen Führungsfehler entspricht. Als Konsequenz daraus traten erst jene Verhaltensweisen auf, die für ein Unternehmen hohe Kosten verursachen können: innere Kündigung (Fehlzeiten, Leistungsreduktion) und Fluktuation.

Man kann allgemeine, aber keine allgemeingültigen Angaben darüber machen, welche Kosten z. B. durch Fehlzeiten oder Fluktuation entstehen können. Dies hängt von den Bedingungen des einzelnen Unternehmens ab und auch davon, welche Kostenarten berücksichtigt werden (betrachtet man z. B. nur die direkten Kosten wie Entgeltfortzahlung oder rechnet man auch eine schwer meßbare, aber kostenwirksame Verschlechterung der Sozialbeziehungen mit ein?). Die Kosten durch Fehlzeiten und Fluktuation werden aber allgemein als beträchtlich angesehen. So können neben den direkten Kosten durch Krankheit auch Folgekosten entstehen. Dazu gehören:

● Opportunitätskosten durch entgangene Gewinne wegen Nichtrealisierung von Marktchancen,
● Konventionalstrafen durch verspätete Bereitstellung von Leistungen / Produkten,
● Ersatz von Mitarbeitern,
● verminderte Arbeitsmoral usw.[29]

Obwohl es schwer ist, eine konkrete Schätzung über das «wahre» Kostenausmaß von Fehlzeiten abzugeben, soll die folgende Angabe als Anhaltspunkt dienen: Für ein Unternehmen mit 1000 Mitarbeitern werden die Kosten für ein Prozent Krankenstand auf etwa 400 000 Mark geschätzt.[30] Ebenso ist es schwierig, konkrete Kosten für das Ausscheiden von Mitarbeiterinnen und Mitarbeitern aus dem Unternehmen (Fluktuation) zu ermitteln. Man kann auch hier wieder zwischen direkten und indirekten Kosten unterscheiden. Zu den direkten Kosten zählten etwa der Aufwand für Maßnahmen, die mit der Einstellung eines neuen Mitarbeiters verbunden sind, z. B. Inserate, Gutachten, Vorstellung, Einarbeitungszeit, Überbrückungsgehälter für Aushilfen bis zur Wiederbesetzung usw. Daneben treten aber auch schwer meßbare indirekte Kosten durch Erscheinungen wie Produktionsstörungen, Unruhe unter den verbliebenen Beschäftigten, Imageverlust bei den Lieferanten usw. auf. Eine deutsche Unternehmensberatungsfirma hat versucht, diese Fluktuationskosten zu konkretisieren, und kommt zu folgendem Ergebnis: Die Fluktuation

● eines Lagerarbeiters/Facharbeiters an einer normalen Maschine verursacht 15 000 Mark,

● einer Sekretärin oder eines mittleren Facharbeiters verursacht 25 000 Mark,

● eines höher qualifizierten Facharbeiters verursacht 50 000 Mark und

● einer Führungskraft mit einem Jahreseinkommen von 120 000 Mark verursacht 400 000 Mark.[31]

Aus diesen wenigen Belegen wird bereits ersichtlich, wie teuer Mobbing werden kann, wenn nicht frühzeitig Konsequenzen gezogen werden. Dazu gehört vor allem, die Beschwerden der betroffenen Personen ernst zu nehmen, um der Entwicklung bereits im Ansatz entgegenwirken zu können.

Es sei noch einmal darauf hingewiesen, daß die zuletzt beschriebene Studie einen explorativen Charakter hatte. Sie diente vor allem dazu, mögliche Reaktionsmuster aufzuzeigen. Ob diese Muster bei einer Vielzahl von gemobbten Beschäftigten auftreten, wird sich erst in weiteren Studien zeigen. Man kann jedoch auch diese Ergebnisse als deutliche Tendenz auffassen.

Fazit

Jede Führungskraft, jede(r) Personalverantwortliche sollte sich nach den skizzierten Fakten die Frage stellen, was Mobbing für sein Unternehmen auch in wirtschaftlicher Hinsicht bedeutet. Man wird relativ rasch eine eindeutige Antwort finden, wenn man sich die folgenden Punkte vor Augen hält:

● Es liegen zwar bislang keine exakten Daten über die Verbreitung von Mobbing für den gesamten deutschen Wirtschaftsraum vor. Aufgrund der dargestellten Ergebnisse kann jedoch gesagt werden, daß Mobbing kein Problem einer spezifischen Minderheit mit bestimmten Merkmalen ist, sondern ein deutliches Mitarbeitersegment in einem Unternehmen betreffen kann.

● Wie die hier vorgestellte Studie bzw. die Forschungen anderer Autoren dieses Buches zeigen, kann Mobbing für die Betroffenen mit schweren psychischen und psychosomatischen Beschwerden verbunden sein. Wer, um Kosten einzusparen, gezielt Mobbing betreibt, nimmt bewußt menschliches Leid in Kauf und verkennt außerdem, daß sich dies als Signal auf die übrigen Mitarbeiter, auf ihre Identifikation mit dem Unternehmen und ihre Leistungsbereitschaft auswirken kann.

● Wenn auch nur erste Ergebnisse zu personalwirtschaftlichen Effekten vorgestellt wurden, so kann behauptet werden, daß es deutliche Ergebnisse sind. Es bedarf keiner exakten Kostenschätzung darüber, was ein Mobbingfall kostet. Jede Führungskraft weiß, was es bedeutet, wenn Personen frustriert sind, innerlich gekündigt haben und auf dem besten Weg sind, das Unternehmen zu verlassen.

● Wie die Ergebnisse weiter zeigen, reagieren die betroffenen Personen nicht sofort mit negativen Verhaltensänderungen (z. B. Leistungsrücknahmen oder Kündigungen), sondern versuchen eine positive Wende herbeizuführen. Werden diese oftmals schwachen Signale erkannt, so besteht die Möglichkeit, ihnen viel Leid und dem Unternehmen spürbare Kosten zu ersparen.

Anmerkungen

1 Vgl. Heinemann 1972
2 Vgl. Brodsky 1976
3 Vgl. Roethlisberger/Dickson 1956
4 Als Beispiele seien die Bücher von Zuschlag 1994 und Waniorek/Waniorek 1994 angeführt
5 Vgl. zu den verschiedenen Menschenbildern von Rosenstiel/Molt/Rüttinger 1988, S. 21 ff.
6 Vgl. Wunderer 1992, S. 57
7 Vgl. Kolb/Höna 1994, S. 212
8 Vgl. zu den folgenden Ergebnissen: Niedl 1995
9 Vgl. Nosthoff 1993, S. 51 f.
10 Vgl. zu Detailergebnissen Knorz 1994, S. 131
11 Seemann/Meier 1989, S. 18
12 Vgl. Kieser/Kubicek 1978, S. 89
13 Vgl. Niedl 1995
14 Vgl. Resch 1993, zitiert nach Hahne 1994, S. 189
15 Vgl. Einarsen/Raknes 1991, S. 44
16 Vgl. Matthiesen/Raknes/Røkkum 1989, S. 769
17 Vgl. Lindroth/Leymann 1993, S. 19
18 Vgl. Thylefors 1987, S. 141
19 Vgl. SIF, zitiert nach Leymann/Sipu 1989, Kap. 3, S. 7
20 Vgl. Vartia 1991, S. 134
21 Vgl. Einarsen/Raknes 1991, S. 44
22 Vgl. Bureau of National Affairs 1990, S. 2, zitiert nach Wilson 1991, S. 47
23 Vgl. dazu die wenigen personalwirtschaftlichen Diskussionsbeiträge von Hahne 1994, Neuberger 1994 und Niedl 1993, 1994
24 Die folgenden Ergebnisse finden sich bei Niedl 1995
25 Vgl. zum Computerdiagnostikum «CEPAR» Krieger 1993
26 Vgl. Dunckel/Zapf 1986, S. 42
27 Vgl. dazu auch die empirische Untersuchung von von Eckardstein/Lueger/Niedl/Schuster 1995
28 Vgl. Withey/Cooper 1989
29 Vgl. von Eckardstein/Lueger/Niedl/Schuster 1995, S. 247
30 Vgl. Theis 1985, S. 6
31 Vgl. Harlander 1985, S. 375

5

WOLFGANG DÄUBLER

Zurückhaltung des Rechts

**Mobbing und das Arbeitsrecht –
eine Bestandsaufnahme** *

1. Mobbing –
kein Problem für Juristen?

Wer sich als Jurist dem Problem «Mobbing» nähert, kann in der Stan-
dardliteratur kaum fündig werden. Das dreibändige «Münchener
Handbuch zum Arbeitsrecht», 1992 und 1993 erschienen, umfaßt
zwar über 5800 Druckseiten, doch von «Mobbing» ist nirgends die
Rede. Im Stichwortregister des Arbeitsrechts-Handbuchs von
Schaub[1] klafft zwischen «Mitbestimmung» und «Montagearbeiter»
ersichtlich eine Lücke. Auch das eben erschienene, von Studenten viel
gelesene Lehrbuch von Hanau-Adomeit[2] bringt keinen Hinweis.
Schließlich hat auch der Verfasser keinen Grund zu Eigenlob, hat er
doch zwar den rechtlichen Rahmen der «Umgangsformen im Betrieb»
aufgegriffen[3], dabei jedoch nicht den Fall bedacht, daß eine einzelne
Person systematisch einer «feindseligen unethischen Kommunikation» ausgesetzt wird.

Auch wer in die Aufsatzliteratur einsteigt, kommt nicht sehr viel
weiter. Zwar gibt es mittlerweile einige kleinere Abhandlungen[4],
doch findet man eingehendere juristische Überlegungen nur zu dem
Spezialproblem «Beleidigungen und Belästigungen durch Vorgesetzte»[5].

---

* Für Sammlung von Material und Diskussion danke ich cand. jur. Heike Fang-
meier

Die «Fehlanzeige» erstaunt etwas. Das verwandte Phänomen der sexuellen Beeinträchtigung am Arbeitsplatz hat intensive rechtswissenschaftliche Bearbeitung[6] und nunmehr auch eine ausdrückliche gesetzliche Regelung erfahren.[7] Auch der Schutz vor Passivrauchen ist eingehend untersucht[8] – es wäre daher ungerecht, wollte man behaupten, die Persönlichkeit des einzelnen spiele im Arbeitsrecht keine Rolle.

«Auslassungen» dieser Art können unterschiedliche Ursachen haben. Neben schlichten Erkenntnisdefiziten spielt üblicherweise die Tatsache eine Rolle, ob sich ein Phänomen halbwegs sicher eingrenzen und dann auf seine Zulässigkeitsgrenzen hin untersuchen läßt. Dies ist bei einem so komplexen Vorgang wie dem Mobbing einigermaßen schwierig, läßt es sich doch nicht auf ein oder zwei konkrete Handlungen reduzieren, die man als «noch rechtmäßig» oder «schon rechtswidrig» qualifizieren kann. Das Recht knüpft aber traditionellerweise an Einzelhandlungen an: Man untersucht die Betrugshandlung des X, den Verkehrsunfall auf der Königsallee oder den Kaufvertrag zwischen A und B über eine Möbelgarnitur – die ganze Vorgeschichte, mit der einzelne Menschen in einen solchen punktuellen «Kontakt» hineingehen, spielt prinzipiell keine Rolle.[9] Unser meist am Tausch auf dem Markt orientiertes Recht tut sich schwer, aus dem Ruder laufende längerfristige soziale Beziehungen zu beurteilen. Auch im Eherecht verzichtet man deshalb aus guten Gründen darauf, nach «schweren Eheverfehlungen» und anderen Treuwidrigkeiten zu fragen – bis Mitte der 70er Jahre war dies anders, mit der Folge, daß entweder «schmutzige Wäsche» gewaschen oder dem Gericht ein blitzeblanker Scheidungsgrund vorgespiegelt wurde. Vernünftigerweise stellt man heute ganz schematisch auf den vergleichsweise leicht feststellbaren Tatbestand der Trennung (ein bzw. drei Jahre) ab.

Die absehbaren Schwierigkeiten sollten niemanden davon abhalten, gleichwohl nach den Reaktionen des Rechts auf das Phänomen Mobbing zu fragen. Zunächst soll ein vergleichsweise eindeutiger Fall thematisiert und rechtlich bewertet werden (unten 2). Es folgt ein Abschnitt über die sehr viel typischere Situation, daß Unklarheit über die Geschehensabläufe besteht (unten 3). Schließlich soll es darum gehen, rechtliche Verfahren zu entwickeln, wie man «Risikovorsorge» betreiben und dabei rechtlich abgesicherte Verfahren einsetzen kann (unten 4).

2. Die systematische Ausgrenzung als Rechtsverstoß

Wie man Mobbing im einzelnen definiert, soll nicht unsere primäre Sorge sein.[10] Soweit ersichtlich, besteht Einigkeit darüber, daß von Mobbing dann die Rede sein kann, wenn einzelne Personen systematisch ausgegrenzt und abschätzig behandelt werden – was sich unter anderem in der Art der Kommunikation, aber auch darin äußern kann, daß ihnen die schlechteste Arbeit zugewiesen oder über sie Gerüchte verbreitet werden, die das soziale Ansehen zerstören.[11] An einem Beispiel sei dies verdeutlicht:

Über den Sachbearbeiter X wird im Betrieb verbreitet, er sei vom Amtsgericht wegen Exhibitionismus bestraft worden. Die sechs Kollegen, die mit ihm denselben Raum teilen, behandeln ihn wie Luft. Der Vorgesetzte weist ihm immer häufiger «Problemfälle» zu und schüttelt nur den Kopf, wenn X sie nicht lösen kann. Geht X in die Kantine, setzt sich niemand zu ihm; setzt er sich zu anderen an den Tisch, stehen diese auf und suchen sich einen anderen Platz. Nach sechs Monaten wird X wegen Depressionen und psychosomatischer Störungen krank geschrieben. Auf Anraten seines Arztes kündigt er sein Arbeitsverhältnis mit gesetzlicher Frist. Welche rechtlichen Sanktionen kommen gegen die «Verfolger» oder den Arbeitgeber in Betracht?

2.1. Strafrechtliche Konsequenzen

In einem Fall wie dem hier geschilderten stellt sich zunächst die Frage, ob sich die sechs Kollegen und der Vorgesetzte strafbar gemacht haben.

X ist in seiner Gesundheit schwer beeinträchtigt worden. Dabei spielt es keine Rolle, daß es sich nicht um einen «handfesten» Beinbruch, sondern um eine primär psychische Erkrankung handelt. Sobald nach ärztlichem Urteil Behandlungsbedürftigkeit besteht, ist – bei aller Unsicherheit über die Grenzziehung zwischen Gesundheit und Krankheit – der Tatbestand der Körperverletzung erfüllt.

Das eigentliche Problem liegt deshalb woanders. Das Zusammen-

78

leben von Menschen ist ersichtlich mit Risiken verbunden. Dies gilt nicht nur für den Straßenverkehr (wo auch der sorgfältigste Autofahrer die Ursache für einen Unfall setzen kann), sondern auch für die schlichte zwischenmenschliche Kommunikation: Wer trotz Grippe mit anderen zusammentrifft, steckt diese möglicherweise an, so daß ganz ohne Zweifel ihre Gesundheit für ein bis zwei Wochen beeinträchtigt ist. Daß in Fällen dieser Art nicht der Staatsanwalt auf den Plan tritt, hängt mit dem Rechtfertigungsgrund des sogenannten erlaubten Risikos zusammen. Nach der Rechtsprechung handelt derjenige nicht rechtswidrig, der im Straßenverkehr einen Schaden verursacht, obwohl er sich völlig «korrekt» verhalten, also – wie die Juristen sagen – keine objektive Sorgfaltspflicht verletzt hat.[12] Auch wer andere mit Grippe ansteckt, hat nichts zu befürchten, würde doch andernfalls das soziale Leben zu einem ständigen Balanceakt zwischen Recht und Unrecht.[13] Ist aber ein Verhalten unter solchen Umständen rechtmäßig (was auch mit dem Begriff der «Sozialadäquanz» umschrieben wird[14]), so tritt auch dann keine Strafbarkeit ein, wenn im Einzelfall eine böse Absicht vorliegt, der andere also bewußt geschädigt werden soll.[15] Dabei spielt sicherlich auch eine Rolle, daß die Schädigungsabsicht in aller Regel nicht beweisbar wäre – was soll eine Strafdrohung, die nur in den seltenen «Glücksfällen» des ungemein ehrlichen (aber gleichwohl bösartigen) Täters praktisch wirksam wird?

Wendet man diese Grundsätze auf den vorliegenden Fall an, so ist es zumindest höchst zweifelhaft, ob eine rechtswidrige Körperverletzung vorliegt. Das «Schneiden» durch andere Menschen mag unschön und unmoralisch sein – es gehört genauso zur Normalität des Lebens wie die Ansteckung mit Erkältungskrankheiten. Bereitschaft zur Kommunikation ist rechtlich nicht erzwingbar. Die Arbeitskollegen haben deshalb nicht rechtswidrig gehandelt, so daß es gar nicht mehr darauf ankommt, ob sie die gesundheitlichen Folgen bewußt in Kauf genommen haben (dann evtl. vorsätzliche Körperverletzung nach §§ 223 ff. StGB) oder ob sie sie hätten zumindest erkennen müssen (dann fahrlässige Körperverletzung nach § 230 StGB). Auch beim Vorgesetzten wird man auf der Basis des bisher Gesagten schwerlich zu einem anderen Ergebnis kommen: Ungerechte Verteilung von Arbeit und die Beschränkung auf Kopfschütteln statt des klärenden Gesprächs sind Verhaltensweisen, die gleichfalls noch im Rahmen einer (wenn auch partiell sehr unschönen) Normalität liegen. Auch hier kann daher dahinstehen, ob die Folgen bewußt in Kauf genommen würden oder jedenfalls hätten erkannt werden müssen.

Das Verhalten der Arbeitskollegen könnte weiter den Tatbestand der Beleidigung nach § 185 des Strafgesetzbuches (StGB) erfüllen. Nach dieser Vorschrift macht sich strafbar, wer einen anderen bewußt abwertet und mißachtet.[16] Die ältere Rechtsprechung ist dabei recht weit gegangen und hat beispielsweise die «höhnische Begrüßung» eines Gemeindevorstehers während des Urinierens[17] sowie den Fall einbezogen, daß jemand den Stuhl ausräucherte, auf dem der Betreffende gesessen hatte.[18] Wie die Beispiele zeigen, kommt es nicht darauf an, auf welche Weise die Mißachtung zum Ausdruck gebracht wird; auch eine symbolische Handlung reicht aus.

Legt man diese Maßstäbe zugrunde, so ist das systematische Aufstehen vom Tisch in der Kantine vom ersten Eindruck her sicherlich eine Beleidigung. Die Beteiligten verhalten sich genauso, als hätten sie ausdrücklich gesagt: «Du bist ein Mensch, mit dem man nicht an einem Tisch sitzen kann.» Damit wird – wie es so schön auf juristisch heißt – der «soziale Geltungsanspruch» des Opfers in Frage gestellt. Auch hier stellt sich jedoch dieselbe Frage wie bei der Körperverletzung: Zu den Regeln des sozialen Lebens gehört es, daß man sich keinen «Tischgenossen» aufdrängen lassen muß. Wenn dies aber so ist, wird sich daran auch dann nichts ändern, wenn sich mehrere Personen so verhalten und wenn sie damit mehr oder weniger böse Absichten verbinden.

Die hier skizzierte Argumentation ist keineswegs absolut zwingend. Der Gedanke des «erlaubten Risikos» und des «sozialadäquaten Verhaltens» ist – so könnte man gegenhalten – nur für «Normalfälle» gedacht, bei denen sich unvermeidbare Lebensrisiken realisieren. Nicht erfaßt ist damit jedoch das bewußt schädigende Tun – gleichgültig, ob man anderen eine Grippe verpaßt oder sie durch systematische Schikanen psychisch zermürbt.

Auch dann ist allerdings zu beachten, daß nur die vorsätzliche gemeinschaftliche Körperverletzung von Amts wegen verfolgt würde. Alle anderen Fälle[19] sind sogenannte Antragsdelikte, bei denen überhaupt nur dann etwas passiert, wenn der Betroffene Strafantrag stellt.[20] Auch wenn er dies tut, ist damit noch nicht viel gewonnen. Im Regelfall findet vielmehr ein sogenanntes Privatklageverfahren nach § 374 der Strafprozeßordnung (StPO) statt, das kosten-, nerven- und zeitaufwendig ist und das überdies immer in der Gefahr steht, nach § 383 Abs. 2 Satz 1 StPO wegen geringer Schuld des Täters vom Gericht eingestellt zu werden. Nur wenn die Staatsanwaltschaft ein öffentliches Interesse an der Strafverfolgung bejaht, kann sie nach § 376 StPO das Verfahren selbst in die Hand nehmen; ob sie dies wegen des hier geschilderten Vorgangs tun würde, erscheint höchst zweifelhaft.

2.2. Zivilrechtliche Ansprüche
gegen die Mobber

Da mit den sechs Kollegen und dem Vorgesetzten keine vertraglichen Beziehungen bestehen – diese existieren nur im Verhältnis zum Arbeitgeber –, kommen nur Ansprüche aus unerlaubter Handlung nach den §§ 823 ff des Bürgerlichen Gesetzbuches (BGB) in Betracht. § 823 Abs. 1 BGB verpflichtet denjenigen zum Schadensersatz, der vorsätzlich oder fahrlässig die Gesundheit eines anderen schädigt. Auch hier stellt sich in gleicher Weise wie im Strafrecht die Frage, ob nicht ein Fall des «erlaubten Risikos» vorliegt. Die Gerichte werden sich zumindest sehr schwertun, jemanden deshalb zum Schadensersatz zu verurteilen, weil er aufgrund schlechter zwischenmenschlicher Beziehungen für die Krankheit des anderen eine Ursache setzte. Jede heftige persönliche Auseinandersetzung wäre sonst mit unter Umständen recht hohen Haftungsrisiken verbunden, ist doch nie auszuschließen, daß der Widerpart sich so aufregt, daß sich psychosomatische Beschwerden einstellen und er erkrankt.

Immerhin mag die psychologische Schwelle beim Gericht niedriger sein, ist doch mit einer Verurteilung zum Schadensersatz herkömmlicher Auffassung nach ein geringeres Unwerturteil als mit einer Bestrafung verbunden.[21] Positive Entscheidungen zugunsten eines Opfers sind allerdings vorwiegend zu einer Zeit ergangen, als die Lehre vom erlaubten Risiko noch nicht in ihrer heutigen Form entwickelt war. So hat das Reichsgericht im Jahre 1921 einem Prokuristen Schadensersatz zugesprochen, weil dieser infolge einer heftigen Auseinandersetzung mit dem Sohn des Inhabers einen Gallensteinanfall erlitten hatte, der zu Gelbsucht und weiteren Erkrankungen führte.[22] Die Begründung setzte sich mit der Frage auseinander, ob der Sohn des Chefs als Beleidiger fahrlässig gehandelt hatte, also die

Möglichkeit der Gesundheitsschädigung hätte erkennen müssen. Dabei mag auch eine Menge persönlicher Sympathie mitgeschwungen haben, wenn es hieß:[23]

> «Wenn die Erfahrung lehrt, daß Aufregungen und Ehrenkränkungen geeignet sind, einem Menschen, insbesondere einem solchen von höherer Bildungsstufe und verfeinerter Empfindung... auch gesundheitlich zu schaden, so hat das Berufungsgericht ohne Rechtsirrtum angenommen, daß der Beklagte damit rechnen mußte, der Kläger könne durch die plötzlichen maßlosen Beschimpfungen, die ihm, dem langjährigen Angestellten und zur Vertrauensstellung eines Prokuristen Aufgestiegenen, vor dem Personal ohne jeden Grund widerfuhren, an seiner Gesundheit Schaden nehmen. Der Revision ist zwar zuzugeben, daß, wer im kaufmännischen Beruf an verantwortlicher Stelle steht, mit einem gewissen Gleichmut gegen geschäftliche Aufregungen gewappnet sein muß, und daß ggf. mit einer solchen Gemütsverfassung gerechnet werden darf. Der kaufmännische Angestellte braucht aber nicht auf Ehrverletzungen und Beschimpfungen durch den Prinzipal [heute: Arbeitgeber – W. D.] oder dessen Angehörige gefaßt und gegen derartige Erregungen seelisch gefestigt zu sein. Der Beklagte kann sich daher nicht darauf berufen, er habe nicht erwarten können, daß dem Kläger aus den Schmähungen, mit denen er ihn überfiel, gesundheitliche Nachteile entstehen würden.»

In einer späteren Entscheidung[24] war es gleichfalls um eine Gallenerkrankung gegangen, die durch unzutreffende Presseveröffentlichungen ausgelöst worden war: Der zu Unrecht als zahlungsunfähig bezeichnete Architekt starb an den Folgen der notwendig gewordenen Operation, der Zeitungsinhaber mußte der Witwe Schadensersatz bezahlen. Im Gegensatz dazu war der Bundesgerichtshof sehr viel zurückhaltender bei der Beurteilung eines Falles, in dem ein Landmesser samt seines Gehilfen mit groben Beleidigungen und leichten Tätlichkeiten von einem Grundstück vertrieben worden war:[25] Obwohl nach medizinischem Urteil die Auseinandersetzung beim Gehilfen eine Gehirnblutung ausgelöst hatte, stand das Gericht dem Schadensersatzanspruch äußerst reserviert gegenüber. Es neigte ersichtlich dazu, einen Kausalitätszusammenhang anzunehmen, der außerhalb jeder Lebenserfahrung liegt und deshalb den Verursacher nicht zu Schadensersatz verpflichtet. Im Ergebnis wird man realistischerweise daher nicht damit rechnen können, daß Sachbearbeiter X in unserem Fall Schadensersatzforderungen gegen die Arbeitskollegen oder die Vorgesetzten durchsetzen wird.

2.3. Ansprüche gegen den Arbeitgeber

Im Verhältnis zum Arbeitgeber ist die Situation insofern eine andere, als hier eine vertragliche Beziehung mit gesteigerten Pflichten beider Seiten vorhanden ist. Nach allgemeiner Auffassung muß aufgrund des Arbeitsvertrags nicht nur der Arbeitnehmer arbeiten und der Arbeitgeber bezahlen; vielmehr bestehen auch zahlreiche sogenannte Nebenpflichten. Zu diesen zählt u. a. das in § 75 Abs. 2 des Betriebsverfassungsgesetzes (BetrVG) niedergelegte Prinzip, wonach der Arbeitgeber die «freie Entfaltung der Persönlichkeit der im Betrieb beschäftigten Arbeitnehmer zu schützen und zu fördern» hat. Wird dem zuwidergehandelt, werden inhumane Arbeitsbedingungen geschaffen oder aufrechterhalten, obwohl sie mit zumutbaren Mitteln zu verbessern wären, so entsteht eine Verpflichtung zum Schadensersatz. Wichtig ist, daß es dabei nicht nur auf das Verhalten des Arbeitgebers als solchen ankommt (der in unserem Fall von der ganzen Geschichte möglicherweise gar nichts wußte). Vielmehr muß er sich nach § 278 BGB das Verhalten der Personen zurechnen lassen, die, wie zum Beispiel ein Personalleiter oder ein Vorgesetzter, an seiner Stelle handeln.[26]

Beurteilt man den konkreten Fall nach diesen Maßstäben, so hat der Arbeitgeber seine Pflichten verletzt. Das Verhalten der Arbeitskollegen muß er sich als solches allerdings nicht zurechnen lassen, da sie nicht «an seiner Stelle» gehandelt haben, also insoweit nicht – wie der Fachausdruck lautet – «Erfüllungsgehilfen» waren. Anders verhält es sich mit dem Vorgesetzten: Er war verantwortlich dafür, daß dem Grundsatz des § 75 Abs. 2 BetrVG entsprechend verfahren wurde. Sein Verhalten war zumindest in zwei Punkten fehlerhaft.

Zum einen hätte ihm auffallen müssen, daß die sechs Kollegen den X «wie Luft» behandelten. Auch wenn dies nach allgemeinen Verhaltensstandards nicht rechtswidrig war, traf ihn die Pflicht, gegen eine solche Nicht-Kommunikation einzuschreiten; es war absehbar, daß sie den X in vermeidbare Schwierigkeiten bringen und sein Arbeitsverhalten beeinträchtigen würde. Selbst wenn die angebliche Vorstrafe bestanden hätte, war X so lange korrekt zu behandeln, wie er im Betrieb beschäftigt war. Der Vorgesetzte hätte deshalb zumindest mit den Arbeitskollegen reden und versuchen müssen, sie von ihrem bisherigen Verhalten abzubringen. Statt dessen hat er – und hierin liegt der zweite Vorwurf – die Situation noch dadurch verschlimmert, daß er dem X Problemfälle zuwies und die Lösungsvorschläge nur mit Kopfschütteln beantwortete. Beides fördert ersichtlich nicht die «freie Entfaltung der Persönlichkeit», sondern beeinträchtigt sie in gravierender und überdies vermeidbarer Weise.

Das Verhalten des Vorgesetzten war aller Wahrscheinlichkeit nach auch kausal für den weiteren Gang der Dinge. Hätte er die Kollegen zu einem halbwegs kooperativen Verhalten gebracht oder sich notfalls um eine Versetzung des X in eine bessere Arbeitsumgebung bemüht, wären vermutlich auch die Vorgänge in der Kantine nicht aufgetreten. Zumindest spricht ein Beweis des ersten Anscheins dafür, daß durch eine energische Intervention des Vorgesetzten zugunsten des X dessen Zusammenbruch vermieden worden wäre.

Der Vorgesetzte hat auch schuldhaft gehandelt. Er hätte jedenfalls erkennen müssen, daß er die Situation des X verschlimmerte und daß daraus auch psychosomatische Krankheitssymptome folgen könnten. Die Sensibilität für Fragen dieser Art ist heute nicht geringer als zu Zeiten des Reichsgerichts – für den einzelnen ist es erkennbar, ja naheliegend, daß eine systematische Ausgrenzung bestimmter Personen zu einer Erkrankung führen kann.

Der Arbeitgeber muß also wegen Verletzung einer arbeitsvertraglichen Nebenpflicht Schadensersatz leisten.

Zum Schaden gehören alle materiellen Nachteile, die durch das Mobbing entstanden sind. Dazu zählen einmal die Heilungskosten; soweit diese von der Krankenkasse getragen wurden, hat sie einen Rückgriffsanspruch gegen den Arbeitgeber. Ist die Entgeltfortzahlungspflicht nach sechs Wochen ausgelaufen, kann der X die Differenz zwischen normalem Entgelt und Krankengeld vom Arbeitgeber ersetzt verlangen. Darüber hinaus sieht § 628 Abs. 2 BGB als Sondervorschrift eine Haftung für sogenanntes Auflösungsverschulden vor: Wird die Kündigung durch vertragswidriges Verhalten des anderen

Teiles (hier: des Arbeitgebers) veranlaßt, so ist dieser zum Ersatz des durch die Auflösung des Arbeitsvertrages entstehenden Schadens verpflichtet. Zu ersetzen ist also der Verlust des Arbeitsplatzes. Wie dies im einzelnen in Mark und Pfennig auszudrücken ist, erscheint nicht abschließend geklärt[27], doch dürfte in Anlehnung an die §§ 9, 10 des Kündigungsschutzgesetzes (KSchG) eine zwischen einem und 18 Monatsgehältern liegende Entschädigung in Betracht kommen.[28]

70 Studenten an der Uni Bremen, die den Fall in fünf Stunden unter Examensbedingungen bearbeiten mußten, kamen hier zu ähnlichen Ergebnissen: 51 bejahten die Haftung des Arbeitgebers, 15 lehnten sie ab, vier entschieden sich nicht. Der Vorgesetzte wurde hart herangenommen: 52 bejahten seine Haftung, nur drei lehnten sie ab und 15 blieben unentschlossen oder prüften die Ansprüche nicht. 26 sprachen einen Ersatzanspruch auch gegen die Arbeitskollegen zu, 28 lehnten ihn ab, 16 entschieden sich nicht.

Schmerzensgeld ist im Vertragsrecht grundsätzlich nicht vorgesehen. Es kommt nach § 847 BGB nur dann in Betracht, wenn auch der Arbeitgeber eine unerlaubte Handlung begangen hat. Was seine Person betrifft, so kann ihm nach dem Sachverhalt kein Vorwurf gemacht werden. Das Verhalten des Vorgesetzten muß er sich in diesem Bereich nach § 831 BGB nur dann zurechnen lassen, wenn er diesen unsorgfältig ausgewählt oder beaufsichtigt hat. Ob dies der Fall war, entscheidet sich nach den Umständen des Einzelfalls. In der Regel wird der Nachweis gelingen, daß die in Frage stehende Person über Jahre hinweg keinerlei Anlaß für Beanstandungen gab, so daß kein Grund für eine Nachfrage oder regelmäßige Kontrolle bestand.

3. Das Problem der Beweisbarkeit

Die bisherigen Erörterungen legten das zugrunde, was man einen «Lehrbuchfall» nennt. Die Geschehensabläufe sind zwar mehr oder weniger der Realität entnommen, werden jedoch als «feststehend» behandelt. In der Wirklichkeit sind die Dinge sehr viel komplizierter. Im Beispielsfall werden die sechs Kollegen den Standpunkt vertreten, sie hätten hin und wieder durchaus versucht, mit dem X ins Gespräch zu kommen. Leider habe dieser alle Kontaktversuche unverständlicherweise zurückgewiesen; darin könne – so läßt sich andeuten –

bereits ein erstes Symptom seiner psychischen Erkrankung gelegen haben. Auch das Aufstehen in der Kantine sei nichts anderes als ein Greuelmärchen. Man erinnere sich nur an einen einzigen Fall, bei dem drei Kollegen gerade mit dem Essen fertig gewesen seien, als X sich zu ihnen gesetzt habe. Sie hätten beim Aufstehen noch «guten Appetit» gewünscht, was aber nur mit einem unverständlichen Brummen quittiert worden sei. «In letzter Zeit» habe sich X immer alleine an einen freien Tisch gesetzt; Kollege A meint sogar, sich erinnern zu können, daß er mal mit seinem Tablett zu X an den Tisch gegangen sei, dieser aber demonstrativ weggeschaut habe.

Auch der Vorgesetzte sieht die Dinge anders als X. Dieser habe keineswegs besonders viele Problemfälle bekommen. Die Arbeitskollegen könnten jederzeit bezeugen, daß auch sie immer wieder harte Nüsse zu knacken gehabt hätten. Allerdings sei ihm aufgefallen, daß die Leistungen des X in letzter Zeit zurückgegangen seien. Er könne sich dies nur mit dessen persönlicher Situation erklären, über die man Näheres jedoch nicht wisse. Er hätte ihn verschiedentlich auf seine Fehler hingewiesen, doch habe sich X immer «sauer» gezeigt und sich überhaupt nicht auf ein inhaltliches Gespräch eingelassen. Schließlich habe er auf weitere Hinweise verzichtet. Es könne daher durchaus sein, daß er im Einzelfall schlicht mit Kopfschütteln auf die Arbeit des X reagiert habe.

Im Streitfalle würde X aller Voraussicht nach bei jedem Gericht den kürzeren ziehen. Auch wenn er sich – was bei einem eingeschüchterten und verunsicherten Menschen wenig wahrscheinlich ist – genaue Notizen über jeden Vorfall gefertigt hat, steht er bei der gerichtlichen Aufklärung des Sachverhalts allein: Verklagt er den Arbeitgeber auf Schadensersatz, stehen ihm sieben Zeugen gegenüber, die sich in der hier angedeuteten Weise wechselseitig die Bälle zuwerfen. Gerade weil sich ihre Sicht der Dinge nicht total, sondern nur in den (entscheidenden) Einzelheiten von der des X unterscheidet, würden ihre Aussagen als glaubwürdig behandelt. Auch ein für Mobbing sensibilisierter Richter würde auf überzeugende Beispiele aus der sozialwissenschaftlichen Literatur verweisen, in denen herausgearbeitet wurde, wie derselbe Sachverhalt sich aus der Perspektive unterschiedlicher Personen völlig unterschiedlich darstellt, ohne daß die Vorgänge bewußt von bestimmten Beteiligten in ihrem Sinne zurechtinterpretiert worden wären.[29] Schließlich ist das Gericht an die Regeln über die Beweislast gebunden: Der Geschädigte muß zumindest den Nachweis erbringen, daß die Beeinträchtigung seiner Gesundheit eine betriebliche Ursache hatte; erst dann kann man in Analogie zu § 282 BGB den Arbeitgeber mit der Aufgabe belasten, seinerseits fehlendes Verschulden nachweisen zu müssen.[30] Läßt sich aber das Geschehen im Betrieb nicht klären, muß die Klage des Arbeitnehmers notwendigerweise abgewiesen werden.

Was hier für das Strafrecht und den Schadensersatzanspruch im einzelnen dargelegt wurde, gilt in gleicher Weise auch für andere Sanktionen, die in der Literatur geradezu liebevoll herausgearbeitet werden. So kann der Arbeitgeber den Mobber je nach Schwere seines Pflichtverstoßes abmahnen, auf einen anderen Arbeitsplatz versetzen oder kündigen[31], doch gilt dies natürlich nur dann, wenn sich die entsprechenden Tatsachen beweisen lassen. Ähnlich verhält es sich mit dem Versuch, Mobbing-Opfer der Unfallversicherung zu melden.[32] Die Berufsgenossenschaft wird eine Kostenübernahme von vornherein nur dann in Erwägung ziehen, wenn die betriebliche Ursache einer Krankheit eindeutig feststeht – ganz abgesehen davon, daß sie grundsätzlich nur in Fällen anerkannter Berufskrankheiten einspringt (die hier nicht vorliegen) und daß die Ausnahmefälle des § 551 Abs. 2 RVO sowieso kaum praktische Bedeutung haben.[33] Der Sache nach geht es hier um relativ hilflose Versuche, zur Bekämpfung eines empörenden Mißstands rechtliche Mittel einzusetzen, die dazu im Regelfall – nach derzeitiger Rechtslage – völlig ungeeignet sind.

4. Ausklammerung des Rechts?

Das bisher Gesagte könnte den Schluß nahelegen, die weitere Diskussion um Mobbing sei ohne Bezugnahme auf das Recht und ohne Juristen zu führen. Dagegen sprechen mindestens drei Gesichtspunkte.

● Die unbestreitbaren Schwierigkeiten, Mobbing-Opfern mit rechtlichen Mitteln zu helfen, besagen nicht, daß dem Recht insgesamt im hier untersuchten Zusammenhang keine Bedeutung zukommt. § 75 Abs. 2 BetrVG ist nicht deshalb bedeutungslos, weil sich im Einzelfall Verstöße nicht belegen lassen. Denkbar, vielleicht sogar wahrscheinlich ist es nämlich, daß die Bestimmung in vielen Fällen durchaus handlungsleitende Kraft hat, daß sie in vielen Fällen einen Beitrag zur Mobbing-Prävention leistet. Genaue Aussagen dazu sind allerdings nicht möglich.

● Wichtiger ist ein zweiter Einwand. In der Rechtsprechung finden sich Entscheidungen über eine Konstellation, die möglicherweise in den hier erörterten Zusammenhang gehört, ohne daß jemals der Begriff Mobbing verwandt worden wäre: die sogenannte Druckkündigung. Ihr liegt die dem Arbeitsrechtler durchaus geläufige Situation zugrunde, daß Arbeitskollegen und/oder Vorgesetzte Druck auf den Arbeitgeber ausüben, eine bestimmte, von ihnen abgelehnte Person zu entlassen. Trägt er dem Rechnung und spricht er eine Kündigung aus, so stellt sich das Problem ihrer Rechtfertigung. Dabei gehen die Gerichte regelmäßig davon aus, daß sich der Arbeitgeber vor den angegriffenen Arbeitnehmer stellen und die (nicht auf einem gravierenden Fehlverhalten beruhenden) Angriffe der übrigen zurückweisen müsse. Führe dies nicht weiter, habe er eine Versetzung zu versuchen; bei ihr müsse auch der Angegriffene in zumutbarem Umfang mitwirken. Scheitere dies und würde dem Arbeitgeber erheblicher Nachteil drohen, sei die Kündigung gerechtfertigt.[34]

Die zugrundeliegenden Sachverhalte werden in den Urteilen des Bundesarbeitsgerichtes (BAG) nicht so detailliert dargestellt, daß der sichere Schluß auf einen Mobbing-Fall möglich ist. In einem 1975 entschiedenen Fall[35] ging es um einen Omnibusfahrer, der seiner häufigen Fehlzeiten wegen von seinen Kollegen abgelehnt wurde. Im Hintergrund stand der Verdacht, daß nicht die Fehlzeiten, sondern die Zugehörigkeit des Betroffenen zu einer gewerkschaftlichen Minderheitengruppierung der maßgebende Grund war, weshalb die örtlichen CDU-Sozialausschüsse von «Gesinnungsterror» gesprochen hatten.

In einem 1987 entschiedenen Fall[36] ging es um eine Stationsschwester, die im Verdacht stand, Medikamente entwendet und verbraucht zu haben. Verschiedene andere Schwestern drohten mit Kündigung und lehnten eine weitere Zusammenarbeit ab; auch hier fragt man sich, inwieweit der besagte Verdacht nur ein «Aufhänger» war, um die betreffende Person endgültig «auszustoßen» und loszuwerden.

Fälle dieser Art liegen allerdings insofern anders, als sich das Opfer wehrt: Nur aufgrund einer Klage des Gekündigten kommt ja die Arbeitsgerichtsbarkeit überhaupt in die Lage, das Verhalten der Beteiligten zu beurteilen. Auch geht es um einen konkreten, faßbaren Akt, der vom Arbeitgeber ausgeht und sich nach einigermaßen sicheren Maßstäben überprüfen läßt. Insofern ist die Lage nicht voll vergleichbar mit einer sich über Monate erstreckenden Zermürbungstaktik, die den Betroffenen in die Resignation treibt oder zu einer Eigenkündigung veranlaßt.

● Schließlich ist das Recht nicht darauf beschränkt, eine Grenze zwischen korrektem und rechtswidrigem Verhalten zu ziehen und für letzteres Sanktionen vorzusehen. Vielmehr kann es auch als Mittel eingesetzt werden, um bestimmte Verfahren zu installieren, mit deren Hilfe rechtzeitig Mißstände verhindert werden. Die Mitbestimmung des Betriebsrats läßt sich beispielsweise durchaus in diesem Sinne interpretieren. Möglich ist daher, durch Gesetz oder Tarifvertrag zum Beispiel Instanzen zu schaffen, die sich um die Verhinderung von Mobbing kümmern. Auch die schwedische Regelung[37] folgt prinzipiell diesem Ansatz, indem sie Empfehlungen für das Verhalten aller Beteiligten bei ersten Anzeichen von Mobbing gibt.

Durch Gesetz oder Tarifvertrag könnte auch bei uns insoweit ein präziser rechtlicher Rahmen geschaffen werden. Möglich wäre zum Beispiel die Einrichtung eines Anti-Mobbing-Beauftragten, an den sich Betroffene wenden könnten. Es müßte sich um eine vertrauenswürdige Person handeln, die auf der einen Seite mit dem Betrieb vertraut ist, auf der anderen Seite ihm aber nicht mehr angehört, da sonst eigene Loyalitäten ins Spiel kommen könnten. Geeignet wäre etwa ein Betriebsratsmitglied oder eine Führungskraft, die in den Ruhestand getreten sind oder bei einem anderen Unternehmen weiterarbeiten. Der Betriebsrat selbst kann diese Funktion genausowenig wie der Personalleiter erfüllen, da die Betroffenen diese Instanzen häufig zu der als feindlich empfundenen Umwelt rechnen werden. Der Beauftragte müßte zur Verschwiegenheit verpflichtet sein und die Befugnis haben, Vorschläge zu machen, wie eine Opfersituation des Betroffenen vermieden werden kann.

5. Schlußbemerkung

Das Recht kann nur wenig leisten, wenn die Mobbenden ihr Ziel erreicht haben. Die vorgesehenen Sanktionen versagen spätestens dann, wenn die Geschehensabläufe in gerichtlich verwertbarer Weise rekonstruiert werden müssen. Um so wichtiger ist die Prävention. Hier kann das Recht einen Beitrag liefern, aber nicht das Gesamtproblem bewältigen. Seine Ursachen liegen ersichtlich tiefer.[38] Mobbing ist schon der äußeren Erscheinungsform nach das exakte Gegenteil von solidarischem Verhalten. Warum dieses Phänomen heute so häufig auftritt[39], läßt sich deshalb auch nur im Zusammenhang mit wachsender Individualisierung und steigendem Konkurrenzdenken erklären. Was liegt näher, als den selbst empfundenen Druck an andere weiterzugeben? Auch die Mobbenden sollten nicht nur als Täter gesehen werden.

Anmerkungen

1 7. Aufl., München 1993
2 Arbeitsrecht, 11. Aufl., Neuwied–Kriftel–Berlin 1994. Ebenso das weniger verbreitete Kurzlehrbuch von Söllner (Grundriß des Arbeitsrechts, 11. Aufl., München 1994)
3 Däubler, Das Arbeitsrecht 2, 7. Aufl., Reinbek 1990, unter 5.3. In der Neuauflage 1995 ist dies erstmals anders
4 Beermann PersR 1993, 385; Färber Mitb Heft 1/1993, 55 ff.; Grunewald NZA 1993, 1071; Schmidt AiB 1993, 666 ff.
5 Von Hoyningen-Huene BB 1991, 2215 ff. Ihm folgen weithin Hesse-Schrader, Krieg im Büro. Konflikte am Arbeitsplatz und wie man sie löst, Frankfurt/Main 1993, S. 164 ff., und Walter, Mobbing, Kleinkrieg am Arbeitsplatz. Konflikte erkennen, offenlegen und lösen, Frankfurt/Main-New York 1993, S. 98 ff.
6 S. statt aller Bertelsmann AiB 1987, 123 ff.
7 Beschäftigtenschutzgesetz vom 24.6.1994, BGBl I 1412
8 Borgmann RdA 1993, 275; Leßmann, Rauchverbote am Arbeitsplatz, 1991 jeweils mwN
9 Ausnahme: Strafzumessung
10 Dazu Kap. 1 in diesem Buch und für die juristische Diskussion etwa die in Fn 4 genannte Literatur. S. auch die Antwort der Baden-Württembergischen Lan-

desregierung auf eine parlamentarische Anfrage vom 25. 10. 1994, LT-Drucksache 11/4839, S. 6

11 Zahlreiche Beispiele bei Leymann, Mobbing. Psychoterror am Arbeitsplatz
und wie man sich dagegen wehren kann, Reinbek 1993

12 Sog. verkehrsrichtiges Verhalten; dazu BGHZ 24, 21

13 BGH NJW 1989, 781 (785) = StV 1989, 61 (65)

14 Dazu etwa Deutsch, Finalität, Sozialadäquanz und Schuldtheorie als zivilrecht-
liche Strukturbegriffe. Welzels Fernwirkungen auf die Zivilrechtsdogmatik,
in: FS Welzel, Berlin-New York 1974, S. 227 ff.

15 Herzberg NJW 1987, 1462

16 Einzelheiten bei Schönke-Schröder, StGB, 22. Aufl., München 1988, § 185
Rn 2

17 RG LZ 1916, 1037

18 RG LZ 1915, 60

19 Einfache vorsätzliche Körperverletzung durch eine Person (§ 223 StGB), fahrlässige Körperverletzung (§ 230 StGB), Beleidigung (§ 185 StGB)

20 §§ 232, 194 StGB

21 Dies heißt allerdings nicht, daß die Sanktionen leichter zu verkraften wären; so
kann eine Haftung in Höhe von 30000,– DM verheerende Konsequenzen haben, während eine Geldstrafe über 200,– DM «mit links» bezahlt wird

22 RG Gruchot 65, 602

23 A. a. O., S. 604

24 RGZ 148, 154 (20. 6. 1935)

25 BGH NJW 1976, 1143 = VersR 1976, 639

26 Ebenso Berg, in: Däubler-Kittner-Klebe-Schneider, BetrVG, Kommentar für
die Praxis, 4. Aufl., Köln 1994, § 75 Rn 41; Bertelsmann AiB 1987, 132; von
Hoyningen-Huene BB 1991, 2221

27 Dazu eingehend Thomas Weiß JuS 1985, 593 ff., der einen Überblick über die
in Rechtsprechung und Literatur vorhandenen Meinungen gibt. Die Frage
spielt auch dann eine Rolle, wenn eine Bewerberin unter Verstoß gegen § 611 a
BGB einen Arbeitsplatz nicht erhält, den sie bei nichtdiskriminierendem Verhalten des Arbeitgebers erhalten hätte

28 So auch Weiß, a. a. O. Anders ist bei unkündbaren Arbeitnehmern (Lohnfortzahlung bis zum Rentenalter unter Anrechnung möglichen anderweitigen Er-
werbs) sowie bei solchen zu entscheiden, die nicht dem KSchG unterliegen (nur
Lohnfortzahlung für die Dauer der Kündigungsfrist)

29 Vgl. etwa Neuberger, Mobbing. Übel mitspielen in Organisationen, München
und Mering 1994, S. 109; Walter, a. a. O., S. 131 ff.

30 BAG AP Nr. 1 und 16 zu § 618 BGB

31 Von Hoyningen-Huene BB 1991, 2217 (für den sich inkorrekt verhaltenden
Vorgesetzten)

32 Über entsprechende Versuche berichtet Färber Mitb Heft 1/1993, S. 37

33 Einzelheiten dazu bei Däubler, Das Arbeitsrecht 2, 10. Aufl., Reinbek 1995, unter 4.6. Dort auch zum Begriff des Unfalls, der in den Mobbing-Fällen ersichtlich nicht vorliegt

34 Überblick über die Rechtsprechung bei Kittner-Trittin, Kündigungsschutzrecht, Kommentar für die Praxis, 2. Aufl., Köln 1995, Vorbemerkung vor § 626 BGB Rn 156–163; Däubler, Das Arbeitsrecht 2, a. a. O., unter 8.6.1.1.

35 BAG AP Nr. 10 zu § 626 BGB Druckkündigung

36 BAG AP Nr. 12 zu § 626 BGB Druckkündigung

37 Offensive discrimination at work, Verordnung des schwedischen Arbeitsschutzausschusses vom 21. September 1993, AFS 1993: 17, erwähnt auch in: Das Signal (GdED) Nr. 3/1994, S. 11

38 Zu den verschiedenen Erklärungsansätzen s. Neuberger, a. a. O., S. 53 ff.

39 Nähere Angaben in der Antwort der Baden-Württembergischen Landesregierung auf eine parlamentarische Anfrage (LT-Drucksache 11/4839, S. 7): Während in Schweden von einer Betroffenheit von 3,5% der erwerbstätigen Bevölkerung ausgegangen wird, liegen für Österreich eine Untersuchung zur Privatwirtschaft mit einer Quote von 4,4% und eine zur öffentlichen Verwaltung mit einer Quote von 7,8% vor. Eine Untersuchung in Baden-Württemberg erbrachte eine Häufigkeit von 7,2%

6

UWE GRUND

Wenn die Hemmschwellen sinken

Die Aufgabe der Gewerkschaft:
Aufklärung und Prävention

«Mobbing – hör mir bloß auf, was sollen wir mit all den Psychopathen machen?» – Diese oder ähnlich gallige Reaktionen gibt es im Dialog mit Betriebsräten und aktiven Gewerkschaftern immer wieder. Dahinter steckt entweder pure Ignoranz, ein erstaunlicher Mangel an Informationen oder – inzwischen leider häufiger – Überforderung sonst durchaus gutwilliger Interessenvertreter, die womöglich in der betrieblichen Praxis mit ihrem Engagement in konkreten Einzelfällen gescheitert sind.

Hinzu kommt, daß viele Gewerkschafterinnen und Gewerkschafter sich zwar ziemlich selbstverständlich und routiniert mit falschem Verhalten von Vorgesetzten auseinandersetzen, kehren sie doch sozusagen die «Scherbenhaufen» bei Arbeitsgerichtsprozessen zusammen und schlagen für die drangsalierten und zu Unrecht gekündigten Opfer oft eine mehr oder weniger ansehnliche Abfindung heraus. Sich aber in laufende Auseinandersetzungen einzumischen, wenn sich Kollegen gegenseitig «in der Wolle» haben, ist eine ganz andere Sache. Die Täter könnten ja Gewerkschaftsmitglieder, der Betriebsrat in den Konflikt einbezogen sein – was dann? Und die Kraft und die Zeit, die das alles kostet!

Der Unsicherheit unter vielen Vertretern der Arbeitnehmerschaft steht das Leiden der Betroffenen gegenüber: «Oft wache ich mitten in der Nacht schweißgebadet auf und kann bei dem Gedanken: ‹gleich muß ich da wieder hin›, nicht mehr einschlafen. Es ist mir schon vor dem Frühstück kotzübel!» Die knappe Leidensschilderung eines Mobbing-Opfers bringt es auf den Punkt: Tag für Tag quälen sich erwiesenermaßen Hunderttausende deutsche Angestellte, Arbeiter und Beamte voller Angst zu ihrem «Brötchengeber». Und das nicht etwa, weil sie mit ihrer Arbeitsaufgabe nicht klarkommen, sondern weil ihnen Gewalt angetan wird, seelische Gewalt in Form von Psychoterror. Um die Dramatik des Geschehens zu illustrieren, seien hier zwei besonders schwere Fälle von Mobbing aus der DAG-Beratungspraxis geschildert:

Beispiel 1: ein 54jähriger Ingenieur
Ein akuter Fall von Mobbing liegt bei einem 54jährigen Ingenieur vor, der sich inzwischen fast 20 Jahre lang mit unsachgemäßen Kündigungen und Abmahnungen auseinandersetzen muß. Das Interesse des Arbeitgebers, den ausländischen Mitarbeiter loszuwerden, ist offensichtlich. Dem Betroffenen wurde mehrmals vorgeworfen, schlechte Arbeit zu leisten und ein ungebührliches Verhalten gegenüber seinen Vorgesetzten zu zeigen. Daraufhin wurde ihm mehrmals fristlos und fristgemäß gekündigt. Der Ingenieur leitete daraufhin Kündigungsschutzprozesse ein, die für ihn ausnahmslos erfolgreich waren. Auch das Bundesarbeitsgericht entschied auf Wiedereinstellung. So hatte der Betroffene seinen Arbeitsplatz zwar nicht verloren, doch war er jetzt den Schikanen seiner Vorgesetzten und Kollegen ausgesetzt. Man mied ihn, machte gegen ihn falsche Anschuldigungen, bezichtigte ihn der Arbeitsverweigerung und forderte ihn abermals zur Kündigung seines Arbeitsverhältnisses auf. Man versuchte sogar, ihm seinen Arbeitsplatz mit Hilfe eines Abfindungsangebotes in Höhe von ca. 250000 Mark abzukaufen. Da der Arbeitnehmer darauf nicht einging, wurde er in der Folgezeit mit unzähligen Abmahnungen tyrannisiert.

Dieser Fall ist bis heute nicht beendet. Die Auseinandersetzungen halten an. Der jüngste Beschluß des Arbeitsgerichtes besagt, daß kein Kündigungsgrund gegen den Betroffenen vorliegt, es aber aufgrund der vielen Auseinandersetzungen keine gedeihliche Zusammenarbeit mehr geben kann. So wurde dem Auflösungsantrag des Arbeitgebers stattgegeben. Dieses Urteil ist von beiden Seiten mit der Berufung angegriffen worden und noch nicht entschieden.

Beispiel 2: ein Informatikspezialist, 52 Jahre

Der EDV-Fachmann ist fast ein Vierteljahrhundert im Konzern beschäftigt, die Hälfte davon in der Niederlassung, in der er seit gut drei Jahren unaufhörlich drangsaliert wird. Die Mobbing-Situation konzentriert sich zunächst darauf, sein persönliches und berufliches Ansehen zu zerstören. Üble Gerüchte werden verbreitet, dabei wird ihm auch unterstellt, Alkoholiker zu sein. Das ständige Suchen nach Fehlern bei seiner Arbeitserledigung wechselt ab mit der Zuteilung immer unsinnigerer Tätigkeiten. Die gesteuerte Dauerkontrolle und -aufsicht wird abgelöst durch totale Isolation. Immer wieder will man ihm Fallen stellen (Verleitung zum Diebstahl, Versuche, ihm sexuelle Belästigungen nachzuweisen). Später wird plötzlich die Zukunft seines Arbeitsplatzes in Frage gestellt, sein Tätigkeitsfeld taucht in Planungsunterlagen des Unternehmens nicht mehr auf. Ihm wird nahegelegt, «selbst zu gehen, bevor er gegangen wird». Inzwischen ist der Informatiker mehrmals länger aus psychosomatischen Gründen erkrankt. Er fürchtet eine dauerhafte Schädigung und ringt verzweifelt in dem Konflikt, seinen Arbeitsplatz zu erhalten oder seine Gesundheit endgültig zu ruinieren.

Wer kann da noch behaupten, die Auseinandersetzung mit, besser noch, die Verhütung von Mobbing sei keine eindeutige Aufgabe der inner- *und* außerbetrieblichen Interessenvertretung? Die «Nachfrage»* und die Not der Betroffenen ist groß, der Handlungsbedarf unabweisbar.

Alle bisherigen Erfahrungen in der Bundesrepublik Deutschland deuten darauf hin, daß Mobbing vorrangig ein Thema für Angestellte und Beamte ist. Deutlich seltener scheinen Arbeiterinnen und Arbeiter betroffen zu sein. Allerdings mangelt es bis heute an wissenschaftlichen Maßstäben standhaltenden Untersuchungen, die diese These untermauern. Immerhin scheint eine Auswertung von ca. 200 Beratungsgesprächen am gemeinsamen, von DAG, AOK und KDA in Hamburg betreuten Mobbing-Telefon diesen Trend zu bestätigen; danach waren neun von zehn Anrufern Angestellte oder Beamte.

---

* Nach einer Infas-Untersuchung geben 71 Prozent der Westdeutschen Intrigen als Hauptursache für ein schlechtes Betriebsklima an. Eine andere Umfrage des Bankenverbandes ergab, daß 75 Prozent der Befragten es für möglich halten, daß sie durch ein schlechtes Betriebsklima erkranken könnten.

Die Auswertung der anonymen Gesprächsprotokolle enthält darüber hinaus aufschlußreiche Ergebnisse hinsichtlich der Altersstruktur und Beschäftigungsdauer der Betroffenen.* 37 Prozent der Befragten waren zwischen 46 und 55 Jahre alt. Für ältere und deutlich jüngere Arbeitnehmer (unter 30 Jahren) war Mobbing seltener anzutreffen. Ebenfalls 37 Prozent der Opfer waren zwischen fünf und 15 Jahren im Betrieb beschäftigt. Besonders leicht trifft Mobbing offenbar jene, die relativ neu im Betrieb sind: Über 50 Prozent hatten eine Betriebszugehörigkeit von weniger als fünf Jahren. Fast 80 Prozent unserer Gesprächspartner gaben an, länger als ein halbes Jahr, davon 24 Prozent sogar länger als drei Jahre, unter dem Mobbing-Terror zu leiden.

Die Anrufer beim Mobbing-Telefon klagen zu 31 Prozent über psychosomatische Beschwerden (Depressionen, Ängste, Hörsturz, Streßsymptome, Erschöpfungszustände bis zu Nervenzusammenbrüchen und Suizidgedanken). 14 Prozent haben Schmerz- und Verspannungssymptome (Kopfschmerzen, Migräne, Rheuma), 22 Prozent klagen über Schlafstörungen, 25 Prozent über Magen-Darm-Störungen und knapp acht Prozent über Herz-Kreislauf-Probleme. Von den Anrufern waren fast 57 Prozent bis zu sechs Wochen arbeitsunfähig, 31 Prozent bis zu drei Monaten und 12 Prozent über drei Monate.

Eine Erklärung dafür, daß zu 90 Prozent Angestellte oder Beamte anrufen, ist möglicherweise, daß die Ausübung von Angestelltenberufen untrennbar mit Kommunikation verbunden ist. Wer wie die meisten Angestellten auf funktionierende Kommunikation angewiesen ist, wessen Erfolgs- und Selbstwertgefühl sich nicht zuletzt über Kommunikationsprozesse herstellt, wird durch eine negative konfliktbelastete kommunikative Handlung angreifbarer als zum Beispiel ein Arbeiter am Fließband. Auch andersherum wird ein Schuh daraus: In Verwaltungen und Dienstleistungsunternehmen mag Mobbing auch dadurch begünstigt werden, daß sich angestellte und beamtete «Täter» gewissermaßen ihres «vertrauten Handwerkszeuges» bedienen können.

Insofern ist es kein Zufall, daß es zunächst die Deutsche Angestell-

---

* Ich beziehe mich auf die Auswertung durch Diplompsychologin Ulla Dick von der AOK Hamburg, 1994.

ten-Gewerkschaft in Hamburg war, die das Thema aufgriff. Sie erfuhr auf ihre Angebote, von der Informationsbroschüre bis zum Mobbing-Telefon, eine ungeahnte Resonanz. Die Zahl der Rückfragen, Briefe, Leidens- und Lebensschilderungen war geradezu beängstigend groß. Inzwischen haben auch der DGB und einige seiner Gewerkschaften den Stellenwert des Themas deutlicher erkannt. So hat die Kooperationsstelle Hochschule und Gewerkschaften in Hamburg eine nützliche Broschüre herausgegeben, und vom DGB in Düsseldorf gibt es eine brauchbare Materialsammlung, die Betriebsräten die Behandlung des Themas auf Betriebsversammlungen erleichtert.

Überraschend ist, daß bis heute das Bedürfnis nach Aufklärung über Mobbing nicht nachgelassen hat. Das Beratungstelefon bleibt stark frequentiert, täglich erreichen die DAG viele Bitten um Information und Unterstützung, vor allem von hilfesuchenden Mobbing-Opfern, viele davon dankbar, daß sie endlich Verständnis für ihre Situation finden.

Sehr schnell zeigten sich nicht nur die Möglichkeiten, sondern auch die Grenzen gewerkschaftlicher Hilfestellung: Es fehlt an der nötigen personellen Ausstattung genauso wie an Kompetenz, um schwer betroffene Opfer zu beraten, womöglich zu therapieren und zu rehabilitieren. Da ist fachkundige ärztliche Hilfe notwendig. Die Schwerpunkte gewerkschaftlicher Auseinandersetzung mit Mobbing müssen auf anderen Feldern liegen. Zu unseren Handlungsfeldern zählen wir heute:

● Information (Betriebs-/Dienstversammlungen, Öffentlichkeitsarbeit, Diskussionsveranstaltungen, Arbeitsmaterialien erstellen und verbreiten);

● Bildungsarbeit (Seminare für Betriebs- und Personalräte);

● Rechtsberatung für Betroffene;

● betriebliche «No-Mobbing-Kampagnen»;

● Unterstützung der Arbeit von Selbsthilfegruppen, Aufbau lokaler Hilfenetze;

● Einwirkung auf den Gesetzgeber in Sachen Gesundheitsschutz.

Zusammenfassend bedeutet dies, daß die wichtigste gewerkschaftliche Aufgabe die Präventionsarbeit in den Betrieben ist. Naturgemäß wächst dabei den Betriebs- und Personalräten eine Schlüsselfunktion zu.

Betriebliche Ursachen von Mobbing

Konflikte entstehen selten zufällig. Alle Erfahrungen sprechen dafür, daß konkrete Bedingungen im Betrieb bzw. am Arbeitsplatz Ursache oder Auslöser für Konflikte sind, die schließlich ausufern. Als Beispiele seien hier (ohne Anspruch auf Vollständigkeit) erwähnt:
● Über- oder Unterforderung der Arbeitnehmerinnen und Arbeitnehmer,
● mangelhafte Organisation der Arbeitsabläufe,
● belastende Arbeitsbedingungen am Arbeitsplatz, z. B. Gefahrenstoffe,
● überzogenes Leistungs- / Wettbewerbsverhalten im Betrieb,
● schwerwiegende Fehler im Führungsverhalten,
● Schwierigkeiten beim Wechsel von Vorgesetzten,
● falsche Personalauswahl / Personalentwicklung,
● unklare Kompetenzenregelung,
● allgemein gestörtes Betriebsklima,
● Identifikationsverluste der Arbeitnehmer mit den Unternehmenszielen oder -produkten,
● Ängste bei Veränderungen der Unternehmensstruktur,
● fehlende Akzeptanz bei Rationalisierungsmaßnahmen,
● wirtschaftliche Probleme im Unternehmen / Angst um Arbeitsplätze,
● externe Einflüsse, z. B. politischer Druck auf Standorte oder Produkte.

Auf einem solchen Nährboden gedeihen Konflikte geradezu epidemisch. Besonders die anhaltende Krise in manchen Wirtschaftszweigen scheint «Aggressionswellen» in den Betrieben zu erzeugen. Aus kleinen Streitigkeiten um nichtige Anlässe erwachsen schwerste Auseinandersetzungen, oft mit verheerenden Folgen für die Betroffenen. Es gibt offensichtlich ein steigendes Maß an Aggressivität in den Betrieben und Verwaltungen. Die Hemmschwelle zur Gewaltanwendung scheint zu sinken. Denn Psychoterror am Arbeitsplatz ist nichts anderes als ein Gewaltakt. Diese Entwicklung wird begünstigt durch den fortschreitenden Mangel an Zivilcourage und den Verlust an Gemeinsinn. Wenn Solidarität am Arbeitsplatz zum Fremdwort wird, keiner mehr für den anderen einsteht, auch wenn dieser sichtlich gequält wird, dann ist die Stunde der Mobber gekommen.

Wo Menschen zusammenarbeiten, sind Konflikte freilich unvermeidbar. Konflikte sind sogar notwendig, bieten sie doch Anlaß zur Kreativität, geben Impulse für Veränderungen und sind wahrscheinlich die wichtigste Keimzelle für eine fortschrittliche demokratische Gesellschaft. Damit ist allerdings nicht gesagt, daß Konflikte zwangsläufig entgleisen müssen und tagtäglicher Psychoterror am Arbeitsplatz als unveränderlich hingenommen werden muß.

Entsprechendes gilt für Aggressionen, ob sie nun aus Konflikten mit Arbeitsplatzursachen entstehen oder von «außen» mitgebracht werden. Aggressionen sind mit unserem menschlichen Leben fest verbunden. Nicht oder nicht ausreichend befriedigte Grundbedürfnisse bilden die Basis unserer Frustrationserlebnisse. Erst durch unterdrückte und aufgestaute Aggressionen entwickelt sich mancher Mensch quasi zur wandelnden unberechenbaren «Zeitbombe», die irgendwann zu explodieren droht.

Es liegt aber in unserer Hand, ob die Energie, die jedem Konflikt, jeder Aggression innewohnt, sich zerstörerisch entlädt oder ob sie konstruktiv zur Lösung des erkannten Problems genutzt wird.

Möglichkeiten der Vorbeugung und Vermeidung

Wer für konsensfördernde Konfliktlösungsstrategien eintritt, wird nur erfolgreich sein, wenn es ihm gelingt, einen alle Ebenen der Zusammenarbeit und Menschenführung umfassenden Prozeß im Betrieb zu organisieren. Dazu gehören:

● veränderte Unternehmensleitbilder,
● reformierte Führungsrichtlinien,

- klare Informationskonzepte,
- ausreichende Bildungsangebote,
- offene Kommunikationsangebote,
- ernstgemeinte Beteiligungskonzepte,
- teamfördernde Arbeits- und Organisationsstrukturen,
- in der Summe ein positives Betriebsklima.

Solche Überlegungen fügen sich nahtlos in die aktuelle Debatte über eine fortschrittliche Unternehmenskultur ein. Nach einer gemeinsamen umfangreichen Studie der Hans-Böckler-Stiftung, der Bertelsmann-Stiftung und der Universität Kassel von 1994 gelten als wichtigste Erkenntnisse:
- Um die Wettbewerbsfähigkeit zu erhalten, muß das gesamte Unternehmensgeschehen sich noch stärker am Kunden und seinen Bedürfnissen sowie der umfassenden Qualität von Produkten orientieren.
- Dabei sind Qualifikation, Motivation und Identifikation der Mitarbeiter/innen als wichtigste Ressourcen anzusehen. Diese bilden letztlich auch die Grundlage für die notwendige Umgestaltung betrieblicher Produktions-, Arbeits- und Führungsformen.
- Beide Prozesse setzen eine generelle Umorientierung und ein neues Rollenverständnis von Führungskräften, Mitarbeitern und Betriebsräten voraus.

Am Beispiel von Unternehmen, die den Strukturwandel erfolgreich bewältigt haben, wurden folgende Bausteine und Merkmale einer Unternehmenskultur dargestellt:
- die Bereitschaft von Führungskräften, Mitarbeitern/innen und Betriebsräten, Ziele zu diskutieren, unterschiedliche Interessen zu erkennen und zu akzeptieren, Probleme zu benennen und Konflikte zu lösen;
- transparente und beteiligungsorientierte Verfahren der Entscheidungsfindung, funktionierende Institutionen betrieblicher Interessenvertretung und verbindliche Betriebsvereinbarungen zur Regulierung der Arbeits- und Sozialbeziehungen;
- genereller Konsens aller Beteiligten sowohl im Hinblick auf die ökonomischen Ziele als auch auf einen weitergehenden Leistungsbeitrag des Unternehmens für Gesellschaft und Umwelt;

- partnerschaftliche Unternehmensführung, also umfassende strukturierte Information und Kommunikation, vorausschauende Personalentwicklung, kooperative Führung und Gewinnbeteiligung;
- beteiligungsoffene Arbeits- und Produktionsformen, die Gestaltungsfreiräume eröffnen und das Kreativitätspotential der Mitarbeiter freisetzen;
- prägenden Persönlichkeiten – wie es der/die Unternehmer/in, der/die Betriebsratsvorsitzende oder auch andere Führungskräfte und Arbeitnehmervertreter/innen sein können – kommt eine Vorbildfunktion zu.

Eine Betriebsvereinbarung zum Thema Mobbing zum Beispiel kann einen solchen umfassenden Prozeß nicht ersetzen, sie kann aber dessen Bestandteil oder Teilergebnis sein. Deshalb wird im folgenden Kasten (nächste Seite) in Stichworten skizziert, welche Elemente eine solche Vereinbarung berücksichtigen sollte.*

Noch ein Wort in diesem Zusammenhang zur traditionellen Institution der Schlichtung. Der Begriff trifft in der Auseinandersetzung mit Mobbing den Kern der Sache nicht. Was soll geschlichtet oder beigelegt werden? Der Konflikt? Das erinnert etwas an die besondere Autorität des mächtigen Schiedsrichters, der den streitenden Parteien erklärt, wer welche Regeln verletzt hat, und der nach langem Hin und Her den Betroffenen einen allseits gehaßten Kompromiß aufzwingt. Nein danke. Notwendig ist hier eher eine «Clearingstelle», die erst einmal die Voraussetzung dafür schafft, daß die Betroffenen selbst an der Konfliktlösung arbeiten können. Dazu gehört die Dokumentation des Falls, die Klärung des ursprünglichen Konfliktes, die Moderation der Gespräche zwischen den Betroffenen, die vorsichtige Hinführung auf gemeinsam akzeptierte Ziele und – wenn es gutgeht – die Verab-

---

* Ich habe zunächst gezögert, eine gewerkschaftliche Musterbetriebsvereinbarung zu entwerfen, bin aber dann doch der regen und anhaltenden Nachfrage gefolgt. Es muß aber deutlich gesagt werden: Es ist *nichts* damit erreicht, wenn eine solche Vereinbarung, auf wenigen Seiten zusammengeschustert, im bekannten Teppichhandel zwischen Betriebsrat und Arbeitgeber um Formulierungen zum schwer les- und verdaubaren Kompromißpapier aufgeblasen und anschließend abgelegt wird.

Kernpunkte einer
Betriebs- oder Dienstvereinbarung
zum Thema Mobbing

1. Geltungsbereich

- Alle Arbeitnehmer/innen einbeziehen
- Auch alle Führungskräfte und leitenden Angestellten

2. Definition

- Abgrenzung von Mobbing gegenüber alltäglichen Konflikten
- Als Psychoterror gelten Angriffe/Übergriffe, die
  - Kommunikationsmöglichkeiten von Menschen einschränken
  - soziale Beziehungen und soziales Ansehen schädigen
  - Qualität der Berufs- und Arbeitssituation verschlechtern
  - Gesundheit zerstören
  - die Ausgrenzung/den Ausstoß des Angegriffenen aus dem Betrieb bezwecken

3. Erklärung der Betriebspartner zur Ächtung von Mobbing – das Belästigungsverbot wird erlassen

- Arbeitgeber und Betriebs-/Personalrat erklären sich über ihre Ziele zur Konfliktlösung
- Die Ausübung von Psychoterror am Arbeitsplatz wird als Verletzung der Menschenwürde bezeichnet und als solche geächtet
- Mobbing-Handlungen (siehe Definition) gelten demgemäß als verbotene Belästigungen

4. Informationsverpflichtung des Arbeitgebers gegenüber den Beschäftigten

- Die Betriebsvereinbarung wird allen Arbeitnehmern/innen ausgehändigt
- Auf Betriebsversammlungen/Personalversammlungen wird über das Thema informiert

● Es werden weitere Informationsquellen und Literatur angeboten

● Das Thema Mobbing wird in den Katalog der betrieblichen Fort- und Weiterbildungsmaßnahmen aufgenommen

5. *Qualifizierung der Führungskräfte / der Personalverantwortlichen*

● Seminare zum Thema Mobbing bzw. neues Konfliktmanagement werden zur Pflichtveranstaltung für alle Arbeitnehmer/innen mit Vorgesetztenfunktion

● Entsprechendes gilt für Betriebs- und Personalräte

● Die Fähigkeit, Konflikte konstruktiv zu lösen, wird als wesentlicher Bestandteil in Vorgesetztenbeurteilungen aufgenommen

6. *Beschwerderechte von Betroffenen*

● Aufklärung über und Konkretisierung der bestehenden Beschwerderechte nach dem Betriebsverfassungs- und Personalvertretungsrecht

● Wege und Abläufe des Beschwerderechts im Betrieb aufzeigen

7. *Interventionspflicht des Arbeitgebers*

● Alle Führungskräfte des Betriebes sind verpflichtet, bei Mobbing-Situationen in ihrem Arbeitsbereich unverzüglich zu intervenieren

● Die im Betrieb geltenden Regeln zur Beilegung von Konflikten sind darzustellen

● Gegebenenfalls ist die betriebliche Schlichtungsstelle einzuschalten

8. *Sanktionen*

● Wer wiederholt Beschäftigte des Betriebes belästigt, muß mit arbeitsrechtlichen Konsequenzen – bis zur Entlassung – rechnen

● Hinweise zum Thema «Störung des Betriebsfriedens»

9. Einrichtung einer neutralen Clearingstelle

● Besondere Qualifikation der Schlichtungsstelle festlegen
● Aufgaben und Kompetenzen beschreiben
● Neutralität sicherstellen
● Alternativ können externe Berater zur Mediation herangezogen werden

10. Schlußbestimmung

● Geltungsdauer
● Kündigungsfristen

redung von Spielregeln, die schließlich den Weg in eine Zusammenarbeit ohne Mobbing ebnen können.

Erste Brücken für eine mögliche spätere Konfliktregelung könnten schon bei der Aufnahme des Arbeitsverhältnisses gebaut werden. In einem Arbeitskreis während des ersten Fachforums der DAG Hamburg zum Thema Mobbing im Frühjahr 1993 wurde die Idee geboren, schon in den Arbeitsvertrag entsprechende Bestimmungen aufzunehmen. Eine Vertragsklausel, die einerseits ein «Recht auf Schlichtung» verbrieft, andererseits aber gleichzeitig alle Arbeitnehmer verpflichtet, sich im Konfliktfall in ein Clearingverfahren einzubringen, kann für Betroffene eine wichtige Hilfestellung sein. Wegen der besonderen Verbindlichkeit, die eine solche arbeitsvertragliche Regelung hat, ist davon auszugehen, daß sie auch schon eine vorbeugende Wirkung erzielt.

Der derzeitige rechtliche Arbeits- und Gesundheitsschutz befaßt sich fast ausschließlich mit den physischen Arbeitsbedingungen (Gefährlichkeit, Schmutz, Lärm, giftige Stoffe, ergonomische Fragen etc.). Psychische Belastungen finden dagegen kaum Berücksichtigung. Eine Ausnahme bilden bestenfalls die gesicherten arbeitswissenschaftlichen Erkenntnisse aus der Streßforschung. Dabei ist unverkennbar, daß die gesundheitlichen Gefährdungen, die aus den sozialen Beziehungen am Arbeitsplatz entstehen können, ebenfalls beachtlich hoch sind.

Von Mobbing Betroffene werden in den schlimmen Fällen jedoch mit genauso großer Wahrscheinlichkeit krank oder gar erwerbsunfähig wie Arbeitnehmerinnen und Arbeitnehmer, die jahrzehntelang unter allgemein unter allgemein bekannten gesundheitsgefährdenden Bedingungen arbeiten müssen. Wenn es nicht schon heute so ist, dann werden in absehbarer Zukunft unter psychosozialen Belastungen am Arbeitsplatz mehr Menschen leiden als unter den «klassischen» Gefährdungsfaktoren. Ein Indiz, das diese These stützt, ist die Erfahrung der DAG Hamburg, daß bereits heute rund Dreiviertel aller Kündigungsschutzprozesse, die nicht wegen betriebsbedingter Kündigungen geführt werden, einen Mobbing-Hintergrund haben.

Leider lehrt uns die Praxis, daß die Chancen, sich auf arbeitsrechtlichem Wege gegen Mobbing zu wehren, eher ungünstig sind. Dafür gibt es vielfältige Ursachen: Die Beweislage ist regelmäßig außerordentlich schwierig. Die permanente Schikane, vergleichbar mit einem zerstörerischen Gift, das schleichend in die Kommunikation eingeflößt wird, ist für Außenstehende oft nur schwer nachvollziehbar. Selbst übelste Aggressionen sind kaum belegbar, wenn sie unter Ausschluß der Öffentlichkeit stattfinden, die eventuell vorhandenen Mitwisser entweder in die Mobbing-Aktivitäten einbezogen sind oder sich aus Angst plötzlich an nichts mehr zu erinnern vermögen. Betroffene sollten deshalb über alle wesentlichen Vorkommnisse Notizen anfertigen, Datum, Uhrzeit und eventuell Zeugen notieren. Über wichtige Gespräche (etwa mit Vorgesetzten) sollten Protokolle angefertigt werden. Bewährt hat sich in kritischen Situationen auch, den Gesprächspartnern unverzüglich schriftlich die wesentlichen Gesprächsinhalte oder getroffenen Verabredungen zu bestätigen. So können spätere «Fehlinterpretationen und Erinnerungslücken» ausgeschlossen werden.

Es gibt allerdings auch heute schon eine Reihe von Schutzrechten, auf die sich Betroffene berufen können, zum Beispiel:
● Beschwerderechte gegenüber dem Arbeitgeber (§ 84 Betriebsverfassungsgesetz) und gegenüber dem Betriebsrat (§ 85 BetrVG),
● Unterlassungsansprüche nach dem BGB (§§ 12, 862 + 1004),
● Schadensersatzansprüche (§ 628 BGB),
● eigene besondere (außerordentliche) Kündigungsrechte (§ 626 BGB),
● Entfernung betriebsstörender Arbeitnehmer (Antragsrecht des Betriebsrates) nach § 104 BetrVG.

Dessen ungeachtet erleben wir viel zu häufig, daß Mobbing-Opfer ohnmächtig vor dem Richter stehen. Dies trifft vor allem dann zu, wenn der Psychoterror von Vorgesetzten ausgeht. Noch leichter gelingt es den Arbeitgebern, sich aus ihren allgemeinen Fürsorgepflichten herauszumogeln. Bisher wurde jedenfalls kein Chef belangt, der achselzuckend die Mobber gewähren ließ oder womöglich die Täter stillschweigend unterstützte.

Der Gesundheitsbegriff, wie er durch die EG und die Weltgesundheitsorganisation (WHO) definiert wird – Schaffung von Bedingungen am Arbeitsplatz und in der Umwelt, die dem einzelnen die aktive Teilnahme am Arbeits- und sozialen Leben ermöglichen und damit die physische, psychische und soziale Unversehrtheit garantieren –, ist ein deutlicher Fortschritt. Er muß aber durch konkrete Vorschriften des deutschen Arbeitsschutzrechtes ausgefüllt werden. Die Schweden haben hier Beispielhaftes geleistet. Es ist an der Zeit, die Frage aufzuwerfen, warum die gesundheitliche Beeinträchtigung nach einem langjährigen Mobbing-Geschehen nicht als «Unfall» bzw. berufsbedingte Erkrankung im Sinne berufsgenossenschaftlicher Vorschriften einzustufen ist. Provozierend gefragt: Warum gilt der Rehabilitations- und Entschädigungsanspruch nur dann, wenn einem Arbeitnehmer während der Berufstätigkeit der Körper, nicht aber, wenn seine Psyche bis hin zur Erwerbsunfähigkeit vergiftet wird?

Der Einwand, daß physische Belastungsfaktoren im Sinne gesicherter arbeitswissenschaftlicher Erkenntnisse meßbar und damit normierbar seien, was auf psychosoziale Belastungen kaum zutreffe, kann jedenfalls nicht aufrechterhalten werden. Völlig zu Recht weist der Bundesverband Deutscher Psychologen darauf hin, daß zahlreiche in der Praxis bewährte Meßinstrumente und Methoden vorliegen, die es ermöglichen, psychische Einwirkungen und die daraus entstehenden Folgen festzustellen.

Zusammenarbeit über den Betrieb hinaus

Immer deutlicher wird, daß an Gewerkschaften heute Aufgaben gestellt werden, die mit den klassischen Zielen der Gewerkschaftsbewegung (kollektive Interessenvertretung, Regelung der Verteilungsfragen in Tarifverhandlungen) nur noch wenig zu tun haben. Die informatisierte Leistungsgesellschaft und der Existenzkampf in der wirtschaftlichen Krise setzen andere Rahmenbedingungen. Die Bedürfnisse des einzelnen treten stärker in den Vordergrund, stehen oft im Konflikt mit der Gruppe. Es reicht eben nicht mehr aus, Mehrheiten zu organisieren und Arbeitsbedingungen zu normieren. Die Zahl derjenigen, die sich als «Einzelkämpfer» vermeintlich stark genug fühlen, ihre Probleme selber zu lösen, wächst genauso wie die Gruppe jener, die sich aus Angst vor möglichen Nachteilen nicht mehr organisieren.

Dürfen dann Betroffene, die wegen des erlittenen Psychoterrors dringend eine «Schutzmacht» brauchen, alleine gelassen werden? Nein! Schon der Opfer wegen nicht, aber auch nicht im wohlverstandenen Interesse der Gewerkschaften selbst.

Am besten ist es, Mobbing im Betrieb erst gar nicht zuzulassen. Hier liegt der gewerkschaftliche Handlungsschwerpunkt. Aber wir erreichen die Akteure nur bedingt. Unternehmen und Personalführungskräfte müssen über die betriebswirtschaftlichen und personellen Folgen informiert werden. Ärzte und Psychologen sind zu qualifizieren, Opfer brauchen ganz persönliche therapeutische Hilfe, sei es nun ambulant – etwa in Selbsthilfegruppen – oder stationär in geeigneten Fachkliniken. Es fehlt an Forschung, und der Gesetzgeber muß im Bereich des Arbeitsschutzes handeln.

Im Betrieb alleine ist das Problem des Psychoterros nicht umfassend zu lösen. Betriebs-/Personalräte und Führungskräfte brauchen die Unterstützung von außen. Auch durch Konfliktberater oder Mediatoren und durch Fachleute für Qualifizierungsmaßnahmen. Das Know-how dafür ist breit gestreut. Schon fast beispielhaft ist es in Hamburg gelungen, verschiedene Verbände und Einrichtungen, ausgewiesene Experten und engagierte Laien zusammenzuführen, um ein gut funktionierendes lokales Hilfenetz für Betroffene zu knüpfen.

Im Rahmen einer solchen Kooperation ist es kein unüberwindliches Problem mehr, auf Nachfrage am Thema interessierte Juristen oder Psychologen zu finden, Angebote für Gesprächskreise und Selbsthilfegruppen zu machen, Seminare für verschiedene Zielgruppen anzubieten oder individuelle Beratung zu organisieren. Und sie ist nötig. Schließlich verletzt Mobbing ein Grundrecht, das wir alle hoch schätzen. Es handelt sich um Artikel 1, Satz 1 unserer Verfassung: Die Würde des Menschen ist unantastbar.

AUSWEGE UND HILFSANGEBOTE

7

HEINZ LEYMANN

Am Anfang steht das Zuhören

Einige Bemerkungen über den Umgang mit Mobbingopfern und über Hilfsmaßnahmen

Die Situation eines Mobbingopfers aus der Sicht des professionellen Behandlers und das Bild des Mobbingopfers in der Gesellschaft

In welchem Zustand ist ein Mensch, dessen Lebensentwurf zerstört wurde? Im dritten Kapitel war von den verschiedensten Gruppen die Rede, die Opfer von durch Menschen oder Naturkatastrophen verursachten Traumata geworden sind. Sie alle haben einige Dinge gemeinsam:

● Ihnen wird die Lebenserfahrung, der «Fall», nicht geglaubt («Na, irgendwie bist du doch auch selbst schuld, du hast doch immer so etwas in deinem Charakter gehabt...»).

● Ihnen wird das psychische Leiden nicht geglaubt («Stell dich nicht so an, stell dich auf die Zukunft ein, hör mit dem Selbstmitleid auf»).

● Die Opfersituation hat eine multisoziale Situation hervorgebracht, aus der heraus sich laufend weitere negative Folgeerscheinungen ergeben, die für den Betroffenen weitere schwerwiegende Folgen haben und die auch weiterhin neue destruktive Folgeerscheinungen in der Gesellschaft, am Arbeitsplatz, in der Familie hervorbringen (siehe Leymann 1989).

Unser Mitmensch ist seelisch am Ende. Die Diagnose PTSD zeigt dies deutlich. Der Zugang zu seinen gewohnten mentalen Kräften wie Intelligenz, Ausdauer, Konzentrationsfähigkeit, logisches Denken usw. ist durch den hohen Streßdruck mehr oder weniger (oft auch sehr stark) gemindert.

Im dritten Kapitel waren die Leitlinien der Diagnose PTSD zusammengefaßt worden; sie umfassen (A–E) fünf diagnostische Eigenschaften:

(A) das Vorkommen eines psychischen Traumas; (B) eine gedankliche Inanspruchnahme mentaler Kräfte in der Form, daß immer wieder und zwanghaft das Erlebnis durchgespielt wird (unsere Patienten wählen sehr oft den Ausdruck «Gedankenterror»); (C) vergebliche Versuche des/der Betroffenen, von diesem Gedankenterror freizukommen, was oft auch zu Selbstisolation führen kann (weil man Situationen vermeiden will, die Erinnerungen hervorrufen könnten); (D) eine Kette von schweren mentalen und psychosomatischen Streßsymptomen. Und (E): Dieses Problemgebilde muß mindestens einen Monat lang bestanden haben, damit die Diagnose PTSD gewählt werden kann (unsere Patienten haben diesen Zustand meistens seit 2 bis 8 Jahren!).

Was bedeutet das eigentlich im Klartext? Da dieser extreme Spannungszustand seit vielen Jahrzehnten und für die verschiedensten Opfergruppen auf breiter und tiefer Basis durchforscht wurde, wissen wir sehr viel Generelles über ihn. Wie sieht das Leben eines PTSD-geschädigten Menschen aus? Unsere Patienten haben in der Regel folgende Probleme (in der Regel heißt hier, daß die folgenden Beschwerden von mindestens 75% der Patienten angegeben werden), die sich vor allem als Folgen des sogenannten «Gedankenterrors» darstellen: Ein- und Durchschlafprobleme, Depressivität, Obsessivität, Selbstmordgedanken, stark herabgesetzte Lebensqualität, psychosomatische und mentale Streßsymptome.

● *«Gedankenterror»:* Unfreiwillig vordrängende, das Gehirn überflutende Erinnerungsbilder an Traumata, die ständig vor dem «inneren Auge» abrollen. Sie halten die Angst akut und erzeugen ständig eine biologische Produktion von Streßhormonen, die dann in die verschiedensten Streßsymptome, hauptsächlich im autonomen Nerven-system, münden.

● *Ein- und Durchschlafprobleme:* Sobald man zur Ruhe kommen will, der Geist nicht mehr von diversen Alltagsfragen beansprucht ist und man eigentlich «abschalten» könnte, verstärkt sich der «Gedan-kenterror» und führt zu Einschlafstörungen, häufigem Aufwachen in der Nacht (die Gedanken kommen sofort, erzeugen Streßhormone, die kardiovaskular erregen und erst abgebaut werden müssen, ehe sich wieder Schlaf einstellen kann), Alpträumen oder Durchschlafstö-rungen.

● *Depressivität:* Trostlosigkeit, Hilflosigkeit, Lustlosigkeit, Energie-verlust, weil man aufgibt, weil man keine Hilfe bekommt und ohne Hilfe nicht weiterkommen kann, weil einem nicht geglaubt wird.

● *Obsession:* Verzweiflungsaktivitäten, um zu retten, was sozial zu retten ist, sich am Arbeitsleben festklammern. Man sucht nach Hilfe, erzählt jedem von seinem Leid, um Hilfe zu erheischen, erzählt im-mer breiter und erzeugt damit den Unwillen anderer, zuzuhören. Be-kommt dadurch kurzzeitig ein mentales Erleichterungsgefühl und fängt an, das Erzählen zu mißbrauchen.

● *Selbstmordgedanken:* Einspuren in die «Suizidtreppe» über Ver-stimmtheit, die zu Depressionen führt, was «Todessehnen», Gedan-ken an den Tod erzeugen kann. Man wünscht sich den Tod, plant den Suizid, versucht ihn am Ende oder führt ihn aus. Bei Überlebenden konnte in unserer Klinik festgestellt werden, daß der Suizidentschluß öfter in einem Schockzustand oder einem kognitiven «Dämmerzu-stand» auf Grund des Schocks gefaßt wurde. Nicht selten waren es dann Zufälligkeiten, die retteten: Das Telefon läutete, ehe die Tablet-ten geschluckt werden konnten, jemand schritt ein vor dem tödlichen Sprung ins Wasser oder ähnliches. Aber auch weitgehender Selbst-haß oder Rachephantasien oder zu starker seelischer Schmerz konn-ten zum Suizidentschluß führen.

● *Stark herabgesetzte Lebensqualität:* Mobbing und der Ausstoß aus dem Arbeitsleben (was oft eine Art Ausstoß aus der Gesellschaft bedeutet) haben überaus starken Einfluß auf die Lebensqualität des Betroffenen. Man fühlt weniger Freude über positive Ereignisse, hat nicht mehr die Kraft, mit Menschen umzugehen, hat keine Freude oder Interesse mehr an seinem Zuhause oder an gesellschaftlichen Ereignissen, geht ungern ins Restaurant, ins Kino oder auf Reisen, braucht Kraft, um in Gang zu kommen usw.

● *Psychosomatische und mentale Streßsymptome:* Muskelspannungen oder andere Erscheinungen, die von angespanntem Tonus zeugen; subjektiv gefühlte Symptome, hervorgerufen über das autonome Nervensystem, wie: Herzrasen, trockener Mund, Atemnot, Zittern, Kloß im Hals usw. Unter den mentalen Streßsymptomen finden sich Irritabilität, anhaltende Traurigkeit, Konzentrationsschwierigkeiten (sehr häufig).

Dies ist also die mentale und psychologische Lage eines Mobbingbetroffenen. Es ist eine schlimme Lage. Aber wie sieht ihn eigentlich seine Umgebung? Folgendes geschieht, wenn es die Umgebung schlecht meint mit dem Betroffenen: Man kritisiert seinen Charakter, die Arbeitsleistung und -qualität, seine Glaubwürdigkeit und sein allgemeines Verhalten, besonders am Arbeitsplatz.

Im Kapitel 3 war davon die Rede, wie sich das Verhalten eines Betroffenen gradweise verschieben kann und immer mehr einer dauernden Verteidigungshaltung gleicht. Schon kleinere Angriffe lösen bei einem Mobbingopfer sofort Verteidigungsverhalten aus, weil auch sie eine seit längerer Zeit «eingeübte» Angst erzeugen. Die Umwelt, die ihr eigenes Mobbingverhalten herunterspielen oder die Problematik ihres Verhaltens erst gar nicht einsehen will, kann das Verhalten des Opfers insofern sehr wohl als übertrieben ansehen. Und aus einer Vulgärpsychologie heraus kann die Umwelt es als Charakterschwäche interpretieren. Aber so ist es nicht, von einigen Prozent ausgenommen.

Grundsätzliches über den Umgang
mit Betroffenen

Die Patienten, die zu uns kommen, sagen immer wieder: «Sie sind die ersten, die mir zugehört haben. Sie sind die ersten, die mir geglaubt haben. Bisher haben immer alle gesagt, ich solle mal vor meiner eigenen Tür kehren. Und niemand von denen, die mir dies immer wieder gesagt haben und die mich damit weiterhin gekränkt haben, hatte je eine Ahnung davon, was eigentlich vorgefallen ist.»

Betroffene stoßen auf Vorurteile. Auf wohlfeile Phrasen, die ihre Glaubwürdigkeit und Erfahrung in Frage stellen und sie in eine paranoide Situation stürzen: Sie finden sich in einem Niemandsland wieder, in dem Gesprächspartner die lästige Gesprächssituation mit dem Betroffenen schnellstens beenden möchten. Natürlich kann man das Bedürfnis haben, ein Gespräch schnell abzubiegen, weil man keine Lust dazu hat oder weil man eben an etwas anderes glauben will. In diesen Fällen wäre es ehrlicher und besser, das offen auszusprechen, als dem Opfer im Zweifel weitere Demütigungen und Kränkungen zu bereiten. Eine erste Regel im Umgang mit Opfern kann also lauten: Man muß sich selbst klarmachen, ob man den Umgang mit dem Opfer überhaupt will oder nicht. Beides ist legitim. Beides darf man fühlen oder wollen. Aber man sollte es sagen oder deutlich andeuten. Will man nicht, dann sollte man sich jedenfalls Sprüche verkneifen, die ihm oder ihr ganz und gar nicht helfen, sondern eher weiter schaden.

Will man sich dem Opfer widmen, dann soll man es auf dessen Ebene tun. Man muß dem Opfer entgegenkommen, um ihm begegnen zu können. Der Betroffene muß sich einmal ordentlich aussprechen können, muß sich darstellen können in seiner Not. Es sollte einer professionellen Diagnose vorbehalten bleiben, dem Opfer deutlich zu machen, daß man auf eine pathologische Bahn geraten kann, wenn das Berichten, das «Beichten», das «Gedankenkauen» zur Gewohnheit wird (was ja das Kardinalsymptom des PTSD ist!). Laiendiagnosen wirken eher kränkend.

Grundsätzliche Probleme der Psychologie und Psychiatrie

Es ist ein großes Problem der Psychologie und Psychiatrie, daß ihre Anamnesetechniken zur Erkennung mancher Krankheiten schlecht ausgebildet sind. Der Begriff Anamnese bezeichnet die Vorgeschichte einer Krankheit oder eines krankheitsähnlichen Zustandes. Der Prozeß allgemeinmedizinischer Anamnesen zielt hauptsächlich auf die Erforschung biologischer und biologisch wirkender Faktoren ab. In der Psychologie und Psychiatrie hingegen fragt man den Patienten am häufigsten nach Kindheits- und Jugenderlebnissen. Zudem interessiert man sich sehr für eventuelle Erbfaktoren, dafür, ob Vater, Mutter oder andere Verwandte psychische Probleme hatten. Soziale Problemzustände werden sehr viel weniger abgefragt, unter anderem deshalb, weil eine solche Befragung viel zeitaufwendiger ist. Vor allem aber spielt der zentrale Mythos dieser Geisteswissenschaften eine Rolle, daß alle psychischen Probleme, die ein Mensch in seinem Leben haben kann, letztlich in seiner Psychogenese angelegt sind. Die bedeutendsten Phasen der Psychogenese, der Entstehung und Entwicklung des Seelenlebens, werden in der frühen Kindheit verortet. Aus dem Glauben heraus, daß sich die Art und Weise, in der sich ein Mensch zu den anderen Menschen sowie zu den Ereignissen und Wechselfällen des Lebens verhält, im Grunde aus den frühen Kindheitserlebnissen ableiten läßt, legen die meisten Fachleute weniger Gewicht auf aktuelle Ereignisse im Leben eines Menschen. – Gemobbt? Ja, lieber Herr Meier, wie sah es denn in Ihrer Familie aus, als Sie drei Jahre alt waren? Hatten Sie einen autoritären Vater? Mußten Sie immer den Spinat aufessen? Schlug Ihre Mutter Sie, wenn Sie das Bett naßmachten? Oder wie der Klinikchef einer Hamburger Psychosomatischen Klinik dies ausdrückte: «Wenn die Menschen mit ihren Problemen zu uns kommen, dann handeln die Gespräche des ersten Monats davon, wie es ihnen in ihrer Kindheitsfamilie ergangen ist und wie sie dort geformt wurden. Im zweiten Monat sprechen wir dann nur noch darüber, was die Leute dann aus dieser Prägung in ihrem Erwachsenenleben gemacht haben.» Für die Idee, daß Schicksalsschläge allein so starke Effekte haben können, daß sich sogar Charaktereigenschaften bleibend verändern können, gibt es dann gar keinen Platz.

Die am häufigsten vorkommenden Fehldiagnosen sind, wie in Kapitel 3 angesprochen, Paranoia (wenn sich der Psychiater nicht vorstellen kann, daß das, was der Patient erzählt, wirklich geschehen konnte); manisch/depressives Verhalten (wenn der Psychiater hinter der Depression – oder Obsession – nicht die auslösenden Lebensprobleme sehen will); oder – Charakterprobleme. Zu dieser Diagnose sollen andere Fachleute zu Wort kommen. Rothschild (1994) schreibt in seinem hervorragenden Buch «Seele in Not – was tun?» (S. 188) folgendes:

> «Vom Charakter spricht man, wenn man die Eigenart eines Menschen beschreiben will. Wo dieser Begriff aber als Ausdruck einer festgefahrenen Persönlichkeit verwendet und sogar noch leichtfertig mit dem Begriff ‹Psychopathie› verknüpft wird, bestehen enorme Vorurteile. Die Umgebung, Betreuer und selbst Therapeuten werden bei der Verwendung von Bezeichnungen ‹unverbesserlicher Psychopath›, ‹Charakterdefekt› usw. zu Feindseligkeit und Resignation verleitet, und dem Betroffenen wird durch solche Zuschreibungen jede Chance auf Veränderung genommen.»

Ähnliche Warnungen kann man in den meisten Lehrbüchern der Psychiatrie lesen. Leider halten sich viele Fachleute nicht daran. Mit Rothschild (S. 23) sei ihnen gesagt: «Unsere Alltagsbedingungen enthalten so viel Belastungen, daß jeder Mensch ein ‹Kämpfer› ist, der nie sicher sein kann, ob sein Kampf gewonnen oder verloren wird. Deshalb wäre es ungerecht, ein ‹Verlieren› automatisch mit Abnormität gleichzusetzen, ohne genau zu berücksichtigen, welche Bedingungen zur Niederlage geführt haben.»

Grundsätzliches über Möglichkeiten der Rehabilitation

Wenn wir die ersten Professionellen sind, die dem Patienten ernsthaft zugehört haben, wenn wir die ersten sind, die Glauben schenken, dann ist das kein Zufall. Eine PTSD-Problematik kann überhaupt nicht angefaßt werden, kann nicht in Genesung übergehen, wenn der

Patient nicht bestätigt wird. In der Auseinandersetzung mit Mobbing können hier übrigens auch insofern Probleme auftreten, als die Möglichkeit besteht, daß man sich durch die Bestätigung des Patienten mit jenem Machtzentrum anlegt, das im Mobbingverlauf eine Rolle gespielt hat. Und wenn der Arbeitgeber die Anamnese und Diagnose des Patienten zu lesen bekäme, würde er wohl in einigen Fällen heftig reagieren. Wie auch immer: Für die Ausheilung des PTSD ist die Bestätigung jedenfalls unerläßlich.

In der schwedischen Klinik sind die Patientinnen und Patienten zu 80 Prozent nach einer vierwöchigen Behandlung so weit gekommen, daß sie entweder eine Ganzzeitarbeit beginnen können oder zumindest eine Rückkehr in Stufen: Es gibt ein Rehabilitationsprogramm, das es ermöglicht, die erste Zeit halbtags (oder sogar weniger) zu arbeiten, um die Arbeitszeit dann nach und nach zu erweitern. Denn natürlich sind die «Kraftreserven» der Patienten, die die Rehabilitation begünstigen können, nach Dauer und Verlauf der Krankengeschichte unterschiedlich. In Schweden, wo die Berufsrehabilitation weit fortgeschritten ist, gilt in der Somatik (Körperkrankheiten) als praktisch erwiesen, daß der Mensch nach etwa sechsmonatiger Krankschreibung rund die Hälfte seines Rehabilitationspotentials verloren hat. Die Gründe dafür liegen zum Teil im Verlust von mentalen Kräften und zum Teil in der Zerstörung des Tagesrhythmus: Wenn man ohne Arbeit oder krank geschrieben ist, spielt es ja eigentlich keine Rolle, ob man um sieben, acht oder zehn Uhr aufsteht oder wann man zu Bett geht. Personen, die dieser Destruktion ihres Tagesablaufs entgegenwirken können, behalten ihr Rehabilitationspotential jedoch bedeutend besser.

In Kapitel 3 wurde dargestellt, welche Gefahr einem Menschen langfristig droht, wenn die PTSD-Problematik nicht erkannt wird, nämlich die Chronifizierung der Erkrankung, die letztlich zur Veränderung von Persönlichkeitsmerkmalen führen kann. Aber was bedingt eigentlich eine Chronifizierung? Es mag aufgefallen sein, daß ich den Begriff schon im dritten Kapitel mit einer gewissen Vorsicht gebraucht habe. Denn sofern es nicht um Krankheitsbilder geht, die auf schweren Organerkrankungen beruhen (und auch hier schreitet die medizinische Wissenschaft voran), basieren jedenfalls im psychologischen/psychiatrischen Bereich Diagnosen von Chronifizierungen in hohem Grad auf Annahmen. Alles, was zu einem gewissen

Zeitpunkt als chronisch beschrieben wird, kann möglicherweise zu einem späteren Zeitpunkt mit besserem Wissen und mit besseren Heilmethoden geheilt werden. Dafür gibt es natürlich keine Gewähr, aber es gibt eine Hoffnung auf die Zukunft.

Kommen wir noch einmal auf die Geschichte des «Sandwich-Mannes» im dritten Kapitel zurück. Was hatte er auf eine meiner Fragen geantwortet? Er sagte: «Sehen Sie, diese Plakate und diese Zettel, die ich verteile, sie sind mittlerweile das einzige, was ich noch vom Leben habe. Wenn ich damit aufhöre, was soll ich denn dann tun?» – Die Chronifizierung des PTSD-Schadens auf Grund von Mobbing beruht in erster Linie auf drei Faktoren, die gar nichts mit der Person zu tun haben, die geschädigt ist (selbstverständlich zählen die persönlichen Eigenschaften und Voraussetzungen sowie die Art des PTSD-Schadens auch!), sondern im Einflußbereich des Behandlers und der Gesellschaft liegen. Es sind dies (1) die Entwicklung in der Diagnostik, (2) die Entwicklung in der Behandlung und (3) die Möglichkeiten der Gesellschaft, alternative soziale Situationen anzubieten.

1. *Die Entwicklung in der Diagnostik:* Je schneller und sicherer man eine Diagnose stellen kann, desto sicherer kann auch geheilt werden. Erstens, weil man den Prozeß früher durch die nötigen Maßnahmen aufhalten kann, und zweitens, weil die Behandlung zielgerechter ansetzen kann. Durch die Erkenntnis, daß es bei den Mobbingopfern um eine posttraumatische Streßbelastung und ihre Folgen geht, kann man sich auf jahrzehntelang durchgeführte erstklassige psychiatrische Forschung auf anderen Opfergebieten beziehen. Das akute klinische Problem in den beiden Mobbingkliniken in Deutschland und Schweden ist, die Diagnoseform zu verfeinern, weil sie bei den schweren Fällen nicht detailliert genug ist, um noch Unterscheidungen innerhalb der Diagnose durchführen zu können.

2. *Die Entwicklung in der Behandlung:* Die ambulanten Formen der Behandlung, die in Schweden Ende der 80er Jahre entwickelt und in Zusammenarbeit mit der deutschen Klinik weiterentwickelt wurden (siehe das folgende Kapitel 8), haben große Erfolge auch in der stationären Behandlung ermöglicht. Sie weichen von den traditionellen Techniken stark ab. Die weitere Zusammenarbeit wird noch ein grö-

ßeres Entwicklungspotential in der Verfeinerung der Behandlung ausnutzen können.

3. *Die Möglichkeiten der Gesellschaft, alternative soziale Situationen anzubieten:* Eigentlich tauchen hier die großen Probleme der Wiedergenesung auf. Die Gesellschaft ist schlecht gerüstet, dem Mitbürger eine soziale Rehabilitation anzubieten, die ihn nach einem sozialen Ausstoßversuch wieder integrieren könnte. Das gilt besonders für solche Personen, die gewissermaßen traditionell von der Allgemeinheit zum sozialen Ausstoß «verurteilt» werden: Mobbingopfer (aber auch alle anderen Opfer von sozialen oder Naturkatastrophen), daneben Alkohol- und Drogenkranke sowie Personen, die einmal zu Gefängnisstrafen verurteilt worden sind. Der Fall des «Sandwich-Mannes» im dritten Kapitel illustriert dieses Problem sehr gut.

Auf dieser Ebene liegt demnach eine sehr wichtige Aufgabenstellung für den Umgang mit Mobbingopfern. Alles, was die Wiedereingliederung erschwert, muß unterlassen werden.

Grundsätzliches über die Professionalität der Helfer

Wie schon beschrieben wurde, geschieht es häufig, daß professionelle Helfer, besonders Psychologen und Psychiater, ein Mobbingopfer falsch beurteilen. Der Grund dafür ist nach meinen Erfahrungen, daß professionelle Helfer oft allzuwenig über soziale Umstände ihrer Patienten wissen oder erfahren und die bei Mobbingopfern zu beobachtenden Symptome dann leicht falsch gedeutet werden können. Hinzu kommt, daß viele Psychologen und Psychiater weit davon entfernt sind, etwas über das posttraumatische Streßsyndrom zu wissen.

Es hat sich bei der Arbeit mit Opfern dieser Art aber herausgestellt, daß der oder die Professionelle mehr wissen muß, als üblicherweise von einem Therapeuten erwartet werden darf. Und das ist keine vermessene Behauptung. An einem Beispiel aus einer anderen psychotherapeutischen Richtung, der Familientherapie, läßt sich kurz erklären, wie das gemeint ist und warum spezielle Zusatzausbildungen bisweilen notwendig sind.

Heute wird es wohl kaum einen Therapeuten geben, der sich als

Familientherapeut anbietet, ohne über die Therapieausbildung hinaus noch ein Spezialtraining in der Familien- oder Paarbehandlung absolviert zu haben. Unter anderem vermittelt diese Spezialausbildung Kenntnisse der Familiensoziologie und der besonderen Formen der Interaktionen und Konfliktverläufe innerhalb von Familien- oder Paarbeziehungen sowie ihrer psychischen Folgen. Erst das intime statistisch/klinische Begreifen von Paar- und Familiensystemen, eine Forschung, die in ihren Hauptzügen in den 60er Jahren in den USA begann, effektivierte die Behandlung.

Analog sollten die Voraussetzungen einer PTSD-Therapie im Arbeitsleben eingeschätzt werden. Ohne ausgiebiges Wissen über Arbeitspsychologie, Arbeitsmilieu- und Organisationsstrukturen sowie über das Arbeitsrecht ist es schwer zu verstehen, welche Faktoren und Entwicklungen zu Streß und Traumata führen können. Da das Arbeitsleben von Gesetzen und Absprachen geprägt ist, sind auch einige wichtige arbeitsrechtliche Einsichten vonnöten.

Grundsätzliches zu den Möglichkeiten und Grenzen von Selbsthilfegruppen

PTSD beschreibt einen Zustand von sozialer Angst und einseitiger gedanklicher Überlastung, der das soziale Verhalten des PTSD-Opfers weitgehend – und oft destruktiv – beeinflußt. Oft genug sieht man, wie diese Problematik das kommunikative Verhalten des Opfers sehr negativ prägt.

Das Problem der Selbsthilfegruppen bei Mobbingopfern ist eines der Kommunikation. Eine Selbsthilfegruppe von Menschen, die ein körperliches Leiden haben, kann sich über gemeinsame Probleme austauschen, ohne daß ihr Medium, nämlich die Kommunikation, selbst von Problemen affiziert ist. Bei Mobbingopfern, die durch Mobbing krank geworden sind, ist aber genau das der Fall. Ihr kommunikatives Verhalten hat sich verändert, ist gestört, und unter dieser Bedingung müssen sie sich austauschen. Sie sind somit anderen Selbsthilfegruppen gegenüber im Nachteil.

Meine Erfahrungen mit und über Selbsthilfegruppen in Schweden, Norwegen und Deutschland haben gezeigt, daß sie eines gemeinsam haben: Eine Selbsthilfegruppe von Mobbingopfern zeigt die Tendenz, nach ein paar Monaten in Konflikte zu geraten, die so ernst werden können, daß die Gruppe sich auflöst. Mir sind nur wenige Gruppen bekannt, die länger als ein Jahr bestanden haben oder bestehen.

Um dieses Problem anzugehen, sollte man genau dieselbe Methode verwenden, die z. B. von professionellen Therapeuten angewandt wird: eine regelmäßige Supervision. In steten Abständen (z. B. bei jedem vierten Treffen) wird die Gruppe von einem professionellen Supervisor geleitet, und gruppenkommunikative Probleme können zur Sprache gebracht werden. Selbstverständlich muß der psychologisch / therapeutisch ausgebildete Supervisor gute Kenntnisse über das Mobbingproblem haben. Die gruppenkommunikativen Probleme, die von einer Mobbing-Selbsthilfegruppe gemeistert werden müssen, ergeben sich speziell aus der weitausgreifenden Verbalität vieler Opfer, was ja gerade eines der PTSD-Symptome ist. Sie erfüllt das Bedürfnis, soziale Angst, Wut, Enttäuschung und Rechtskränkungen zum Ausdruck zu bringen. Daraus kann jedoch eine Konkurrenz in der Gruppe darum entstehen, wer die meiste «Redezeit» des Abends belegen darf. Die Gruppenleiterin oder der Gruppenleiter sollte die eigene Begabung und muß das Mandat der Teilnehmer haben, den Gruppenabend deutlich zu strukturieren, um solche Konkurrenzen auszutarieren.

Ein weiteres Problem taucht auf, wenn allmählich alle Mitglieder voneinander wissen, wie es ihnen ergangen ist. Worum soll es in der Folgezeit gehen? Die skandinavischen Gruppen begannen zu diesem Zeitpunkt mit dem Versuch, gewissermaßen die Gesellschaft zu ersetzen: Man nahm Kontakte mit Ärzten, Juristen, Psychologen und anderen Fachleuten in der Vorstellung auf, den Mitgliedern nun all den Service verschaffen zu wollen, den die Gesellschaft ihnen verwehrt hatte oder aus anderen Gründen nicht geben konnte. Da dies aber immer große Unterschiede in den Ambitionen und den Vorstellungen über die Prioritäten hervortreten ließ, entstanden in diesen Gruppen sehr bald unüberbrückbare Zwistigkeiten, oft gefolgt von Leitungswechseln.

Eine Lösung wäre, Selbsthilfegruppen von vornherein zeitlich zu begrenzen: Sie könnten ein viertel oder ein halbes Jahr bestehen und sich dann auflösen. Die Mitglieder mit der größten Erfahrung könnten dann beispielsweise Unterstützungsgruppen bilden.

Nach dem Prinzip von amnesty international könnten kleine Gruppen von sechs bis acht Mitgliedern «Patenschaften» für aktuell von Mobbing Betroffene übernehmen und ihnen zum Beispiel beim Umgang mit relevanten Institutionen helfen. Diese Idee ist allerdings noch nie in der Praxis auf ihre Tragfähigkeit geprüft worden, wenngleich ich sie seit Jahren Selbsthilfegruppen vorschlage.

Eines sollte vollkommen vermieden werden: Eine Selbsthilfegruppe hat zur Hauptaufgabe, dem einzelnen Mitglied emphatisches Entgegenkommen und soziale Unterstützung zu geben – auf einem Laienniveau. Dazu kann auch Orientierungshilfe gehören: Literatur finden, einen Rechtsanwalt finden, einen Therapeuten finden, einen Arzt finden. Eine Selbsthilfegruppe darf deren Funktionen jedoch nie ersetzen wollen. Sie ist zum Beispiel kein Ersatz für die notwendige psychotherapeutische Aufarbeitung des Erlebten. Sie kann, wenn sie funktioniert, allerdings eine sehr gute Begleitung sein – durch die Kameradschaft mit Menschen, die Gleiches erlebt haben und somit ein intuitives Verständnis für gerade jene Seelennöte aufbringen können, die Mobbingopfer haben.

8

MICHAEL BECKER

Rückwege zum Selbstbewußtsein

Ein Beispiel für die Behandlung
in der Mobbingklinik

Die Gesellschaft gegen psychosozialen Streß und Mobbing e. V. (GpSM) definiert Mobbing am Arbeitsplatz als eine konfliktbelastete Kommunikation unter Kollegen oder zwischen Vorgesetzten und Untergebenen*, bei der die angegriffene Person unterlegen ist, von einer oder mehreren anderen Personen systematisch und während längerer Zeit mit dem Ziel und/oder dem Effekt des Ausstoßes direkt oder indirekt angegriffen wird und dies als Diskriminierung empfindet. An einem Fallbeispiel läßt sich zeigen, was das in der Praxis bedeutet:

Ein Fallbeispiel

Eine große Baufirma aus dem süddeutschen Raum wurde von drei Managern geleitet, die sich untereinander nicht verstanden und sich lieber aus dem Weg gingen. Die Manager hatten jedoch ein gemeinsames Sekretariat mit zwei Sekretärinnen, die ohne genaue Zuordnung für alle drei zuständig waren. Die Unstimmigkeiten des Managements übertrugen sich zwangsläufig auf das Sekretariat und erzeugten bei den Sekretärinnen einen permanenten Streß. Das dadurch

---

* Obgleich der heutige Begriff Mitarbeiter(in) ist, wird die ältere Bezeichnung Untergebene(r) verwandt, um keine Hierarchien zu verdecken.

in der Führungsetage vorhandene psychosozial schlechte Betriebsklima führte bei den Sekretärinnen zu häufigen Krankschreibungen und einer hohen Fluktuation.

Nach einer Kündigung wurde Frau W. als neue Sekretärin eingestellt. Sie war zu diesem Zeitpunkt 45 Jahre alt, verheiratet und hatte zwei erwachsene Kinder. Frau W. war bei Arbeitsbeginn insgesamt mit ihrem Leben zufrieden. Sie hatte vorher als Zweitverdienerin in Sekretariaten verschiedener Firmen gearbeitet und noch nie ernsthafte Probleme an ihrem Arbeitsplatz gehabt. Auch an ihrem neuen Arbeitsplatz schien zunächst alles gutzugehen. Allerdings kündigte wenige Wochen nach ihrer Einstellung ihre Kollegin, so daß Frau W. die nächsten drei Monate alle anfallenden Arbeiten allein ausführen mußte. Das machte ihr jedoch nichts aus, sondern sie ergriff die Gelegenheit, sich besonders gut mit den Arbeitsaufgaben vertraut zu machen. Im Rahmen der Personalpolitik des Unternehmens wurde jedoch nach ca. drei Monaten die freigewordene Sekretärinnenstelle wieder besetzt. Die neue, etwas jüngere Kollegin, zeigte sich anfänglich sehr freundlich. Sie verhielt sich kollegial und ließ sich von Frau W. einarbeiten. Etwas später ging Frau W. in ihren Jahresurlaub. Als sie nach drei Wochen wiederkam, fand sie ein völlig verändertes Büroklima vor. Ihre Kollegin hatte in der Zwischenzeit ihre Arbeiten miterledigt und war nach ihrer Rückkehr nicht bereit, die anfallende Arbeit sachlich aufzuteilen. Vielmehr bestimmte die Kollegin eigenmächtig, welche Arbeiten sie erledigen wollte und welche Arbeiten Frau W. zu erledigen hatte. Sie nahm also, obwohl dazu offiziell nicht befugt, eine Vorgesetztenposition ein und zeigte sich keinerlei Gegenargumentation von Frau W. zugänglich. Aussprachen lehnte sie rigoros ab. Im Sekretariat des Managements der Baufirma entwikkelte sich also ein offener Machtkampf zwischen den beiden dort tätigen Sekretärinnen, ohne daß von seiten des Managements in irgendeiner Art und Weise eingegriffen wurde.

Die Interventionen von Frau W. bei den vorgesetzten Managern blieben ergebnislos, und zwar sowohl wegen der dortigen Kommunikationsschwierigkeiten – jeder schob die Verantwortung auf den anderen – als auch schlichtweg, weil man sich mit diesen «Nebensächlichkeiten» nicht befassen wollte. Man erwartete von den Sekretärinnen, ihre Unstimmigkeiten allein auszutragen.

Frau W. versuchte daraufhin, mit Hilfe des Betriebsrates vermittelnde Gespräche mit ihrer Kollegin aufzunehmen. Das scheiterte sowohl am Widerstand ihrer Kollegin als auch daran, daß der Betriebsrat, der in der Firma keine starke Position hatte, sich nicht zuständig fühlte. In der weiteren Zeit wurde Frau W. von ihrer Kollegin, die die besseren Nerven hatte, immer mehr schikaniert und schließlich ausgebootet und ins Abseits manövriert. Ihre geschriebenen Diktate verschwanden teilweise spurlos, ihr Computer wurde manipuliert und ihre Kollegin verheimlichte ihr wichtige Informationen der Vorgesetzten, so daß sie zwangsläufig eigene Fehler machte.

Die Bürosituation wurde für Frau W. immer unerträglicher und übertrug sich schließlich auch auf ihr Familienleben.

Sie kam immer unausgeglichener nach Hause, war zunehmend gereizt, konnte kaum noch schlafen und hatte ständig Kopfschmerzen. Oft mußte sie ohne Grund weinen.

Ihr behandelnder Arzt stand vor einem Rätsel und verordnete ihr zunächst Beruhigungsmittel. Nach etwa einem Dreivierteljahr ständigen Arbeitsplatzstresses erlitt Frau W. einen Hörsturz mit vollständiger einseitiger Ertaubung. Aufgrund der anschließenden stationären und rehabilitativen Maßnahmen blieb sie drei Monate krank geschrieben. Als sie danach an ihren Arbeitsplatz zurückkehrte, war die feindliche Stimmung einer beinahe vollständigen Ignorierung ihrer Person gewichen. Nicht nur die sie zuvor schikanierende Kollegin, sondern auch die Vorgesetzten und viele der im Betrieb beschäftigten Mitarbeiter gingen deutlich auf Distanz und machten ihr klar, daß sie nur noch geduldet wäre und es besser sei, wenn sie sich schnell einen neuen Arbeitsplatz suche. Frau W. wollte jedoch nicht so schnell aufgeben, zumal sie das ihr Widerfahrene in keiner Weise in ihre Lebenserfahrung einordnen konnte.

Kurze Zeit später ging ihre Kollegin in einen mehrtägigen Kurzurlaub. Als sie zurückkam, wurde sie mit einem Seitenblick auf Frau W. von der Firmenleitung mit einem großen Blumenstrauß empfangen und der Bemerkung, wie unersetzlich sie doch im Gegensatz zu anderen Mitarbeitern sei. Daraufhin erlitt Frau W. einen psychischen Zusammenbruch und entwickelte Suizidgedanken.

Was Mobbing bedingt

Mobbing am Arbeitsplatz setzt nicht voraus, daß bei den Betroffenen eine vorbestimmende psychopathologische Persönlichkeitsstruktur vorliegt. Bereits bestehende Persönlichkeitsstörungen können jedoch als Vulnerabilitätsfaktor (Vulnerabilität = Verletzlichkeit) wirken: Eine frühkindliche narzißtische Wunde kann in der Mobbingsituation das Entstehen von Schuldgefühlen, Minderwertigkeitsgefühlen und Selbstwertproblemen verstärken. In diesem Zusammenhang ist das Vulnerabilitätsmodell zu erwähnen, das sozialen Faktoren und der persönlichen Prädisposition Bedeutung beimißt. Die persönliche Prädisposition umfaßt die Ausgangspersönlichkeit, den bisherigen Copingstil, die alltäglichen Lebensbelastungen bzw. die Copingressourcen sowie prätraumatische psychische Belastungen oder Störungen; zu den sozialen Umständen gehören der sozioökonomische Status und die Verfügbarkeit eines sozialen Netzwerkes. Persönliche Prädisposition und die sozialen Umstände können die Belastungsgröße durch das Ereignis additiv verstärken oder aber moderieren und abschwächen. Das heißt, *es ist eine Frage der Zeit*, wann die Belastung ernsthaft problematisch wird. Bei Frau W. aus unserem Fallbeispiel ging das wegen der sozialen Umstände relativ schnell, obwohl sie sicher keine besonderen Prädispositionen hatte.

Mobbing am Arbeitsplatz beginnt bereits dann, wenn der einzelne Konflikte als dauerhaft und gezielt gegen sich initiiert empfindet, aufgrund seiner daraufhin entstehenden Unterlegenheit seelisch und/oder körperlich leidet und infolgedessen erkrankt. Mobbing am Arbeitsplatz hat also den Stellenwert einer psychischen Traumatisierung.

Die daraus resultierenden gesundheitlichen Schäden können sich sehr schnell, nämlich innerhalb von Tagen bis Wochen, aber auch verzögert über Monate bis Jahre entwickeln.

So kann es, abhängig von den individuellen Gegebenheiten, in bestimmten Fällen zu einem beschleunigten Mobbingprozeß kommen, insbesondere dann, wenn aufgrund äußerlich begrenzender Faktoren Ausweichmöglichkeiten, zum Beispiel ein Arbeitsplatzwechsel, nicht zur Verfügung stehen.

Wesentlich ist dabei auch die Erkenntnis, daß belastende Ereignisse nicht nur als solche wirken, sondern daß sie kognitiv vermittelt werden und daß die Belastungsgröße auch von der kognitiven Bewertung des Bedrohungsaspektes sowie von der Einschätzung der eigenen Copingmöglichkeiten abhängt; in anderen Worten: als wie stark er/sie die Bedrohung wahrnimmt und wie er/sie die Möglichkeiten sieht, die Situation bewältigen zu können.

Mobbing am Arbeitsplatz kann grundsätzlich jede Person treffen und kommt auch auf jeder Hierarchiestufe vor. Die Ursachen des Mobbing sind dabei primär nicht beim Opfer und primär auch nicht beim Täter zu suchen, sondern resultieren aus Defiziten in der Arbeitsorganisation (z. B. inhaltliche und zeitliche Organisation der Arbeit, Gestaltung von Aufgaben und Zusammenarbeit), in der Arbeitsstruktur (z. B. Sozial- und Handlungsdynamik der Arbeitsgruppen, Transparenz der Produktion), in den Arbeitsinhalten (z. B. Art der zu verrichtenden Arbeit, Akzeptanz der zu erledigenden Arbeit) und in der Arbeitsleitung (Leitung und Supervision der Arbeit). Hinzu kommen die gesellschaftlichen Rahmenbedingungen, unter denen der Arbeitsprozeß abläuft.

Selbstverständlich spielen die Persönlichkeitsanteile aller Beteiligten auch eine Rolle, insbesondere die Art und Weise, wie entstehende Konflikte ausgetragen werden. Dennoch muß an dieser Stelle nochmals explizit betont werden, daß nach den bisherigen Untersuchungen die Persönlichkeit oder die Charaktereigenschaften des Mobbingopfers nicht die Ursachen von Mobbing sind und daß jede Person unter ungünstigen sozialen Verhältnissen zum Mobbingopfer werden kann.

Mobbing ist immer ein Zeichen dafür, daß am Arbeitsplatz etwas aus dem Lot geraten ist. Der frühe Eingriff muß daher darauf zielen, die tatsächlich zugrundeliegenden Ursachen des Mobbing zu erkennen und sie zu korrigieren. Damit ist weniger die Identifikation von Opfern und Tätern gemeint, da eine solche einseitige Ausrichtung sehr schnell zu weiteren Stigmatisierungen führt, sondern das Erkennen der Umstände, die im besonderen Fall zum Mobbing geführt haben.

Erst die oben genannten Arbeitsplatzdefizite führen zur Polarisierung in Mobbingopfer und Mobbingtäter. Die menschliche Schwäche dabei ist es, Defiziten am Arbeitsplatz, insbesondere ungelösten zwischenmenschlichen Konfliktsituationen, in Form von Mobbing zu begegnen bzw. Mobbing als Nische für sich selbst zu finden – sei es, um eigene Schwächen zu vertuschen und Karriere zu machen, oder aus anderen, individuell unterschiedlichen Motiven.

Darüber hinaus ist Mobbing am Arbeitsplatz auch ein gesellschaftliches Problem und insbesondere vom jeweiligen Zeitgeist und dem damit verbundenen Umgang mit sozialen Krisen abhängig. So gehen immer wieder Firmen dazu über, zwecks Verlagerung ihrer Produktion Mitarbeiterinnen oder Mitarbeiter gezielt zu mobben, um sie so zur Kündigung zu treiben und den gesetzlich vorgeschriebenen Personalabbau mit Abfindung und Erstellung von Sozialplänen zu umgehen. Diese Vorgehensweise ist nicht nur als unethisch anzuprangern, sie ist auch aus betriebswirtschaftlicher Sicht ein äußerst zweifelhaftes Unterfangen (siehe den Beitrag von Niedl in diesem Band, Kap. 4). Mobbingprozesse stoßen häufig auf den Widerstand der Betroffenen, was oft jahrelange gerichtliche Auseinandersetzungen zur Folge hat. Darüber hinaus verliert ein derart vorgehendes Unternehmen an Ansehen bei Geschäftspartnern und Kunden.

Mobbinghandlungen

Nach Leymann werden 45 Mobbinghandlungen unterschieden (vgl. Kapitel 1 in diesem Band und siehe Leymann 1993 a), die sich inhaltlich in fünf Bereiche aufgliedern:

1. Angriffe auf Möglichkeiten sich mitzuteilen (Kontaktbehinderung),
2. Angriffe auf zwischenmenschliche Beziehungen (systematische Isolierung),
3. Angriffe auf Qualität und Sicherheit der Berufs- und Lebenssituation (Änderung der Arbeitsaufgaben mit Bestrafungscharakter),
4. Angriffe auf das persönliche Ansehen (Gerüchte und Verdächtigungen),
5. Angriffe auf die seelische und körperliche Gesundheit (Gewaltanwendung).

Die bisherigen klinischen Erfahrungen zeigen, daß mit zunehmender Mobbingdauer immer mehr Einzelhandlungen zur Anwendung kommen. Bei langjährigen Mobbingverläufen sind durchweg Handlungen aller fünf Bereiche festzustellen.

Mobbing am Arbeitsplatz breitet sich aber nicht nur quantitativ, sondern auch qualitativ aus, und zwar dergestalt, daß mit zunehmender Mobbingdauer die Mobbinghandlungen immer gemeiner werden. Wenn zunächst leise hinter dem Rücken getuschelt wurde, wird der Betroffene schließlich laut und mit anmaßenden Blicken angegriffen und beleidigt.

Mobbingphasen

Grundsätzlich gilt, daß Konflikte und Intrigen am Arbeitsplatz das menschliche Miteinander dort immer beeinflussen. Dazu gehören dumme Kollegenscherze ebenso wie die schlechte Laune des Chefs oder das zeitweilig angespannte Betriebsklima. Das ist weder einseitig schädlich noch einseitig unschädlich, sondern gehört offensichtlich zum menschlichen Miteinanderumgehen und wird auch nicht als Mobbing definiert. Von einer Unzahl von Konflikten wird nur ein verschwindend kleiner Teil zum Mobbing, und zwar nur deshalb, weil aus einem Konflikt Mobbing entstehen *darf*, das heißt, weil die Dinge laufengelassen werden und von exponierter Stelle (der Arbeitsleitung) nicht eingegriffen wird. Wenn Mobbing dann erst einmal entstanden ist, hilft es wenig, bei dem Mobbingbetroffenen mangelnde Konfliktfähigkeit zu diagnostizieren und entsprechend ein grundsätzliches Konfliktbewältigungstraining zu beginnen. Dies kann zwar zur Vermeidung künftiger anderer Mobbingsituationen sinnvoll sein, hilft aber in der entstandenen Situation nicht weiter. Hier sind andere Interventionen notwendig, nämlich vermittelnde Hilfsangebote.

Zeitlich sind fünf sich teils überschneidende Phasen darstellbar:
1. Eine fehlende oder schlechte Konfliktbearbeitung – daraus entwickelt sich
2. Mobbing und Psychoterror am Arbeitsplatz – das führt zu
3. Rechts- und Machtübergriffen (z. B. ungerechtfertigten Versetzungen oder Kündigungen) – und schließlich
4. zum Ausschluß aus der Arbeitswelt. Hinzu kommt häufig noch
5. eine ärztlich-psychotherapeutische Stigmatisierung, insbesondere dann, wenn sich der Betroffene aufgrund des ihm widerfahrenen Mobbing psychisch auffällig benimmt.

So werden Menschen, die aufgrund von Mobbing am Arbeitsplatz verzweifelt (obsessiv), aggressiv oder depressiv geworden sind, von ihrer Umgebung als primär psychisch krank eingestuft; und ihnen wird im falschen Umkehrschluß sogar noch unterstellt, daß man mit ihnen aufgrund ihrer psychischen Erkrankung nicht zusammenarbeiten kann bzw. daß ihre Erkrankung die Ursache ihrer Arbeitsprobleme ist.

So etwas ist auch in kleinen Betrieben möglich:

In einem Zwei-Mann-Betrieb war der Inhaber für die Anzeigenverbreitung großer Firmen in verschiedenen Zeitungen und Zeitschriften zuständig. Als das Geschäft florierte, stellte er als seine rechte Hand eine Werbeassistentin ein. Die alleinstehende Frau B. hatte zuvor in der Verlagsbranche gearbeitet, war jedoch aufgrund eines allgemeinen Konjunkturrückganges arbeitslos geworden.

An ihrem neuen Arbeitsplatz fand sie sich schnell zurecht und kam gut mit ihrem Chef aus. Dann machte sich auch hier die schlechte Wirtschaftslage bemerkbar, und das Anzeigengeschäft ließ nach. Der Chef versuchte, dies auszugleichen, indem er seine Mitarbeiterin zu Überstunden drängte, diese dann aber nicht bezahlte. Frau B. hatte fortan für die Firma stets einsatzbereit zu sein und mußte sogar auf ihren Urlaub verzichten. Schließlich war ihr Privatleben völlig von der Arbeit belegt.

Hinzu kam, daß ihr Chef seine Frustrationen immer häufiger an ihr ausließ und sie oft grundlos anbrüllte und beschimpfte. So wurde das Betriebsklima immer schlechter und schließlich unerträglich.

Aufgrund der schlechten Arbeitsmarktsituation wagte es Frau B. jedoch nicht, ihre Stelle zu kündigen. So fühlte sich ihr Chef in seinen Handlungsweisen bestätigt und nahm sich immer mehr heraus. Er verlangte nun, daß Frau B. auf einen Teil ihres Gehaltes verzichten und dafür auf Provisionsbasis arbeiten sollte. Frau B. weigerte sich. Daraufhin kündigte ihr der Chef und schob einen nichtigen Kündigungsgrund vor. Zu diesem Zeitpunkt war Frau B. psychisch und physisch deutlich angeschlagen. Sie hatte Alpträume, konnte kaum ein- und durchschlafen, war sehr unkonzentriert, eingeschüchtert und verfügte kaum noch über Selbstwertgefühl. Zudem plagten sie Rücken- und Magenschmerzen. Als sie die Kündigung erhielt, bekam sie suizidale Gedanken, insbesondere da sie keine Möglichkeiten sah, beruflich wieder Fuß zu fassen und ihren Lebensunterhalt zu verdienen.

Stationäre Rehabilitation

Die bislang behandelten Patienten zeigten durchweg lange, zum Teil mehrjährige Mobbingverläufe mit zum Teil vielfachen ambulanten und stationären Vorbehandlungen. Diese wurden durchweg als unbefriedigend erlebt. Die Patienten fühlten sich bezüglich ihrer Arbeitsplatzprobleme nicht genügend akzeptiert und daher falsch behandelt. Sie hatten eine hohe Erwartungshaltung und erhofften sich von der neuen Behandlung die vollständige Lösung ihrer Probleme, und zwar sowohl in bezug auf ihren Arbeitsplatz und die damit verbundene rechtliche Situation als auch im gesundheitlichen und familiären Bereich. Dieser Anspruch variierte zwar im Einzelfall, dennoch fielen bei jedem Patienten unrealistische Erwartungen in bezug auf die Klinikleistungen auf. Nach außen hin scheinbar angepaßt, präsentieren sich die Patienten in einer sehr labilen gesundheitlichen Verfassung mit multiplen physischen und psychischen Beschwerden.

Unter einem anderen Gesichtspunkt ließen sich zwei grundsätzlich verschiedene Gruppen voneinander trennen. Die eine Patientengruppe hatte ein großes Mitteilungsbedürfnis, während die andere Patientengruppe gegenüber dem ihr widerfahrenen Mobbing eine resignative Haltung einnahm. Beide Gruppen beschäftigten sich jedoch ständig gedanklich mit ihrem Arbeitsplatz und konnten nicht abschalten (Gedankenautomatismen).

Ein klinisches Fallbeispiel

Ursula, so wollen wir die Patientin nennen, klagte bei Klinikaufnahme spontan über Antriebslosigkeit, Grübeln, Niedergeschlagenheit, Müdigkeit und Schlafstörungen in Form von Ein- und Durchschlafstörungen.

Psychopathologisch fiel eine gedrückte Stimmung auf. Sie weinte oft, konnte jedoch auch anflugsweise zornig sein. Bei affektiver Labilität erschien sie selbstunsicher. Sie zweifelte ständig an sich, war unentschlossen und mit einem mangelnden Selbstwertgefühl ausgestattet. Im Kontakt wirkte sie gehemmt und verunsichert. Ständig grübelte sie über sich und ihre Geschichte nach. Insgesamt machte Ursula einen hilflosen Eindruck, was sich optisch durch ihre kleine Statur verstärkte.

Der körperlich-neurologische Aufnahmebefund war im wesentlichen unauffällig.

Auf der von-Zerssen-Beschwerdenliste kreuzte Ursula als starke Beschwerden an: Grübelei, innere Unruhe, Mattigkeit, übermäßiges Schlafbedürfnis, Schwächegefühl, Kreuz- oder Rückenschmerzen und Nacken- oder Schulterschmerzen. Als mäßige Beschwerden markierte sie Reizbarkeit, Schlaflosigkeit, Schweregefühl bzw. Müdigkeit in den Beinen und Überempfindlichkeit gegen Kälte. Laut LIPT (Leymann 1990a) litt sie in den letzten 12 Monaten sehr oft oder ständig unter Gedächtnisstörungen, Konzentrationsschwierigkeiten, Niedergeschlagenheit, Depressionen, Ratlosigkeit und Rücken- und Nackenschmerzen. Als oft vorhanden gab sie an: Initiativlosigkeit, Apathie, Antriebslosigkeit, Weinen, Aggressionen, Gefühle der Unsicherheit und Versagensängste sowie Appetitlosigkeit und Schweißausbrüche.

Der Vergleich dieser mit verschiedenen Methoden eruierten Beschwerden bzw. Krankheitssymptome zeigte eine große Übereinstimmung und wies insbesondere auf das gleichzeitige Bestehen von physischen und psychischen Beeinträchtigungen hin. Auffällig war darüber hinaus, daß Ursula neun der laut Leymann von Mobbingopfern am häufigsten genannten 12 Streßsymptome angab, nämlich Einschlafstörungen, Durchschlafstörungen, Konzentrationsschwierigkeiten, Versagensängste, Depressionen, das Gefühl der Unsicherheit, Reizbarkeit sowie Rückenschmerzen und Nackenschmerzen.

Eineinhalb Jahre vor der aktuellen stationären Rehabilitation hatte Ursula das letzte Mal zusammenhängend gearbeitet. Seitdem war sie überwiegend krank geschrieben.

Im LIPT gab sie – rückwirkend vom Zeitpunkt ihrer vorläufig letzten regelmäßigen Arbeitstätigkeit – folgende Mobbinghandlungen an:

1. Täglich: Zwischen zwei und fünf Jahren wurde sie täglich wie Luft behandelt.
2. Fast täglich: Länger als fünf Jahre schränkte ihr(e) Vorgesetzte(r)

fast täglich ihre Möglichkeit ein, sich zu äußern. Zwischen zwei und fünf Jahren sprach man fast täglich nicht mit ihr. Zwischen zwei und fünf Jahren wurde sie fast täglich zu neuen Arbeitsaufgaben eingeteilt. Zwischen zwei und fünf Jahren sprach man fast täglich hinter ihrem Rücken schlecht über sie und verdächtigte sie schließlich, psychisch krank zu sein.

Darüber hinaus kreuzte Ursula acht weitere Mobbinghandlungen an, die einmal pro Woche über einen Zeitraum von zwei und fünf Jahren und auch länger stattgefunden hatten.

Die Analyse der von ihr angegebenen Mobbinghandlungen ergab, daß Ursula über mehrere Jahre durch Handlungen aller im LIPT beschriebenen Kategorien schikaniert wurde. Auch der Bereich der Angriffe auf die seelische und körperliche Gesundheit war repräsentiert, denn Ursula kreuzte an, zwischen zwei und fünf Jahren einmal pro Woche zu Arbeiten gezwungen worden zu sein, die ihrer Gesundheit geschadet hätten.

Als Gegner benannte sie Arbeitskollegen / Arbeitskolleginnen, Vorgesetzte bzw. andere in höherer Stellung als sie. Es habe sich überwiegend um Frauen gehandelt (der beschriebene Arbeitsplatz war hauptsächlich mit Frauen besetzt). Ihre einzige Vertrauensperson war in dieser Zeit ihr damaliger Freund und jetziger Ehemann.

In der Prüfliste zur Beurteilung von Streß am Arbeitsplatz (Zapf-Dunckel) beschrieb Ursula einen 13prozentigen Krankenstand an ihrem Arbeitsplatz. Bei der Arbeit sei alles vorgegeben, so daß man praktisch nichts selbst entscheiden könne. Es müsse häufig oder ständig unter Zeitdruck gearbeitet werden, und die Einflußmöglichkeiten auf betriebliche Entscheidungen seien sehr gering.

Ursula kreuzte mit «eher ja» an, daß zuwenig Personal zur Erledigung der Arbeit vorhanden sei, daß in den Pausen manchmal durchgearbeitet werden müsse, daß häufig Beschwerden von Kolleginnen / Kollegen kämen, daß es häufig Auseinandersetzungen, Streitereien und soziale Konflikte gäbe, daß es häufig Probleme / Schwierigkeiten zwischen Arbeitskollegen / Arbeitskolleginnen und Probleme / Schwierigkeiten mit Vorgesetzten gäbe und daß die Arbeit an isolierten Arbeitsplätzen stattfinde.

Sie beurteilte also das vorherrschende psychosoziale Betriebsklima insgesamt als eher schlecht.

Ihre soziale Anamnese ergab folgendes Bild: Ursula wurde 1961 geboren. Sie entstammte einer kleinbürgerlichen Familie und hatte mehrere Geschwister. Im Familienumfeld gab es keine psychischen Erkrankungen.

Ursula verlebte eine glückliche Kindheit und absolvierte mit 19 Jahren ein gutes Abitur. Anschließend schloß sie eine Lehre zur medizinisch-technischen Assistentin mit einer guten Note ab. Unmittelbar danach nahm sie eine Stelle im Labor eines großen Krankenhauses an. Sie arbeitete dort vollschichtig. Vor zwei Jahren heiratete sie ihren langjährigen Freund.

Ihre Arbeitsplatzsituation ließ sich aufgrund ihrer eigenen Angaben im nachhinein wie folgt rekonstruieren:

Es handelte sich um ein mittelgroßes Labor, das ein großes Krankenhaus zu versorgen hatte. Als Folge ständigen Personalmangels waren die Mitarbeiterinnen des Labors stets überlastet. Hinzu kam eine Krankenhauserweiterung, die eine zusätzliche Arbeitsbelastung für das Labor bedeutete.

Ursula trat ihre Stelle also zu einem Zeitpunkt an, als das psychosoziale Betriebsklima sehr angespannt war. Unter anderem als Folge dieser Situation hatten sich ihre Kolleginnen wie folgt koaliert: Um eine schwache Leiterin hatten sich zwei Kolleginnen gruppiert. Diese drei bildeten die interne Führungsgruppe. Ihnen ging es hauptsächlich darum, daß die Arbeitsaufgaben erledigt wurden, ohne sich über Motivation, Effizienz, Kreativität und Initiative der Mitarbeiterinnen Gedanken zu machen.

Sodann existierte eine zweite Gruppe, die sich ständig überbelastet fühlte, da von ihr der Hauptteil des anfallenden Arbeitspensums erledigt wurde. Die Kolleginnen dieser Gruppe hatten kaum Zeit für Ursula und waren vollständig mit dem Erbringen ihrer Arbeitsleistung beschäftigt.

Eine dritte Gruppe von Kolleginnen versuchte, möglichst unauffällig und ohne übermäßiges Engagement den Arbeitstag zu bewältigen und bei den anderen nicht anzuecken. Die Kolleginnen dieser Gruppe hatten je nach Tagesstimmung mal mehr oder mal weniger Zeit, sich um die neue Mitarbeiterin zu kümmern.

Die Stimmung im Labor war meist gereizt und von mehr oder minder kleinen Auseinandersetzungen zwischen allen Mitarbeiterinnen geprägt.

Ursula hatte nun aufgrund ihrer guten Ausbildung den Ehrgeiz, sorgfältig in den Arbeitsablauf eingewiesen und in ihrer Arbeit unterstützt zu werden, um ihre Arbeitsaufgaben gewissenhaft durchzuführen – zumal es sich um ihre erste Stelle handelte.

Ihre Erwartungen konnten aber aufgrund der beschriebenen Bedingungen an diesem Arbeitsplatz nicht erfüllt werden, und je mehr sie sich engagierte, desto mehr zogen sich ihre Kolleginnen von ihr zurück. Da sie die Organisation und Strukturen dieses Labors als Neuangestellte nicht durchschaute, versuchte sie, weiterhin engagiert vorzugehen und die ihr auffallenden Probleme offen anzusprechen. Insbesondere wandte sie sich diesbezüglich häufig an die Laborleiterin. Dies hatte jedoch – durch die defizitäre Arbeitsleitung – den gegenteiligen Effekt zur Folge, denn Ursula geriet zunehmend in eine Außenseiterposition, und man empfand ihre Initiativen als zunehmend störend. Aus dieser Konfliktsituation heraus begann man, sie anfangs verdeckt und später immer auffälliger zu schikanieren. Es entstand Mobbing. Das ließ sich Ursula zunächst nicht gefallen, denn sie fühlte sich im Recht. Da sie jedoch in diesem Labor keine Lobby hatte, konnte sich das gegen sie gerichtete Mobbing etablieren. Durch ihren Arbeitsehrgeiz und ihre Versuche, die Arbeitsbedingungen in einem für sie und aus ihrer Hinsicht auch für das ganze Labor positiven Sinne zu verändern, zog sie schließlich die negative Aufmerksamkeit aller Kolleginnen auf sich und beeinträchtigte das schon vorherrschende schlechte Betriebsklima weiter.

Das zuvor bestehende sehr empfindliche Gleichgewicht wurde dadurch nachhaltig tangiert. Ursula wurde in der Folge durch immer neue Mobbinghandlungen schikaniert: So wurde sie ohne Mitspracherecht zu zusätzlichen Bereitschafts- und Nachtdiensten eingeteilt, selbst wenn sie gesundheitlich dazu nicht in der Lage war. Lang eingereichter Urlaub wurde ihr kurzfristig versagt. Sie bekam immer neue Arbeitsaufgaben, ohne daß man sie vorher darüber informierte und in der konkreten Situation einarbeitete.

Je mehr sie sich gegen die Schikanen auflehnte, desto schlimmer wurden sie. Die unerträgliche, gegen sie gerichtete Situation am Arbeitsplatz spitzte sich schließlich immer weiter zu, bis Ursula Ende 1991 im Dienst zusammenbrach. Daraufhin wurde sie in ein psychiatrisches Krankenhaus gebracht.

Am Fall von Ursula kann man die Entstehungsbedingungen von Mobbing am Arbeitsplatz und die Folgen für einen Betroffenen deutlich nachvollziehen:

Der organisatorisch und strukturell ungeordnete Arbeitsbereich des Labors mit der defizitären Leitung bildete die Basis, auf der die Entstehung einer Mobbingsituation überhaupt erst möglich wurde. Das mühsam eingependelte, labile Gleichgewicht wurde durch die Belastung mit weiteren Arbeitsaufgaben (Krankenhauserweiterung) aus der Balance gebracht. Die neu eingestellte Ursula erzeugte mit ihrem ehrgeizigen Vorgehen zusätzlichen Konfliktstoff, so daß bereits nach kurzer Zeit in ihrer Person ein willkommenes Ventil für die eigenen Frustrationen gefunden wurde. Dies zeigte sich auch daran, daß Ursula nicht von einer einzelnen Person gemobbt wurde, sondern je nach Situation von verschiedenen Kolleginnen einschließlich der Führungsgruppe in unterschiedlicher Frequenz und mit unterschiedlichen Handlungen.

Der Mobbingprozeß stellte sinnbildlich die gestörte Balance wieder her, denn er sorgte unbewußt für Strukturierung, indem ein Sündenbock gefunden und herauskristallisiert wurde. Ursula diente dem Labor fortan sozusagen als Krücke – und zwar mehr schlecht als recht –, um überhaupt weiterlaufen zu können.

Nach ihrer psychischen Dekompensation wurde Ursula zwei Monate lang in einem psychiatrischen Krankenhaus stationär behandelt. Im dort durchgeführten Persönlichkeitstest (MMPI) zeigte sie sich gespannt, ängstlich-depressiv und selbstunsicher. Sie gab zu diesem Zeitpunkt an, Schwierigkeiten zu haben, Entschlüsse zu fassen und die Initiative zu ergreifen. Außerdem erklärte sie ihren Rückzug von sozialen Kontakten und Aktivitäten und sprach von Mißtrauen gegenüber anderen.

Im Entlassungsbericht dieser Krankenhausbehandlung ist vermerkt, daß Ursula paranoid getöntes Erleben geschildert habe. Sie habe sich von ihren Arbeitskolleginnen massiv verfolgt gefühlt, keinen Ausweg mehr gewußt und versucht, sich das Leben zu nehmen. Auch während der Behandlung sei sie suizidal gewesen. Diagnostisch habe es sich um eine «endogene Depression» gehandelt.

Im Anschluß an diese stationäre Behandlung wurde bei Ursula von einem niedergelassenen Neurologen und Psychiater eine ambulante

Therapie durchgeführt. Diese erfolgte unter der Diagnose «Multikausale Depression» und war überwiegend medikamentös ausgerichtet.

Als sich daraufhin keine Besserung einstellte, wurde Ursula erneut in ein psychiatrisches Krankenhaus eingewiesen. Diesmal erkannte man auf depressive Krisen und unterstellte ihr Schwierigkeiten im Umgang mit der Sexualität und dem anderen Geschlecht. Sie habe deshalb einen Schuldwahn entwickelt und sich hauptsächlich von ihren Arbeitskolleginnen beobachtet gefühlt. Nach etwa einem Monat wurde Ursula mit der Diagnose «Wahnhaft psychotisches Erleben bei Borderline-Persönlichkeit» entlassen.

Sie begab sich erneut in eine ambulante Behandlung. Der Psychologe akzeptierte zwar vordergründig ihre Leidensgeschichte, erkannte jedoch als Hauptursache ihrer Krankheitssymptome inzestuöse Begegnungen im Kindesalter.

Infolge dieser ambulanten und stationären Behandlungen und der dort ausgesprochenen etikettierenden Diagnosen verstärkte sich die Selbstunsicherheit von Ursula, und es kam zu einer Beinaheakzeptanz ihres Schicksals. Insbesondere fing sie an, die ihr mitgeteilten Diagnosen und Diagnoseerklärungen zu verinnerlichen. Ihre schon während der zurückliegenden Arbeitsplatzsituation immer häufiger auftretenden suizidalen Gedanken verstärkten sich und wurden ziemlich konkret. Mindestens zweimal stand Ursula unmittelbar vor der Umsetzung dieser Selbstmordphantasien.

In eineinhalb Jahren versuchte sie mehrfach, ihre Arbeit wiederaufzunehmen. Das scheiterte jedoch jedesmal bereits nach wenigen Tagen, und zwar sowohl aufgrund ihrer eigenen, sich immer weiter verschlimmernden Krankheitssituation als auch durch den deutlichen Widerstand der Mitarbeiterinnen des Labors, die sich durch die kranke Ursula in der Meinung bestätigt fühlten, diese sei schon immer psychisch krank gewesen und selbst daran schuld, daß man sich so ihr gegenüber verhalten habe. (Meist findet man bei Mobbing am Arbeitsplatz, daß die durch Mobbing ausgelösten Krankheitsfehlzeiten den Mobbingprozeß noch beschleunigen, denn für die mobbenden Personen sind die Ausfallzeiten die Bestätigung dafür, daß ihr Opfer grundsätzlich unfähig ist, seine Arbeitsleistung korrekt zu erbringen.)

Die nun erfolgende, speziell auf Arbeitsplatzproblematiken ausgerichtete stationäre Heilmaßnahme ergab nach sorgfältigen Untersuchungen und Befunderhebungen folgende Diagnose: Posttraumatische Belastungsstörung* (DSM-III-R: 309.89, ICD-10:F 43,1) am
Übergang in eine andauernde Persönlichkeitsstörung (DSM-III-R
[am ehesten]: 301.90, ICD-10:F 62.0) mit im Vordergrund stehender
depressiv-labiler Färbung und erheblicher Selbstunsicherheit als
Folge von Mobbing am Arbeitsplatz.

Grundsätzlich ist an dieser Stelle zu sagen, daß die pathologischen
Auswirkungen von Mobbing am Arbeitsplatz vielfältig sind. Im körperlichen Bereich zeigen sich u. a. Beschwerden kardiovaskulärer
(z. B. Herzschmerzen), abdomineller (z. B. Magenschmerzen) oder
muskulosketaler (z. B. Rückenschmerzen) Art. Sehr häufig sind auch
unterschiedliche Kopfschmerzsyndrome anzutreffen.

Im psychischen Bereich findet man häufig Aufmerksamkeits- und
Konzentrationsstörungen sowie Merkfähigkeits- und Gedächtnisstörungen. Sehr schnell entwickeln sich auch Identitäts- und Selbstwertkrisen sowie Erschöpfungs- und Versagenszustände. Über
Wahrnehmungsstörungen zeigt sich schließlich anhaltend ängst-
liches, depressives oder paranoides Erleben. Insbesondere paranoide
Krankheitsbilder verleiten in bezug auf ihre Ursachen leicht zu Fehldiagnosen. Psychosomatisch fallen vor allem Schlafstörungen (Früh-
symptom) unterschiedlichster Ausprägung auf, überwiegend jedoch
Ein- und Durchschlafstörungen. Oft anzutreffen sind auch Hypertonie sowie Magen- und Darmentzündungen. Diabetes und Asthma
können ausgelöst und die körpereigenen Abwehrkräfte durch den andauernden Streß geschwächt werden, woraus eine erhöhte Infek-
tions- und Krebsgefährdung resultiert.

Je länger arbeitsplatzbedingte Stressoren auf einen Betroffenen einwirken, desto ausgeprägter entwickeln sich die auftretenden Krankheitssymptome, und zwar sowohl in qualitativer als auch in quanti-
tativer Hinsicht.

* oder auch posttraumatische Streßbelastung, siehe Kap. 3.

● Bereits nach einem halben Jahr läßt sich in vielen Fällen eine post-traumatische Belastungsstörung (DSM-III-R: 309.89, ICD-10-F: 43,1) diagnostizieren.

● Etwa nach ein- bis zweijähriger Belastung kann sich eine generalisierte Angststörung (DSM-III-R: 300.02, ICD-10-F: 41.1) einstellen.

● Nach weiterer Chronifizierung finden sich regelmäßig sehr schwere depressive oder obsessive Syndrome. In diesem Stadium ist die Persönlichkeit des Betroffenen erheblich tangiert.

Dabei muß dem Untersucher stets bewußt bleiben, daß Mobbing und seine gesundheitlichen Folgen einen psychodynamischen Prozeß darstellen, bei dem er jeweils nur den momentan bestehenden Leistungs- und Persönlichkeitsausschnitt eines pathologischen Gesamtprozesses zu sehen bekommt und deshalb vorsichtig in seiner Beurteilung und den sich daraus ableitenden Interventionsvorschlägen sein muß.

Hinzuzufügen ist noch, daß es aufgrund von Mobbing am Arbeitsplatz überdurchschnittlich oft zu Selbstmorden kommt.

Zum Umgang mit PTSD

Besondere Aufmerksamkeit im Zusammenhang mit Mobbing am Arbeitsplatz verdient die posttraumatische Belastungsstörung (PTSD = posttraumatic stress disorder). Mobbingpatienten mit einer posttraumatischen Belastungsstörung zeigen meist folgende Krankheitssymptome: Ein- bzw. Durchschlafstörungen, teilweise mit wiederkehrenden Alpträumen verknüpft, Müdigkeit, Schreckhaftigkeit und erhöhte Reaktionsbereitschaft bei Konfrontation mit Ereignissen, die einem Aspekt des traumatischen Ereignisses ähneln oder symbolisieren, Unausgeglichenheit, vermehrte Reizbarkeit, Gedächtnis- und Konzentrationsstörungen, Unfähigkeit, Frustration zu ertragen, eine erniedrigte Toleranzschwelle sowie Gefühle der Hilflosigkeit, des Kontrollverlustes und der existentiellen Bedrohung.

Im Zusammenhang mit der posttraumatischen Belastungsstörung hat Mobbing am Arbeitsplatz den Stellenwert eines Ereignisses, das außerhalb der üblichen menschlichen Erfahrung liegt und bei den meisten Menschen erhebliche Belastungssymptome hervorrufen würde. Das traumatische Ereignis wird dabei ständig wiederbelebt und aktualisiert (siehe Kapitel 3). Mobbing am Arbeitsplatz geht insofern eindeutig über ein einmaliges Trauma hinaus. Es handelt sich hierbei nämlich um eine sich ständig verschlimmernde Dauerbelastung mit entsprechend forcierter Krankheitssymptomatik, wobei die Stressoren von Menschen herbeigeführte Ereignisse sind.

In vielen Fällen gehen die Symptome der PTSD in eine generalisierte Angststörung über, die häufig mit allgemeiner körperlicher Anspannung, vegetativer Übererregbarkeit und erhöhter Aufmerksamkeit gekoppelt ist. Die Patienten wähnen sich existentiell lebensuntüchtig und ziehen sich sozial extrem zurück. Anderen gegenüber zeigen sie sich feindlich und mißtrauisch. Sie entwickeln Gefühle von Leere und Hoffnungslosigkeit, fühlen sich chronisch nervös, als seien sie ständig bedroht, und entfremden sich zunehmend ihrer Umgebung. Es kommt zu immer größerer Lebensuntüchtigkeit, teilweise gepaart mit konkreten situativen und objektbezogenen Ängsten.

Wenn sich diese Symptome weiter chronifizieren, treten schließlich schwer therapierbare Persönlichkeitsveränderungen im Sinne einer andauernden Persönlichkeitsveränderung nach Extrembelastung (DSM-III-R (am ehesten): 301.90; ICD-10: F 62.0) auf.

Von Mobbing betroffene Menschen wenden sich mit ihren Krankheitssymptomen oft schon nach sehr kurzer Zeit an einen niedergelassenen Arzt (vgl. Kap. 8). Ohne eine sorgfältige Arbeitsplatzanamnese, die die Kenntnis des durch Mobbing verursachten Krankheitsbildes einbezieht, widerfährt ihnen dort meist eine an den Symptomen orientierte ärztliche Therapie, die nicht selten mit häufigen Krankschreibungen oder der Verordnung von Psychopharmaka verknüpft ist. Das kann dann, anstatt zum Erfolg zu führen, zu einem ständig anwachsenden seelischen Druck beim Mobbingkranken führen, dem die Abwesenheit vom Arbeitsplatz als Bestätigung seiner Unzulänglichkeit und mangelnden Arbeitskraft ausgelegt wird. So kommt es beinahe zwangsläufig zu psychosomatischen oder sogar psychiatrischen Krankenhausbehandlungen. Wenn auch hier die Bedeutung der defizitären Arbeitsplatzbedingungen für den Charakter der Erkrankung unterschätzt wird, entstehen fatale Fehldiagnosen und Fehlbehandlungen, die den Patienten ärztlich-psychotherapeutisch zusätzlich stigmatisieren und seinen sozialen Ausstoß ganz erheblich beschleunigen sowie seine suizidalen Impulse verstärken.

Die stationäre Heilmaßnahme bot Ursula zunächst einmal den notwendigen streßfreien schützenden Rahmen. Durch die Integration in die therapeutische Gemeinschaft anderer Mobbingbetroffener erkannte sie, daß das ihr Widerfahrene nichts Ungewöhnliches darstellte. Sie lernte nicht nur, die Situation zu akzeptieren, sondern auch, die dazu führende Entwicklung zu relativieren. Entsprechend ermutigt und motiviert konnte sie nun der eigentlichen Behandlung folgen. Ihre notwendige Ruhe und Entspannung fand sie anfänglich vor allem mit Hilfe behutsam aufgebauter Behandlungstechniken, unter anderem autogenes Training und Entspannung nach Jakobsen.

Nach der Befunderhebung (Einordnung ihrer Krankheitssymptome in physische und psychische Kategorien) wurde eine spezifizierte Sozialanamnese durchgeführt, die insbesondere eine differenzierte Arbeitsplatzanalyse beinhaltete. Hier konnte Ursula alle ihr bedeutsamen Einzelheiten vortragen, ohne daß sie unterbrochen wurde und das Gefühl hatte, nicht ernst genommen zu werden. So gelang es, mit ihr gemeinsam ihren Arbeitsplatz transparent zu machen. Ursula erkannte, warum ihre Versuche, der defizitären Situation zu begegnen, letztlich das Gegenteil bewirkten und das gegen sie gerichtete Mobbing noch verstärkt hatten. Durch die Erarbeitung der zugrundeliegenden organisatorischen, strukturellen und inhaltlichen Arbeitsbedingungen einschließlich der Arbeitsleitung konnte sie einen nachvollziehbaren Handlungsablauf erkennen.

Daran anschließend wurden die Mobbingabläufe differenziert dargestellt. In dieser Therapiephase lernte Ursula, die teilweise internalisierten bisherigen psychiatrisch-psychologischen Diagnosen zu löschen und eine Aufnahmefähigkeit für die neue Sichtweise zu entwickeln. Wie eben dargestellt, hatten ja die ambulanten und stationären Vorbehandlungen bei Ursula das Bewußtsein verstärkt, aufgrund eigener Defizite, nämlich frühkindlicher Insuffizienzerlebnisse, an ihrer Situation selbst schuld zu sein. Darüber hinaus hatte man ihr mangelnde Konfliktfähigkeit bzw. mangelnde Wahrnehmung von Konflikten unterstellt. Dadurch hatte man ihr Kausalitätsbedürfnis befriedigt und ihr gleichzeitig bescheinigt, daß das, was ihr widerfahren war, an und in ihr selbst lag. Diese Erfahrung hatte Ursula jedoch bereits am Arbeitsplatz in der Mobbingsituation gemacht, wo sie dauernden Schuldzuweisungen ihrer Kolleginnen ausgeliefert gewesen war.

Sodann wurde bei Ursula mit Hilfe pädagogischen Materials ihr neues Problembewußtsein vertieft. Ursula erkannte dabei gleichzeitig, daß sie kein Einzelschicksal war. Das war ein erster Schritt zur Selbstbefreiung von Schuldgefühlen und zum Aufbau eines neuen Selbstwertgefühls.

Im Rahmen eines speziellen Selbstsicherheitstrainings ging es nun zunächst vor allem darum, ihre inneren Spannungszustände zu lockern und dann zu verringern, damit sie Anzeichen für körperliche Verkrampfungen wahrnehmen konnte. Sodann wurden ihre depressiven Gedankeninhalte, insbesondere ihre Selbstvorwürfe, umstrukturiert, um in einem nächsten Schritt Selbstsicherheit und Verbesserung des Selbstwertgefühls durch Rollenspielübungen und Verhaltensaufgaben einzuüben. Das ermöglichte Ursula am Ende ihrer stationären Heilmaßnahme ein differenziertes Kontaktverhalten mit weniger Gutgläubigkeit und mehr Sicht für Vertrauen und Mißtrauen.

Durch mentale Trainingsprogramme gelang es, das ständige Grübeln über das vergangene Geschehen zu lösen und die damit verbundenen gedanklichen Blockaden zu unterbrechen. So konnte Ursula andere Lebensbereiche wiederentdecken und zum Beispiel verschiedene Freizeitaktivitäten entwickeln.

Mit Hilfe gezielter sport- und mototherapeutischer sowie ergo- bzw. gestaltungstherapeutischer Behandlungseinheiten wurde auch von der nonverbalen Ebene her ein Zugang zu ihr gefunden. Da die Folgen von Mobbing auch in den Familienbereich hineinragen, war es in Ursulas Fall notwendig, ihren Ehemann in die Therapie einzubeziehen und darüber aufzuklären, was seiner Frau widerfahren war. So etwas gelingt beim Partner aufgrund der nur sekundär erfahrenen Situation wesentlich leichter als beim unmittelbar Betroffenen und führt auch regelmäßig zur Erleichterung, da das Erklärungsmodell «Mobbing am Arbeitsplatz» für den Partner wesentlich besser anzunehmen ist, als an eine frühkindliche Persönlichkeitsstörung oder eine schwerwiegende psychiatrische Diagnose, z. B. im Sinne einer endogenen Depression, zu glauben.

Eine Rückkehr an den bisherigen Arbeitsplatz kam für Ursula aufgrund des mittlerweile eingetretenen Verlaufes nicht mehr in Betracht. Die rechtliche Analyse kam zu dem Schluß, daß sie mit juristischer Hilfe eine einvernehmliche Kündigung mit akzeptablem Zeugnis anstreben sollte, um sodann eine neue Stelle an einem anderen Arbeitsplatz im selben Beruf zu beginnen. Die neue Stelle sollte sie zunächst teilzeitig angehen, um allmählich eigene Belastungsgrenzen zu lokalisieren.

Ursula wurde von Anfang an intensiv betreut und hatte stets einen Ansprechpartner (Bezugstherapeut) zur Verfügung. Gerade bei Mobbingpatienten zeigt sich nämlich immer wieder eine erhebliche Verunsicherung, die sich bei Ursula unter anderem dahingehend äußerte, daß sie sehr sensibel auf vermeintliche Angriffe reagierte und oft ohne erkennbare Anzeichen in Selbstwertkrisen geriet. Diese konnten jedoch durch die enge therapeutische Begleitung stets aufgefangen werden.

Insofern ist die stationäre Rehabilitationsbehandlung von Patienten, die aufgrund von Arbeitsplatzbelastungen psychisch und psychosomatisch erkranken, nicht nur sehr personal-, sondern auch sehr zeitintensiv und erfordert, neben elementarer Erfahrung in der Anwendung gängiger Psychotherapieverfahren und der speziellen Ausrichtung auf Mobbing am Arbeitsplatz, auch viel Engagement und Zeit.

9

JÜRGEN EBELING

Ärztliche Hilfe
in der ambulanten Praxis

Ein persönlicher Bericht

Seit gut 20 Jahren bin ich als Facharzt für Innere Medizin und als Arbeitsmediziner, seit 1982 in ambulanter Praxis, tätig. Dabei konnte ich meine Arbeit durch die langjährige Bekanntschaft mit Heinz Leymann und seinen Untersuchungen in einem entscheidenden Bereich kompetenter und wirkungsvoller gestalten: In der Anamnese meiner Patienten, also in der Vorgeschichte ihrer Krankheit nach ihren eigenen Angaben, fand sich häufig hinter der Erwähnung eines schlechten Betriebsklimas der Schlüssel zur ärztlichen Diagnose: «Mobbing». Zuvor hatten Psychiatrie und psychosomatische Medizin den *Arbeitsplatz* nicht als prominentes und vor allem eigenen Gesetzen gehorchendes Sozialfeld mit daraus resultierenden Krankheitsprozessen gesehen und analysiert. Mobbing gab es sicher schon immer, aber Leymann hat durch seine Analysen über Gewalt am Arbeitsplatz erstmals die Folgen eskalierender Konflikte, Auseinandersetzungen und Rechtsverletzungen am Arbeitsplatz systematisch herausgearbeitet.

Inzwischen hat sich das Wissen über Mobbing in einer allgemeinen Form in der Bevölkerung weit verbreitet. In nahezu allen Presseorganen Deutschlands, bis hin zu Wirtschafts- und Personalfachzeitschriften, erschienen Berichte, im medizinischen Bereich allerdings nur in einer (in «Der Kassenarzt»). Die Auseinandersetzung in der Allgemeinmedizin mit Mobbing und seinen möglichen Krankheitsfolgen kommt nach wie vor eher zögerlich in Gang. Unterstützung von medizinischen Fachgremien und ähnlichen Institutionen für interessierte Ärzte gibt es bislang nicht. Deshalb will ich im Folgenden interessierten Ärzten und Patienten kurz schildern, was in der ärztlichen ambulanten Auseinandersetzung mit Mobbing aus meiner Erfahrung möglich ist und geschieht.

Die Sprechstunde

Mobbing-Patienten stellen den ambulanten Mediziner vor ein organisatorisches Problem, weil sie viel mehr Zeit erfordern als andere Patienten. Er muß also bei der Arbeit mit ihnen einen Kompromiß finden, der es ihm ermöglicht, ihnen gerecht zu werden, ohne den regelmäßigen Ablauf der Praxis allzusehr zu unterbrechen. Meine Lösung dieses Problems ist, daß ich neue Patienten, die sich wegen Mobbing anmelden, darum bitte, sich zunächst schriftlich an mich zu wenden. Das hat für den Arzt wie für den Betroffenen unter Umständen schon vor einer Behandlung positive Effekte. Der Patient wird durch die schriftliche Form dazu angeregt, sein Problem schon einmal mit einem gewissen Abstand zu durchdenken und vorzuformulieren. Der Arzt hat erste Vorinformationen, die ich in vielen Fällen dazu nutze, schon einmal telefonisch mit den Patienten Kontakt aufzunehmen, damit nicht grundsätzlich wochenlange Wartezeiten entstehen müssen.

Die Untersuchung in der Praxis unterscheidet sich zunächst nicht grundlegend vom Umgang mit anderen Patienten, denn es geht ja nicht um eine psychologische oder psychiatrische Untersuchung, sondern zunächst einmal darum, somatische und psychosomatische Krankheitsfolgen zu klären. Darüber hinaus gibt es dann in der Tat Unterschiede in der Auseinandersetzung mit der Krankengeschichte und in der Beratung. Denn Mobbing-Betroffene sind dann vorwiegend nicht internistische, sondern sozialmedizinische Patienten.

Die Vorgeschichte

Die Erhebung der Vorgeschichte gliedert sich in eine allgemeine, spezielle und aktuelle Familien- und Berufsanamnese. Dabei sind eigene Aufzeichnungen der Patienten über ihre Anamnese eine sehr große Hilfe für die ärztliche Konsultation, und ich empfehle allen meinen Patienten (unabhängig vom Mobbing-Problem), solche Aufzeichnungen im nachhinein und auch weiterhin zu machen sowie Untersuchungsbefunde und ärztliche Berichte (auch von Krankenhausaufenthalten) zu sammeln.

Gerade wenn es um Mobbing geht, halte ich die Patienten an, nur *Fakten* zu präsentieren und zu dokumentieren und es zu vermeiden, sich in Vermutungen und zu viele Einzelheiten der sie ja sehr beschäftigenden Verlaufsgeschichte zu verlieren. Die Fakten sind wichtig, um Krankheitsentstehung, -verlauf und Rechtsverletzungen nachzuweisen.

Im Prozeß der Diagnose gehe ich davon aus, daß der größte Teil der Schilderungen wahr ist. Meiner Ansicht nach sind die Patienten in den Darstellungen ihrer emotionalen Situation ebenso glaubwürdig wie bei der Beschreibung körperlicher Beschwerden. Ich betreibe keine seelische Archäologie, sondern versuche, zusammen mit dem Patienten eine Klassifikation seiner Symptomatik zu entwerfen, um Art und Schweregrad der Erkrankung einzuschätzen.

Ausgehend von einer seit vielen Jahren veröffentlichten US-Skala mit 50 *social events* verschiedenen Schweregrades kann man die Probleme des Patienten systematisch analysieren. Erreicht der Patient dabei eine bestimmte Punktzahl, kann man davon ausgehen, daß die Situation innerhalb von sechs Monaten zu einer Erkrankung führt, wenn sie nicht bereits eingetreten ist.

Nach einer vollständigen Anamnese mit entsprechend gezielter Nachfrage zur Symptomatik ist es zweckmäßig, eine *Verdachtsdiagnose* zu äußern, um daran die Erläuterung der für notwendig erachteten *Untersuchungen* anzuschließen.

Diagnostik

In der konkreten Diagnose führe ich zunächst eine *symptombezogene* Untersuchung durch, die neben der körperlichen zum Beispiel auch Tests in bezug auf Blutbild, Blutzucker, Urin, sowie Herz-, Leber-, Gallen- und eventuelle Schilddrüsenfunktion beinhalten kann. Häufig ist auch eine Röntgenaufnahme der Lunge, eine Oberbauchsonographie, seltener die Endoskopie der Speiseröhre, von Magen, Dünndarm oder Dickdarm oder sogar des Bronchialbaumes notwendig; beim sog. Globusgefühl ist außerdem eine Schilddrüsensonographie angezeigt. Denn es ist notwendig, erstens, die Möglichkeit anderer organischer Ursachen der Erkrankung zu prüfen und auszuschließen, zweitens, genau zu wissen, welche körperlichen bzw. psychosomatischen Folgen sich für die Patientin oder den Patienten durch das Mobbing bereits ergeben haben.

Naturgemäß vergehen einige Tage, bis die notwendigen Untersuchungen durchgeführt sind und die Laborergebnisse vorliegen. Daher ist es schon im Stadium der Verdachtsdiagnose sinnvoll zu klären, ob ein anderer Facharzt, bei Mobbing insbesondere ein Nervenarzt, beigezogen werden sollte.

Arbeitsunfähigkeit

Nicht zuletzt ist zu klären, ob der Patient weiterhin arbeitsfähig ist oder bereits durch einen anderen Arzt die Arbeitsunfähigkeit attestiert wurde. (Man muß dann entscheiden, wer die Attestierung fortführt und ob sie die Diagnose «Mobbing» tragen soll.) Viele Patienten sehen im Fernbleiben vom Arbeitsplatz schon die Lösung des Mobbing-Problems. Das ist auf den ersten Blick naheliegend, denn man hat sich den direkten Attacken entzogen – aber die *Lösung* ist es natürlich nicht. Wenn es gutgeht, kann es ihr Anfang sein. Psychosomatische (Kopf, Magen, Darm, Herz, Schlaf) oder sogar psychiatrische Symptome (Angst, Depression) durch lange bestehende psychosoziale Belastung (vgl. dazu Leymann und Becker in diesem Band) bewirken jedenfalls häufig eine kurz- bis mittelfristige Arbeitsunfähigkeit (zehn Tage bis vier Wochen). Das Fernbleiben vom Arbeitsplatz soll den Patienten durch ärztliche Gespräche und eventuelle Medikation in einen stabileren psycho-physischen Zustand zurückführen und ihm Ruhe und Abstand verschaffen. Dadurch bekommt er die Möglichkeit, seine Situation und mögliche berufliche Perspektiven zu überdenken und sie mit seinem Lebenspartner, Freunden oder Familienangehörigen, vielleicht sogar mit einem Kollegen oder auch mit einem Rechtsanwalt zu diskutieren.

Praktische Maßnahmen

Mein Ziel ist es stets, mit dem Betroffenen so schnell wie möglich auszuloten: «Flüchten oder Standhalten?» Es geht darum, den Krankheitsausbruch und -verlauf durch eine realistische und selbstkritische Aufarbeitung der Mobbing-Problematik unter die Kontrolle des Patienten kommen zu lassen. Folgende Fragen sollten mit ihm erörtert werden:

● Gibt es realistische Ansätze für eine Konfliktlösung am Arbeitsplatz, und auf die Hilfe welcher Person oder Instanz kann dabei gegebenenfalls gebaut werden?

● Hat der Betroffene genügend psychische und auch physische Reserven, den Konflikt durchzufechten?

● Sind die gesundheitlichen Störungen, die Beeinträchtigung der Persönlichkeit einerseits und die Kommunikation am Arbeitsplatz andererseits so nachhaltig gestört, daß eine Wiederherstellung des ursprünglichen Zustandes unmöglich erscheint?

Wohlgemerkt: Diese Fragen müssen *kurzfristig* angesprochen, und wenn möglich, eventuell auch schon beantwortet werden. Die internistische Diagnostik läuft parallel dazu. Ihre Ergebnisse fließen in die Entscheidungen mit ein, insbesondere bei der Frage der Arbeitsunfähigkeit.

Die außergewöhnliche zeitliche Belastung für den ambulanten Arzt, gleich welcher Fachrichtung, durch diesen besonderen Anamnese-, Diagnose- und Beratungs- bzw. Behandlungsverlauf ist offensichtlich. Sie ist in einer kassenärztlichen Praxis oft kaum zu bewältigen. Deshalb muß auch der Arzt seine Möglichkeiten realistisch einschätzen, dem Patienten weiterhelfen zu können. Er muß mit dem Patienten zusammen klären, welche Fachleute weiter konsultiert werden können und sollten und worauf sich der Patient dabei einstellen sollte (zum Beispiel auch auf rein äußerliche Probleme wie lange Wartezeiten für Termine und Entscheidungen).

Der Betriebsarzt

In der betriebsärztlichen Sprechstunde bedeutet die Konsultation eines Mitarbeiters aufgrund von Mobbing erst einmal einen großen Vertrauensbeweis für den Betriebsarzt. Die eigene Abhängigkeit von der Firma, Selbstvertrauen, Autorität und Zivilcourage bestimmen daher sowohl das Handeln des Betriebsarztes als auch das des Mitarbeiters.

Anamneseerhebung und Beratung gestalten sich ähnlich wie in der kassenärztlichen Praxis, jedoch sind personelle und arbeitstechnische Zusammenhänge bzw. Abhängigkeiten dem Betriebsarzt vertrauter. Ein entscheidender Punkt ist, ob sich der Betriebsarzt eines derartigen Konfliktes annimmt oder sich – zum Beispiel aus eigenen taktischen Rücksichten gegenüber Beteiligten – für «nicht zuständig» erklärt. Hinzu kommt die Frage, ob der Mitarbeiter überhaupt zuläßt, daß der Betriebsarzt aktiv wird, denn dazu muß er diesen von seiner Schweigepflicht entbinden.

Oft ist der Betriebsarzt nicht der erste Ansprechpartner der Patientin oder des Patienten, sondern wird erst nach längerer Auseinandersetzung aufgesucht. Deshalb ist für den Mitarbeiter schon viel gewonnen, wenn der Betriebsarzt die Beratung und Diskussion mit ihm *ohne* Abwiegelungs- oder Verharmlosungsmanöver führt und ihn für eine eventuell notwendige Diagnostik und Therapie an den Hausarzt überweist. Der Betriebsarzt kann unter Umständen die Funktion eines Beichtvaters bekommen. Es sollte beim Betriebsarzt daher dieselbe kritische Einstellung zu Fragen des Betriebsklimas herrschen wie beim Arzt in der Praxis, denn sonst kommt ein Mitarbeiter nur einmal oder überhaupt nicht mit seinem Problem zu ihm.

Erfahrungen

Besonders als das Thema Mobbing in Deutschland noch nicht so weithin bekannt war, war jeder Betroffene mit Mobbing-Problemen dankbar überrascht, daß ich seiner Not einen Namen geben konnte. Die Schilderung der empirischen Befunde von Leymann vermittelt dem Betroffenen meistens zum ersten Mal, daß er mit seinen Sorgen und Symptomen durchaus in ein medizinisches Raster paßt. Endlich kann eine gewisse Beziehung zwischen den eigenen Symptomen, dem eigenen Krankheitsverlauf und dem anderer Menschen hergestellt werden. Der Betroffene fühlt sich nicht mehr schuldig. Dies ist eine entscheidende Hilfe, denn dadurch kann sich das Selbstbewußtsein stärken, und der Betroffene erkennt, daß von diesem Nullpunkt aus erste Entscheidungen und Maßnahmen eingeleitet werden können.

Grundsätzlich schlage ich Patienten mit Mobbing-Syndrom ein psychiatrisches Konsilium vor, nur bei schwer depressiven Patienten mit Selbstmordgedanken bestehe ich allerdings auf einer Konsultation eines *mir* bekannten Psychiaters. Sind Patienten in ihrem Selbstwertgefühl bereits stark beeinträchtigt und depressiv, kann insbesondere ein psycho*analytischer* Therapieansatz unter Umständen negative Folgen haben, wenn der Therapeut mit den spezifischen Bedingungen von Mobbing nicht vertraut ist und die Ursachen für die Probleme des Patienten eher in ihm selbst als in seiner Umgebung sucht. Das kann dazu führen, daß Selbstmordgedanken eher verstärkt als abgebaut werden.

Es hat sich im Laufe der Jahre eine zufriedenstellende Zusammenarbeit mit Kollegen und den medizinischen Diensten der Krankenkassen und Rentenversicherungen entwickelt. Dabei *kann* die ärztliche Hilfe die medizinische, psychologische und soziale / arbeitsrechtliche Beratung umfassen. Seit Mobbing durch die Medien in der Bevölkerung allgemein bekannt geworden ist, erscheinen alte und neue Patienten zahlreich mit sehr gezielten Fragestellungen in der Sprechstunde. Die Menschen finden in den Fallbeispielen in Presse und Fernsehen ihre Geschichte wieder. Viele sagen, sie hätten plötzlich «klargesehen» und ihre Situation endlich verstanden. Die Erwartungen der Betroffenen sind generell allerdings zu hoch, denn es ist natürlich nicht möglich, ihre Probleme konkret in der Sprechstunde zu lösen. Hier kann zunächst ein Anfang gemacht werden. Allerdings stimmt mich die Bilanz meiner bisherigen Arbeit mit Mobbing-Patienten nach wie vor optimistisch, denn nur wenige Patienten haben – ihrem Urteil nach – *nicht* von einer Beratung profitiert. Einige werden aus ihrer Depression mit konkreten Handlungsvorschlägen herausgeführt, andere in ihrer Entscheidung, insbesondere der Kündigungsfrage, bestärkt. Für viele sind einfache Verhaltensratschläge, das Stadium, das Leymann das kurzfristige Ausspannen nennt, oder ein ärztliches Attest für Betriebsarzt bzw. Personalabteilung schon eine große Hilfe.

In der betriebsärztlichen Sprechstunde verlaufen Anamnese und Beratung ähnlich. Die Erfolgsbilanz gehorcht jedoch mehr dem Alles-oder-Nichts-Gesetz: Findet der Betriebsarzt aufgeschlossene Gesprächspartner in Kollegen oder Vorgesetzten des Betroffenen und ist der Betroffene (noch) in der Lage, mit diesen Personen eine offene Diskussion zu führen, dann ist Erfolg möglich. Ist dies nicht der Fall, so ist ein Mißerfolg frühzeitig absehbar.

Die meisten Betroffenen haben Kollegen, Vorgesetzte, Betriebsrat und / oder Gewerkschaftsreferenten angesprochen und *keine* Verbesserung der Kommunikation erreichen können. Die Probleme wurden als «Privatangelegenheiten» abgetan, unter anderem auch deshalb, weil es an Zivilcourage mangelt, die Beteiligten an ihre Pflichten und an ethisches Verhalten zu gemahnen. Auch Betriebsleitungen tun sich damit schwer.

10

MARTIN RESCH

Streßausgleich bei Mobbing

Einige Grundregeln

Was ist Streß?

«Was kränkt, macht krank.» Diese Aussage klingt inzwischen, nachdem schon so viele Untersuchungen über die Auswirkungen von Belastungen auf Seele und Körper veröffentlicht wurden, fast banal. Dennoch ist dieser allgemeine Zusammenhang immer wieder ganz neu und überraschend, wenn es nicht um statistische Auswertungen für eine große Bevölkerungsgruppe geht, sondern um die eigene Person. Warum habe ich seit drei Wochen Magenschmerzen? Worüber zerbreche ich mir den Kopf, daß ich seit Wochen starke Kopfschmerzen habe? Oder liegt nicht doch bei mir eine organische Ursache zugrunde und deshalb ist alles, was ich brauche, ein guter Arzt?

Um streßgeplagten Menschen helfen zu können, ist zunächst Aufklärung über das Streßgeschehen notwendig. Wenn dies schon bei allen von Streß verfolgten Menschen eine wichtige Aufgabe ist, so ist es um so mehr von Bedeutung für diejenigen, die unter Konflikten und Mobbing am Arbeitsplatz leiden. Typisch ist für diese Betroffenen gerade, daß sie wenig Gewahrsein ihrer eigenen Situation haben. Sie verstehen oft nicht, warum sich die Arbeitskollegen oder der Vorgesetzte so feindselig benehmen. Wenn in einer solchen Krisensituation auch Signale des Körpers nicht verstanden werden, ist dies doppelt gefährlich. Denn es besteht die Gefahr, daß die Betroffenen nicht nur den Kontakt zu der sozialen Wirklichkeit verlieren, sondern auch das Gewahrsein ihres eigenen Körpers und dessen Streßreaktion verlieren. Damit verlieren sie aber eine der wichtigsten Quellen zur Bewältigung solcher Lebenskrisen, die eine Mobbing-Situation ohne Zweifel darstellt.

Streß ist ein Geschehen zwischen Person und Umwelt. Mittlerweile haben sich in der Wissenschaft Streßdefinitionen durchgesetzt, die mit Streß nur negative Folgen hoher Belastungen bezeichnen. In älteren Werken wird noch zwischen positivem Streß, dem sog. «Eustreß», und negativem Streß, dem sog. «Distreß», unterschieden. Die vielen Untersuchungen zum Streßgeschehen auch in der Arbeitswelt haben gleichzeitig deutlich gemacht, daß Streß ein Geschehen zwischen der Person und der Umwelt ist. Deshalb ist die Bewertung der Situation ein wichtiger Teil der Definition von Streß.

Streß ist ein negativ erlebter Spannungszustand, der aus der Befürchtung entsteht, daß eine sehr unangenehme Situation, die zeitlich nahe oder bereits eingetreten ist und voraussichtlich länger andauern wird, nicht oder nicht vollständig kontrollierbar ist.[1]

In dieser Definition ist ein Ungleichgewicht angesprochen. Die Situation wird als unangenehm erlebt, weil sie nicht oder nicht vollständig kontrollierbar ist. Dies wird der Fall sein, wenn die Anforderungen der Umwelt die Möglichkeiten der Person, mit dieser Situation so umzugehen, wie sie es für richtig oder sinnvoll hält, überfordern. Typische Streßauslöser im Arbeitsleben sind widersprüchliche Arbeitsanforderungen, ständige Unterbrechungen oder hoher Zeitdruck. Bei Konflikten und Mobbing am Arbeitsplatz ist der Streßauslöser allerdings eine soziale Situation. Diese Situation ist mit Streß verbunden, weil sie als nicht kontrollierbar erlebt wird. Wie auch immer ich mich verhalten werde, ich muß mit negativen sozialen Reaktionen meiner Kollegen oder meines Vorgesetzten rechnen.

Die Streßdefinition macht gleichzeitig deutlich, wovon es abhängt, wie hoch der Streß ist. Wichtige Elemente dabei sind:

● Wie groß ist meine Befürchtung, d. h., wie stark beschäftige ich mich schon in der Phantasie mit der Situation?

● Wie unangenehm erlebe ich die Situation?

● Wie lange wird die unangenehm erlebte Situation andauern?

● Welche Handlungs- und Kontrollmöglichkeiten habe ich, wie groß ist meine Chance, der unangenehmen Situation kurz- oder langfristig zu entgehen?

Diese Elemente des Streßgeschehens schaffen gleichzeitig verschiedene Möglichkeiten der Streßbewältigung und -vermeidung, auf die weiter unten eingegangen werden soll. Zunächst ist es jedoch noch wichtig, zu verstehen, welche körperlichen und psychischen Prozesse mit Streß verbunden sind.

Unser Körper reagiert auf Streß mit einer «einprogrammierten» Streßreaktion. Teile davon sind fest in unserem biologischen Erbe verankerte Reaktionsweisen. Biologisch handelt es sich um die Reaktion auf große Gefahr: Der Körper wird durch die Ausschüttung von Hormonen aktiviert, alle nicht-lebensnotwendigen Funktionen wie z. B. die Verdauung werden gebremst, der Herzschlag erhöht sich, der Blutdruck nimmt zu, der ganze Körper wird aktiviert. Die Muskeln sind angespannt, und der Körper ist bereit für einen schnellen Angriff oder eine Fluchtreaktion. Diese Körperreaktionen sind normal und haben ihren Sinn: Ohne diese «Streßreaktion» wären wir nicht in der Lage, körperliche Hochleistungen zu vollbringen. Auch für geistige Anstrengung und hohe Konzentration ist diese körperliche Streßreaktion notwendig: Ich bin konzentriert und nehme keine störenden Signale des Körpers wahr. Ich spüre weder Hunger noch Durst.

Ein anderer Teil der Streßreaktion besteht aus lebensgeschichtlich gelernten Verhaltens- und Bewertungsmustern. Die Art und Weise der Streßreaktion ist abhängig von der Bewertung der Situation. Wer schon früh gelernt hat, daß er sich viel zutrauen kann, wird ruhiger und konzentrierter sein. Frühe Erfahrungen mit Mißerfolgen können dazu führen, daß immer der ungünstigste Ausgang der Situation befürchtet wird und die Angst vor dem Scheitern wächst.

Die Erfahrung mit von Mobbing Betroffenen zeigt jedoch, daß auch Leute mit einer «Erfolgsorientierung» Ängstlichkeit entwickeln und Mißerfolge befürchten, wenn die Belastungssituation besonders hoch ist. Die Erfahrung, mit allen Versuchen, die soziale Situation noch zu kontrollieren und zu verändern, gescheitert zu sein, wirkt sich negativ auf die Fähigkeit aus, neue Streßsituationen zu bewältigen. An dieser Stelle beginnt eine nach unten gerichtete Spirale, die konsequent und unerbittlich alle Bewältigungsmöglichkeiten des Betroffenen einschränkt und schließlich ganz zerstört. Der wichtigste Rat für alle, die sich in sozial kritischen Situationen befinden, ist daher, alle Kraft daranzusetzen, die positiven Streßbewältigungskräfte zu stärken.

Die Streßreaktion verläuft nach einem bestimmten Muster, in dem sich drei Phasen unterscheiden lassen:
- Alarmphase (die Bedrohung wird erkannt),
- Widerstand (alle Kräfte werden mobilisiert),
- Erschöpfung (Resignation tritt ein). [2]

Kurzfristige Streßreaktionen werden auf drei verschiedenen Ebenen sichtbar: [3]
- *Das psychische Befinden verändert sich:*
Personen im Streß sind eher gereizt und fühlen sich belastet. Häufig kommt Unsicherheit und Verwirrung oder Ängstlichkeit dazu. Typisch sind Gedanken, die sich nicht mehr auf die Aufgabe, sondern auf die Einschätzung der eigenen Person beziehen, zum Beispiel: «Andere Kollegen hätten diese Arbeit sicher schneller erledigen können.» Oder: «Wäre ich doch heute morgen früher gekommen, dann hätte ich meine Arbeit heute noch erledigen können.» Solche Gedanken können einen Teil der Energie binden und dadurch die Streßsituation noch verstärken. Andere Menschen reagieren mit Ärger oder Aggressivität gegen andere auf hohe Streßbelastung.

- *Biochemische Reaktionen des Körpers*
Unser Körper produziert in Belastungssituationen sogenannte Streßhormone; das bekannteste davon ist das Adrenalin. Weitere Streßhormone sind Noradrenalin und Cortisol. Die Streßhormone bewirken eine Aktivierung des Körpers. Adrenalin beispielsweise reguliert den Blutkreislauf und steigert die Durchblutung der arbeitenden Organe. Organe, die gerade nicht benötigt werden, werden weniger durchblutet. Stoffwechsel- und Verdauungsprozesse werden während der Streßreaktion verlangsamt. Noradrenalin wirkt beispielsweise blutdruckerhöhend.

- *Merkmale der Leistung*
Unter Streß arbeiten die meisten Menschen anders als im entspannten Zustand. Typisch ist eine Erhöhung der Geschwindigkeit der Arbeit. Gleichzeitig werden aber oft mehr Fehler gemacht, und die Effizienz der Bearbeitung läßt insgesamt nach. Andere Menschen arbeiten zwar auch unter Streßbedingungen noch fehlerfrei, benötigen dann aber mehr Zeit für die gleiche Arbeit.

Die kurzfristigen Streßreaktionen führen noch nicht zu irreversiblen Veränderungen – wenn jedoch der Streßzustand über lange Zeit anhält und eine Abfuhr der aufgebauten Erregung durch Handlung nicht möglich ist, führt er zu langfristigen Streßreaktionen, die weitaus ernster sind. Langfristige Streßfolgen sind:

● Psychosomatische Beschwerden und Krankheiten,
● Beeinträchtigung des psychischen Wohlbefindens,
● gesundheitsgefährdendes Verhalten (Medikamentenmißbrauch, Rauchen, ungesundes Essen, übermäßiger Alkoholkonsum),
● Beeinträchtigung der sozialen Beziehungen.

Als psychosomatische Beschwerden und Krankheiten bezeichnen wir Störungen des Körpers, die in ihrer Entstehung entscheidend durch die Psyche des Kranken bestimmt sind. Nach bisherigem Wissensstand ist zu vermuten, daß aufgrund längerfristigen Streßerlebens eine ständige Aktivierung des Körpers ohne entsprechenden Abbau der Energie existiert. Diese «Fehlaktivierung» führt zu körperlichen Störungen. Wenn solche für den Körper ungesunden Bewältigungsmuster ständig wiederholt werden, können körperliche Krankheiten entstehen und chronisch werden. Dabei ist zu unterscheiden zwischen:

● psychosomatischen Funktionsstörungen, ohne daß bereits das Organ andauernd geschädigt ist und
● psychosomatischen Krankheiten im engeren Sinn, bei denen es schon zu organischen Veränderungen gekommen ist.[4]

In einem Forschungsprojekt der Freien Universität Berlin über psychischen Streß in der Arbeitswelt wurden 900 Arbeitende befragt: Von den 900 Befragten litten täglich oder alle paar Tage unter folgenden Beschwerden (Angaben in Prozent):[5]

Psychosomatische Beschwerden	Prozent
schnelles Ermüden	46
Nervosität	36
Schlafstörungen	26
Zerschlagenheit	26

Aufregung im ganzen Körper	25
Schweißausbrüche	21
Herzklopfen bei wenig Anstrengung	19
Völlegefühl	19
Magenschmerzen	15
Kopfweh	14
Körperverkrampfung	14
Sodbrennen	12
Herzschmerzen	11
Schwindelgefühle	11
Konzentrationsstörungen	9
Atemnot	8
Übelkeit	5

Psychosomatische Beschwerden sind längerfristig eintretende Streßfolgen, die allerdings reversibel sind, also bei Abbau der Streßbelastung wieder verschwinden. Viele der psychosomatischen Beschwerden führen jedoch im Laufe der Zeit zu manifesten körperlichen Krankheiten, die durch psychische Streßfaktoren (mit)verursacht sind. Als solche psychosomatischen Krankheiten gelten:
● Krankheiten des Herz-Kreislauf-Systems wie Bluthochdruck (essentielle Hypertonie);
● Krankheiten des Magen-Darm-Bereichs wie Magenschleimhautentzündung (Gastritis), Magengeschwür (Ulcus ventriculi), Dickdarmgeschwür (Colitis ulcerosa);
● Allergische Krankheiten wie Asthma, Ekzeme, Nesselausschlag, Neurodermitis;
● Allgemeine Erkrankungen wie Kopfschmerzen und Migräne, rheumatische Erkrankungen.

Krankheiten wie Herzinfarkt und Krebs können nach der Meinung vieler Fachleute ebenfalls durch psychisches Geschehen mitverursacht werden.
    Welche Krankheit psychosomatisch bedingt ist, läßt sich mit medizinischen Mitteln nicht feststellen. Viele Ärzte und Gesundheitsforscher gehen auch davon aus, daß die Einteilung in somatische und

psychosomatische Krankheiten eine unzulässige Vereinfachung darstellt; bei jeder oder bei fast jeder Krankheit spielt die Psyche eine große Rolle. Umgekehrt haben die körperliche Konstitution jedes Menschen und seine eventuellen Vorerkrankungen einen großen Einfluß darauf, ob dieser Mensch unter großer Streßbelastung körperlich krank wird oder nicht.

Streß ist also ein Geschehen, daß psychische und körperliche Folgen haben kann. Das Streßgeschehen ist einerseits von außen verursacht, es gibt streßauslösende Bedingungen. Andererseits ist der Anteil der subjektiven Faktoren, also der ganz besonderen persönlichen Bedingungen jedes einzelnen, ebenfalls sehr bedeutsam. Beide Aspekte des Streßgeschehens lassen sich beeinflussen, sowohl die objektiven als auch die subjektiven Bedingungen. Deshalb schlagen wir folgende Schritte im Umgang mit Streß vor:

1. Den eigenen Streß wahrnehmen,
2. die objektiven Bedingungen verändern,
3. individuelle Entlastung suchen,
4. untaugliche Mittel zur Streßbewältigung meiden.

Den eigenen Streß wahrnehmen

In Beratungssituationen mit von Mobbing Betroffenen erlebe ich häufig die Situation, daß nicht mehr klar ist, wann eigentlich das Mobbing-Geschehen begonnen hat. Wenn ich aber konkret nachfrage, wann das erste Mal körperliche Symptome auftraten, ist der Zeitpunkt oft sehr genau bestimmbar. Nur haben die Betroffenen damals, und oft auch noch heute, keinen Zusammenhang gesehen zwischen dem sich herausbildenden Konflikt am Arbeitsplatz und den körperlichen Symptomen. Manchmal denke ich dann etwas resigniert: «Warum ist dieser Mensch nicht damals zu mir gekommen, als er zum ersten Mal mit Bauchschmerzen in die Firma gefahren ist? Für diese Frühphase des Konfliktes hätte ich ihm vielleicht noch gute Tips geben können.»

Der wichtigste Punkt für eine Veränderung der Situation ist also die genaue und ehrliche Wahrnehmung des eigenen psychischen und körperlichen Wohlbefindens. Natürlich kann niemand wissen, welche Ursache körperliche Beschwerden haben. Psychosomatische Beschwerden sind ja zunächst körperlich spürbare Veränderungen wie Schmerzen oder Unwohlsein und können sehr viele Gründe haben.

Der wichtigste Rat ist: Nehmen Sie diese Beschwerden ernst. Sie haben ein Recht darauf, sich auch an Ihrer Arbeitsstelle den ganzen Tag über wohl zu fühlen. Wenn Sie Beeinträchtigungen des Wohlgefühls oder gar psychosomatische Beschwerden wie Kopfschmerzen oder Magenschmerzen verspüren, machen Sie sich Gedanken darüber, wo die herkommen. Wichtige Fragen dazu sind:

● Wann treten solche Beschwerden auf? Nur an Werktagen oder auch an Feiertagen? Treten sie zu bestimmten Zeiten, nach einer gewissen Arbeitszeit unter Anspannung oder in Zeiten hoher Arbeitsbelastung auf?

● Verändern sich die Beschwerden während der Urlaubszeit? Können Sie im Urlaub beschwerdefrei leben? Wann treten die Beschwerden wieder auf? Treten die Beschwerden auch dann auf, wenn Sie im Urlaub an die bevorstehende Arbeit denken?

● Seit wann haben Sie diese Beschwerden? Hatten Sie schon vorher an einer anderen Arbeitsstelle oder unter einer anderen Belastungssituation ähnliche Beschwerden?

● Werden die Beschwerden mit der Zeit schlimmer? Kommen neue Beschwerden dazu? Welche Ereignisse liegen in der Zeit, in der neue Beschwerden aufgetreten sind?

Ein Tagebuch über die eigene Befindlichkeit zu führen ist sehr hilfreich. Oft werden Sie im Rückblick merken, daß bestimmte Beschwerden zeitlich mit belastenden Ereignissen, Veränderungen in der Arbeitssituation, hoher Arbeitsbelastung oder einem neuen Chef zusammenfallen. Dies hilft Ihnen bereits sehr viel bei der Analyse des zugrundeliegenden Konfliktes.

Wenn Sie Ihre körperlichen Reaktionen ernst nehmen, müssen Sie auch klären, ob nicht andere Ursachen als die Arbeit dahinterstecken. Gehen Sie zum Arzt und verschaffen Sie sich Sicherheit. Wichtig ist dabei aber folgendes: Was Sie von Ihrem Arzt erwarten können, ist eine eindeutige Diagnose. Nur ein Arzt kann die Frage beantworten, ob Sie eine ernstliche körperliche Erkrankung haben. Wenn der Arzt nichts findet, wird er Ihnen eine Phantasiediagnose erstellen nach dem Motto: «Allgemeine Erschöpfungszustände». Erwarten Sie von Ihrem Arzt keine Diagnose der Arbeitsbedingungen oder eine Antwort auf die Frage, ob Mobbing die Ursache Ihrer Beschwerden ist. Viele Ärzte haben ein sehr mechanistisches Bild von Erkrankungen und sperren sich gegen die Annahme, daß psychischer Streß krank machen kann. Gleichzeitig ist es für einen praktizierenden Arzt ohne spezielle arbeitsmedizinische Kenntnisse und entsprechende Erfahrungen im Arbeitsleben einfach schwierig, sich vorzustellen, welche Auswirkungen Konflikte am Arbeitsplatz haben können.

Die objektiven Bedingungen verändern

Wahrzunehmen, daß Sie in einer Streßsituation sind, ist der wichtigste Schritt. Zunächst sollten Sie dann versuchen, die objektiven streßauslösenden Bedingungen zu verändern. Dieser Schritt ist jedoch gerade bei von Mobbing Betroffenen oft sehr schwierig und erfordert eine sehr gründliche Analyse. Viele haben ja bereits lange herumexperimentiert und alle gutgemeinten Ratschläge ihrer Freunde schon befolgt, ohne daß sich etwas verändert hätte.

Von Mobbing Betroffene haben nur in ganz frühen Phasen noch echte Chancen, selbst das Mobbing-Geschehen wieder zu stoppen. Sobald der Prozeß weiter fortgeschritten ist, haben sie diese Möglichkeiten fast nie – allerdings haben sie dann noch die Möglichkeit, über externe Hilfestellung ihre Situation zu verändern und sich dem Mobbing zu entziehen. Steht der Mobbing-Betroffene jedoch allein da, kann er sich dem Mobbing oft nur durch große persönliche Opfer und hohe Verluste an Geld und sozialer Absicherung entziehen.

Zunächst müssen Sie also ganz schonungslos Ihre Situation analysieren. Nach unseren Erfahrungen sind dazu ein paar Hinweise sinnvoll, auch wenn sie etwas schematisch klingen. Es gibt bestimmte Meilensteine in der Entwicklung von Konflikten, die deutlich machen, wie weit der Konflikt fortgeschritten ist und welche Möglichkeiten der Betroffene hat:

● Von einer *frühen Phase* reden wir, wenn der zugrundeliegende Konflikt noch erkennbar ist und es in der Wahrnehmung aller Beteiligten um Reibereien oder Streitigkeiten zwischen Personen geht. Das bedeutet im allgemeinen, daß es eine Konfliktpartei A, eine Konfliktpartei B und eine neutrale Gruppe gibt.

● Von einer *mittleren Phase* reden wir, wenn es sich in der Wahrnehmung der Beteiligten nicht mehr um einen Konflikt zwischen Personen, sondern zwischen «uns und dieser Person» handelt. Der ursprüngliche Konflikt ist in den Hintergrund geraten, es geht bereits darum, daß die betroffene Person «nicht in unsere Abteilung paßt». Merkmal dieser Situation ist, daß der Konflikt zwar noch innerhalb der Gruppe oder Abteilung bleibt, aber innerhalb dieser Gruppe keine neutralen Personen mehr sind. Es gibt den Gruppenzwang, sich zu entscheiden.

● Von einer *späten Phase* des Konflikts reden wir dann, wenn die Gruppen- oder Abteilungsgrenzen überschritten werden und bereits betriebsöffentliche Maßnahmen ergriffen worden sind. Das können zum Beispiel arbeitsrechtliche Maßnahmen wie Versetzung oder Abmahnung sein. In einem Fall reichte dazu schon die Andeutung von seiten des Betriebsrats auf einer Betriebsversammlung, es gäbe ja doch in der Abteilung XY wohl einen Fall von Mobbing. Natürlich wußten alle, wer gemeint war.

Die Möglichkeiten zur Veränderung der objektiven Situation sind sehr stark abhängig von der Eskalationsstufe des Konfliktes und von Ihren eigenen Zielen. Deshalb ist es besonders wichtig, daß Sie genau analysieren, wie Ihre Situation beschaffen ist. Dazu sind folgende Fragen ganz hilfreich:

1. Durch welche Bedingungen oder Handlungen fühle ich mich beeinträchtigt?
2. Wer ist für diese Bedingungen verantwortlich, bzw. wer übt diese Handlungen aus?
3. Welcher Konflikt könnte sich dahinter verbergen?
4. Wie stehe ich zu dem möglichen Konflikt? Welche Lösungen halte ich für denkbar?
5. Welche Eskalationsstufe hat der Konflikt schon erreicht (frühe, mittlere, späte Phase)?
6. Was wünsche ich mir in Zukunft im Umgang mit meinen Kollegen / meinem Vorgesetzten?
7. Was bin ich bereit, dafür zu geben?

Reaktion in frühen Phasen
Empfehlenswert ist schon zu Beginn eines Konfliktes eine gründliche Dokumentation. Zur Absicherung sollten Sie bereits in dieser Phase

alle Schritte Ihres Vorgehens und das Ihrer Widersacher dokumentieren (z. B. als Tagebuch) und alle schriftlichen Dokumente sammeln.
Sie sollten allerdings verhindern, daß dies öffentlich wird und dadurch von Ihren Gegnern als weitere Provokation gewertet wird.

Sinnvoll ist es auch, sich bereits in dieser Phase eine Vertrauensperson im Betrieb zu suchen und sie zu informieren. Diese Person
könnte in einer späteren Phase ein wichtiger Ratgeber und Zeuge
sein.

Mit der Rückendeckung von Freunden oder der Personalabteilung
oder des Betriebsrats kann der Betroffene folgende Schritte unternehmen:

Den Widersacher direkt ansprechen

Mobbing-Prozessen liegt immer ein ungelöster Konflikt zugrunde.
Typisch ist, daß niemand den Konflikt anspricht. Wenn es möglich
ist, mit dem Widersacher ein Gespräch unter vier Augen zu führen,
kann versucht werden,
● den Konflikt zu benennen,
● die wechselseitigen Interessen zu klären,
● Lösungen zu überlegen und / oder
● sich auf einen neutralen Schlichter zu einigen.

Wichtig ist vor allem, ein solches Gespräch sehr gut vorzubereiten.
Eventuell bietet es sich sogar an, so ein Gespräch mit einem guten
Freund vorher im Rollenspiel durchzuspielen. Gefährlich ist es, ein
solches Gespräch unvorbereitet und womöglich aus dem momenta-
nen Ärger heraus zu führen.

Wie führt man ein solches Konfliktgespräch? Dazu sollen einige
wichtige Grundsätze für vorbereitete Gespräche benannt werden. Sie
stammen überwiegend aus einem sehr empfehlenswerten Buch über
den Umgang mit Vorgesetzten.[6]
● Führen Sie ein Gespräch nie im Affekt. Wenn Sie unmittelbar betroffen oder erregt sind über eine Handlung oder Äußerung des Kon-
fliktgegners, sollten Sie sich nicht auf ein Gespräch einlassen. Der
zugrundeliegende Konflikt schmort ja – so war die Annahme – schon
eine Weile, und beide Parteien sind sehr unterschiedlicher Meinung

darüber, wer an dem Konflikt «schuld» ist bzw. wer sich falsch verhalten hat.

● Bereiten Sie sich gut vor. Die Hinweise für das Gespräch mit einem Vorgesetzten sind auch dann angemessen, wenn Sie das Gespräch mit einem Kollegen führen. Denn wir haben ja unterstellt, daß sich schon etwas gegen Sie oder gegen einen Kollegen, für den Sie sich einsetzen wollen, zusammenbraut: In einer solchen Situation ist nicht mehr klar, ob Sie mit Ihrem Kollegen auf «gleichberechtigter Ebene» reden können oder ob dieser schon mit anderen Kollegen eine Koalition gegen Sie eingegangen ist. Deshalb ist die gleiche Vorsicht und Entschlossenheit, die in Gesprächen mit Vorgesetzten angebracht ist, auch hier gut zu gebrauchen.

● Machen Sie sich das Ziel des Gesprächs klar. Das ganze Gespräch muß so aufgebaut werden, daß dieses Ziel deutlich wird.

● Formulieren Sie das Ziel des Gespräches in wenigen, knappen Sätzen. Das Ziel muß erreichbar sein, und zwar in diesem Gespräch, das Sie gerade führen. Sie müssen sich konkret überlegen, welche Verhaltensänderung Sie von Ihrem Gegenüber erwarten bzw. realistischerweise erwarten können.

● Versuchen Sie, den Kopf des anderen zu erreichen. Dazu müssen Sie sich Mühe geben, zu verstehen, was im Kopf des anderen vorgeht und was seine Motive sind. Es kommt auch nicht darauf an, was er im Moment sagt, oder sogar, was er denkt. Für Sie wichtig ist, was er in den nächsten Tagen von dem Gespräch im Gedächtnis behält und welche Schlüsse er daraus zieht. Sie sollten also nicht versuchen, ihn im Gespräch zu beeindrucken, sondern ihn wirklich zu erreichen.

Den Vorgesetzten einschalten

Wenn sich der Konflikt zwischen Kollegen abspielt, kann es sinnvoll sein, frühzeitig den Vorgesetzten zu informieren. Die Grenze zwischen Information und «Kollegen anschwärzen» ist dabei sehr genau zu beachten. Ein solcher Schritt muß daher gut bedacht werden. Im besten Fall kann der Vorgesetzte als Vermittler tätig werden. Wichtig ist auch bei diesem Gespräch mit dem Vorgesetzten: Überlegen Sie sich vorher genau, welche Verhaltensweisen Sie von Ihrem Vorgesetzten erwarten. Versuchen Sie ganz konkret zu beschreiben, was er tun soll, und überlegen Sie dann, wie Sie ihn davon überzeugen, daß ein solches Handeln in seinem Interesse und im Interesse der Abteilung oder ganzen Firma ist.

Wenn die Schikane vom Vorgesetzten ausgeht, kann der Betroffene sich in manchen Fällen erfolgreich an den nächsthöheren Vorgesetzten wenden. In vielen Fällen ist dieser Weg jedoch risikoreich und sollte nicht ohne Rückendeckung (z. B. durch den Personalrat/Betriebsrat) gegangen werden.

Statt des Vorgesetzten kann in manchen Fällen auch eine Vertrauensperson angesprochen und um Hilfe gebeten werden. Einige Betriebe haben bereits Mobbing-Beauftragte, die im Umgang mit solchen Problemen geschult sind.

Möglichkeiten in der mittleren Phase
Wenn der Konflikt bereits so weit eskaliert ist, daß eine betroffene Person einer ganzen Abteilung oder Arbeitsgruppe gegenübersteht, kann diese Person häufig aus eigenen Kräften nicht mehr aus der Situation herausgelangen. Typisch für diese Phase ist, daß der eigentliche Konflikt bereits verdeckt oder verheimlicht wird. Statt dessen werden immer mehr Vorurteile und Vorwürfe geäußert, die sich direkt auf die Person des unerwünschten Mitarbeiters richten. Diese Phase ist sehr kritisch, deshalb muß der Betroffene sehr genau abwägen, was er in diesem Zusammenhang tun kann.

Beschwerde beim Betriebsrat/Personalrat

Im Betriebsverfassungsgesetz ist festgelegt, daß jeder Arbeitnehmer das Recht hat, sich beim Arbeitgeber zu beschweren, «wenn er sich vom Arbeitgeber oder von Arbeitnehmern des Betriebes benachteiligt oder ungerecht behandelt oder in sonstiger Weise beeinträchtigt fühlt. Er kann ein Mitglied des Betriebsrats zur Unterstützung oder Vermittlung hinzuziehen.»[7] Dem Arbeitnehmer dürfen laut Gesetzestext aus seiner Beschwerde keine Nachteile entstehen;[8] dennoch ist dieser Weg in vielen Fällen für den Arbeitnehmer riskant. Besser ist es dann, die Beschwerde direkt an den Betriebsrat zu richten. Dazu ist jeder Arbeitnehmer nach dem Betriebsverfassungsgesetz ebenfalls berechtigt.[9] Falls der Betriebsrat die Beschwerde für berechtigt hält, kann er beim Arbeitgeber auf Abhilfe hinwirken. Einigen sich Arbeitgeber und Betriebsrat nicht, kann der Betriebsrat auch die Einigungsstelle anrufen, die dann entscheidet. In der Einigungsstelle können beispielsweise externe Sachverständige gehört werden, die belegen können, daß Mobbing vorliegt. Allerdings ist der Betriebsrat nicht verpflichtet, die Beschwerde des Arbeitnehmers zu übernehmen. Es kommt also viel darauf an, den Betriebsrat davon zu überzeugen, daß er handeln muß.

Eingabe bei der Personalabteilung

Wenn das Vertrauensverhältnis zum Personalrat / Betriebsrat gestört ist, etwa, weil die Widersacher selbst im Betriebsrat aktiv sind oder dort gute Freunde haben, kann der Betroffene auch versuchen, direkt bei der Personalabteilung auf seinen Fall aufmerksam zu machen und auf eine Lösung zu drängen. Dies ist jedoch ebenfalls ein risikoreicher Weg, der nur dann Erfolg haben kann, wenn sich eine Vertrauensperson in der Personalabteilung für den Fall interessiert und wenn der Betroffene deutlich machen kann, daß er sich nicht über seine Widersacher beklagen will, sondern daß er mit einem solchen Schritt die Spirale des Mobbing-Prozesses aufhalten will.

Hilfestellung in späteren Phasen
Wenn weder Betriebs- / Personalrat noch Personalabteilung helfen können oder wollen, ist in den meisten Fällen ein sehr kritischer Punkt erreicht. Das gleiche gilt, wenn bereits erste arbeitsrechtliche Maßnahmen ergriffen wurden oder wenn der Konflikt betriebsöffentlich bekannt wird. Der Betroffene sollte sich dann keine großen Illusionen darüber machen, daß er den Mobbing-Prozeß noch aufhalten könnte. Das mag in seltenen Fällen gelingen. Meist jedoch vergeuden die Betroffenen in dieser Phase die letzten Reste ihrer Energie und vergraulen auch noch die letzten Freunde, die sie im Betrieb hatten. Es hat keinen Sinn, immer wieder Eingaben zu machen oder seinen Fall vorzutragen, wenn schon klar ist, daß in diesem Betrieb niemand Verständnis zeigen will oder darf. Statt dessen schlagen wir in dieser Phase ein «Tandem-Modell» vor. Die Betroffenen sollten sich gleichermaßen Rechtsberatung und psychologische Hilfe suchen.

Wichtig ist dabei: Der Rechtsanwalt kann einen von Mobbing Betroffenen nur selten seelisch wieder aufrichten. Dazu ist er nicht ausgebildet und hat auch keine Zeit. Umgekehrt sind Therapeuten oder psychologische Berater oft schlechte Ratgeber in juristischen Fragen: Dazu fehlt ihnen sehr oft der Einblick in das sehr komplizierte Arbeitsrecht. Deshalb sollten Sie sich den Beistand, den Sie brauchen, bei verschiedenen Personen holen.

Individuelle Entlastung suchen

Streß ist, wie wir anfangs dargestellt haben, ein komplexes Geschehen. Es handelt sich immer um eine Wechselwirkung zwischen Umwelt und Person. Die Möglichkeiten zur Veränderung der objektiven Bedingungen wurden mit voller Absicht an den Anfang gestellt, denn das ist der sinnvollste Weg. Wo immer es aber nicht möglich ist, kurzfristig Veränderungen der objektiven Situation zu erreichen, gibt es auch die Möglichkeit, über den eigenen Umgang mit dieser Situation nachzudenken und hier eine Veränderung zu erreichen.

Dies ist kein einfacher Weg, und es liegt unserem Ansatz fern, einfach nur gute Ratschläge zu geben nach dem Motto: «Don't worry, be happy». Solche Ratschläge erhalten die Betroffenen nur zu oft von Kollegen und Freunden, ohne daß sich irgend etwas ändert. Mobbing-Geschehen führt bei vielen Betroffenen zu einer existentiellen Krise, die körperliche, geistige und seelische Aspekte hat. Deshalb muß eine Hilfe auch auf diesen drei Ebenen ansetzen.

Ausgleich des körperlichen Streßerlebens
Streß ist ein körperliches Geschehen. Der Körper wird aktiviert und in einem ständigen Spannungszustand gehalten. Bleibt dieser Spannungszustand unnatürlich lange erhalten, so kommt es zu Überbeanspruchung einzelner Organe. Psychosomatische Beschwerden und später psychosomatische Krankheiten können entstehen.

Es gibt zwei Möglichkeiten des Umgangs mit dem körperlichen Streßgeschehen. Eine einfache Möglichkeit des Abbaus der Spannung ist sportliche Aktivität. So banal dieser Ratschlag ist, so wichtig ist er doch zur Erhaltung der körperlichen Gesundheit.

Sie können auch versuchen, den Aufbau von streßbedingten Spannungen im Körper zu verhindern, indem Sie Entspannungs- und Meditationsübungen trainieren, zum Beispiel autogenes Training. Entspannungs- und Meditationsübungen sollten jedoch immer eingebunden sein in Maßnahmen zur Neubewertung der Situation und zur seelischen Heilung von den Mobbing-Erfahrungen. Im anderen Fall besteht die Gefahr, daß Entspannungsübungen nur benutzt werden, um sich selbst die Illusion zu verschaffen, alleine mit einer so schwierigen Belastungssituation fertig zu werden. Die körperlichen Streßsymptome sind nicht einfach nur «lästig», sondern wichtige Signale für den eigenen Zustand. Wer die Signale abschaltet, hat sich noch nicht geholfen.

Geistige Hilfestellung

Streßgeschehen ist sehr stark mit einer Bewertung der Situation verbunden. Nur weil ich unangenehme Situationen vorwegnehme oder aktuelle Situationen sehr negativ bewerte, gerate ich in Streß. Bewertungen lassen sich mit therapeutischer Hilfe verändern. Im Zusammenhang mit dem Mobbing-Geschehen geht es beispielsweise um folgende Fragen, die ein Betroffener zusammen mit dem Berater oder Therapeuten bearbeiten kann:

● Welche der Handlungen meiner Kollegen verletzen mich am meisten? Warum bin ich an diesem Punkt so leicht verletzbar? Was kann ich verändern, damit ich nicht mehr so verletzlich bin?

● Welche Gedanken, Bewertungen und Gefühle lösen die Verhaltensweisen meiner Kollegen bei mir aus? Warum reagiere ich so auf ihre Verhaltensweisen?

● Welche Gedanken und Bewertungen vermute ich bei meinen Kollegen? Habe ich das überprüft? Weiß ich wirklich, was meine Kollegen von mir denken?

● Wie denke ich über meine Kollegen? Welche Gefühle von Wut, Haß, Verachtung und Rache habe ich selbst? Wie gehe ich damit um?

● Fühle ich mich an der Entwicklung des Konflikts mitschuldig? Wie gehe ich mit diesem Gefühl, schuldig zu sein, um?

Seelische Unterstützung

Das Erleben einer Mobbing-Situation hat häufig Auswirkungen auf alle Lebensbereiche. Dadurch unterscheidet es sich deutlich von den Auswirkungen anderer Arbeitsbelastungen. Wer unter großer Anspannung arbeitet, häufig Überstunden macht und ständig größere Leistung erbringen muß, reagiert vielfach auch mit körperlichen Streßsymptomen. Gleichzeitig erhält er jedoch meist viel Anerkennung für seine Arbeit bei seinen Kollegen, vielleicht auch bei Vorgesetzten und im Freundeskreis. Unter dem Gesichtspunkt des persönlichen Lebenssinns mag eine solche Lebensweise positiv sein. Gerade jüngere Leute ziehen sehr viel Selbstbestätigung aus einem erfolgreichen Arbeitsleben, und Streß gehört zum Erfolg dazu. Nicht umsonst ist das Modell «gestreßter Manager» ein positiv besetztes Idealbild. Wenn er nicht soviel zu tun hätte, wäre er entweder faul oder erfolglos. Also ist Streß gleichbedeutend mit Erfolg.

Anders sieht es bei sozialen Konflikten und Mobbing aus. Keine Anerkennung zu bekommen, von seinen Kollegen gemieden zu werden, isoliert zu sein ist keine psychische Belastung, mit der sich der Betroffene am Stammtisch schmücken kann. Im Gegenteil wird er merken, daß die Leute, denen er davon erzählt, insgeheim von ihm abrücken und sich denken: «Was ist an dem dran, daß die anderen ihn nicht mögen.» Mobbing-Erleben ist mit Mißerfolg, Schande und Schmach verbunden – nicht nur für die Umwelt, auch für die Betroffenen selbst.

Viele von Mobbing Betroffene kommen daher in ganz existentielle Krisen. Sie fragen sich, warum sie das Leid überhaupt noch aushalten sollen. Ein reines Anti-Streß-Training hilft hier oft nicht weiter, denn es geht um so zentrale Fragen wie die eigene Lebensperspektive und den Sinn des Lebens. Was hier gebraucht wird, ist eine seelische Tröstung.

Der erste und wichtigste Schritt dafür ist eine gute soziale Unterstützung bei Kollegen und im Familien- oder Freundeskreis. Viele Untersuchungsergebnisse haben gezeigt, daß Arbeitsbelastungen leichter zu ertragen sind und mit weniger psychosomatischen Streßreaktionen verbunden sind, wenn die soziale Unterstützung durch Kollegen und Vorgesetzte gut ist.[10] Fatalerweise wird gerade diese wichtige Quelle zur Streßbewältigung durch den Mobbing-Prozeß selbst immer weiter zerstört. Die Kollegen geben keine soziale Unterstützung mehr. Im Gegenteil, sie sind überwiegend feindselig eingestellt. Auch Freunde und enge Familienangehörige sind oft von der Situation überfordert und wenden sich nach anfänglicher Sorge und Anteilnahme ab. Sie können es einfach nicht mehr ertragen, daß ihr

Ehepartner oder Freund jeden Abend gedrückt und niedergeschlagen nach Hause kommt und die immer gleichen Geschichten über die bösen Kollegen erzählt.

Mobbing-Betroffene müssen sich Tröstung und Hilfe selbst suchen. Gute Therapeuten können neben der Streßbewältigung gleichzeitig Wege aufzeichnen, wie der Betroffene in einer solchen existentiellen Krise wieder einen neuen Lebenssinn und eine neue Perspektive finden kann. Dabei könnte es darum gehen, etwa eine solche Weisheit für sich anzunehmen und zu verarbeiten wie diese: *«Das chinesische Wort ‹Krise› ist aus diesen beiden Schriftzeichen zusammengesetzt: Gefahr und Gelegenheit.»* Wichtig ist dabei: Es geht uns nicht darum, Ratschläge zu erteilen nach dem Motto: «Nun nimm es doch nicht so schwer.» Andererseits brauchen Betroffene nach unseren Erfahrungen einen Ausweg, der auch damit verbunden ist, sich von Illusionen, Hoffnungen und Träumen zu verabschieden, um etwas Neues aufbauen zu können. Der Abschied kann sich darauf beziehen, daß der Betroffene seine Arbeitsstelle oder seine berufliche Karriere aufgeben muß. In anderen Situationen könnte es nötig sein, sich von der Rolle als «Opfer» zu verabschieden, um wieder ein erfülltes und sinnhaftes Leben führen zu können. Solche sehr schwierigen und schmerzlichen persönlichen Prozesse sind kaum ohne therapeutische Hilfe zu leisten. Je früher dieser Prozeß beginnt, um so eher wird er gelingen.

Auch religiöse oder spirituelle Hilfestellung kann für manche Betroffene sinnvoll sein. Andere erfahren bei der Neuorientierung viel Unterstützung durch eine Selbsthilfegruppe. Welcher Weg der richtige ist, muß jeder für sich selbst entscheiden.

Untaugliche Mittel
zur Streßbewältigung meiden

In Problem- und Krisensituationen ist die Gefahr groß, auf Versprechungen zur schnellen Beseitigung des Leidensdrucks hereinzufallen.

Manche Ärzte verschreiben bei Müdigkeit, Niedergeschlagenheit und depressiver Verstimmung gerne Psychopharmaka. Ständiger Medikamentenmißbrauch kann aber sehr schnell zur Abhängigkeit führen. Vor allem Medikamente, die zur Linderung von Symptomen wie Unlust, Schlafstörungen, Unruhe, Angst, chronischen Schmerzen, Antriebsarmut und depressiven Stimmungen eingesetzt werden, können süchtig machen.[11] Besonders gefährlich sind die Wirkstoffe aus der Gruppe der Benzodiazepine, die in vielen Beruhigungs- und Schlafmitteln enthalten sind. Benzodiazepine können schon nach sechs Wochen Suchtverhalten auslösen. Das Fatale daran ist, daß die Entzugserscheinungen nicht von den ursprünglichen Krankheitssymptomen zu unterscheiden sind. «Zuerst wird das Medikament gegen Angstzustände oder Schlaflosigkeit eingesetzt, dann erzeugt es diese, wenn der Patient versucht, ohne das Mittel auszukommen. Ein Teufelskreis entsteht.»[12]

Ein anderer scheinbar naheliegender Ausweg aus der psychischen Krise ist der Alkohol. Wie der Volksmund sagt: «Wer Sorgen hat, hat auch Likör.» Dieser Ausweg ist ebenso gefährlich wie die Flucht in die Tabletten. Alkohol löst keine Probleme, er schafft im besten Fall neue Probleme. Die Wirkung des Alkohols ist zwar kurzfristig entspannend und erleichternd. Längerfristig wirkt Alkohol jedoch dämpfend und abstumpfend. Mit zunehmendem Alkoholkonsum zerstört der Betroffene seine Kraftquellen zur Bewältigung der existentiellen Krise immer mehr. Gleichzeitig verliert er vor sich und anderen weiter an Achtung, wenn der Alkoholkonsum überhand nimmt.

Es gibt noch eine ganze Reihe von stofflichen und nicht stoffgebundenen Süchten, die die trügerische Hoffnung eines Auswegs aus der Krise versprechen, z. B. Eßsucht, Spielsucht oder Arbeitssucht. Problematisch ist jede Flucht aus der Wirklichkeit, mit welchem Mittel auch immer. Auf der einen Seite werden die Kraftquellen, die nötig wären, um die Krise zu meistern, durch die Flucht in die Sucht geschwächt, auf der anderen Seite wächst das objektive Problem immer weiter, weil der Betroffene mit seiner Sucht beschäftigt ist, anstatt einen Ausweg aus der Krise zu suchen.

Am Schluß noch ein kritisches Wort aus unseren Erfahrungen: Viele Betroffene wandern von Selbsthilfegruppe zu Selbsthilfegruppe und von einem Beratungsangebot zum anderen. Es ist völlig in Ordnung, wenn jemand genau prüft und abschmeckt, welches Angebot ihm zusagt und welches nicht. Aber auch die Rolle «Ich bin ein Mobbing-Opfer» kann zu einer Art Sucht werden und den Weg aus der Krise versperren. Die Verantwortung für Ihr eigenes Leben kann Ihnen niemand abnehmen, kein Berater, keine Selbsthilfegruppe und keine Mobbing-Klinik.

Anmerkungen

1 vgl. z. B. Greif u. a., 1991, S. 13
2 Seyle, zit. nach Karmaus u. a., 1979, S. 178
3 vgl. z. B. Greif u. a., 1991, S. 20
4 Mohr, 1991, S. 99
5 aus Dunckel & Zapf, 1986, S. 24
6 Die folgenden Ratschläge stammen aus: Kowalewsky, 1992, S. 107 ff.
7 Betriebsverfassungsgesetz (BetrVG), § 84
8 BetrVG § 84 Absatz 3
9 BetrVG § 85
10 Frese & Semmer, 1991
11 vgl. Rußland, 1992, S. 76
12 Prof. J. Remen nach Frankfurter Rundschau vom 2. Dezember 1993

HEINZ LEYMANN

Konkurrenz und Kooperation oder Vom Mythos der Konkurrenzgesellschaft

Ein Nachwort

Anfang der neunziger Jahre wurde ich in einer australischen Kadettenschule mit einer besonderen Praxis von Mobbing konfrontiert. Es war eine Eliteschule, deren leitende Offiziere ein sehr sorgfältiges Programm ausgearbeitet hatten, mit dem in der Ausbildung der Kadetten herausgefunden werden sollte, wer Offizier werden sollte. Es sollten die Besten berufen werden, einige der wichtigsten Auswahlkriterien waren Intelligenz, Kooperationsbereitschaft und korrektes Auftreten. Anfangs, ohne das Wissen der Führung, entwickelte sich unter den Kadetten aber eine eigene Methode der Konkurrenz, eine sozialdarwinistische, die eine Art «natürliche Auslese» zum Ziel hatte: Intern bestimmten die Kadetten mit dem größeren Einfluß, wer gutes «Offiziersmaterial» war und wer nicht. Wer von ihnen als «untauglich» angesehen wurde, wurde einem brutalen Mobbing ausgesetzt, um ihn derart «fertigzumachen», daß er «aus eigenem Antrieb» die Ausbildung aufgab. Nun könnte man sagen – und das Argument ist mir in Gesprächen über dieses Beispiel in der Tat begegnet –, daß diese Mobber im Prinzip nur auf die Tatsache reagierten, daß sie in einer Konkurrenzgesellschaft leben, die von ihnen ja gerade verlangt, andere im Wettbewerb um eine attraktive Offizierslaufbahn auszustechen. Die Mobber hätten sich also – vielleicht etwas übertrieben – eigentlich genau so verhalten, wie die gesellschaftliche Umgebung es von ihnen erwartete.

Genau an dieser Argumentation wird deutlich, wo und wie die Rede von der Konkurrenzgesellschaft zum Mythos wird, der am Ende dazu dient, Unterschiede zu verwischen und für normal zu erklären, was für die Betroffenen zum fürchterlichen Ausnahmezustand wird. Vor allem wird dabei verwischt, daß auch das Leben in einer Konkurrenz-gesellschaft schließlich Regeln folgt und folgen muß, damit sie sich nicht verabsolutiert, Regeln, die von Prinzipien der Ethik ebenso vor-gegeben werden wie von Zivil- und Strafrecht.

Unser Beispiel zeigt das: In der Kadettenschule sollten derartige Regeln gelten, so sollte gerade Kooperation belohnt werden, weil dies ein Leitbild moderner Militärführung in einigen westlichen Ländern geworden ist. Die besagte Gruppe von Kadetten wollte sich aber an diese Regel unter keinen Umständen halten, sondern setzte alles daran, sie zu unterlaufen. Sie hatte ihre eigenen Leitbilder früheren, rigiden Traditionen entliehen. Und sie setzte mit ihren unkooperati-ven Methoden nicht nur auf Konkurrenz untereinander, sondern konkurrierte auch mit der Führung um den Vorrang von Leitbildern. Gefragt, was hier zu tun sei, schlug ich vor, die Schule von diesen Kadetten zu befreien, die sich an keine Regel mehr halten wollten und eindeutige rechtsradikale politische Einstellungen erkennen ließen. «So weit» wollte man nicht gehen. Man wollte aus der Werkzeugta-sche des Psychologen weichere Instrumente angeboten bekommen, mit denen sich die Kadetten zu einem anderen Verhalten überzeugen oder auch manipulieren ließen.

Konkurrenz kann in einer Gesellschaft nicht um ihrer selbst willen da sein, sie ist kein Wert an sich. Sie kann dazu führen, die Werte und Regeln einer Gesellschaft zu erfüllen und das Leben zu verbessern, sie kann aber auch dazu führen, daß diese Werte und Regeln abgebaut werden, mit destruktiven Ergebnissen für ein Land, für eine Firma, für eine Gruppe, für die Menschen. Jedenfalls kann man es sich nicht so einfach machen, jede Verhaltensform, die sich Menschen ausden-ken können, mit Hilfe der Formel von der «Konkurrenzgesellschaft» zu erklären, zu entschuldigen oder gar zu fördern. Konkurrenzver-halten findet seine Grenzen an den Regeln einer zivilen, einer zivili-sierten Gesellschaft.

Weil dies so ist, oder zumindest so sein soll, sagt natürlich nie-mand, der einen anderen mobbt, etwa: «Den vernichte ich, weil er schwächer ist als ich und weil ich dann mehr Geld bekomme». Die

Mobber, aber auch diejenigen, die dem Treiben zusehen, bemänteln ihr Verhalten mit Mythen wie dem von der falsch verstandenen Konkurrenzgesellschaft, aber auch mit psychologisierenden Erklärungen, die immer darauf hinauslaufen, das Opfer sei ja an seinem Schicksal selbst schuld, weil es diese oder jene besondere Eigenschaft habe.

Vom Mißbrauch der Psychologie

Die Psychologie hat das ihre dazugetan, daß sie im Alltag und vom Alltagsbewußtsein so oft dazu mißbraucht wird, andere abzustempeln und auszugrenzen. Denn sie war stets in ihrer Geschichte dazu geneigt – und ist es auch noch heute –, auf der wissenschaftlichen Ebene das gleiche zu tun. Die Psychologie hat in ihrer gesellschaftlichen Praxis immer auch davon gehandelt, die psychischen Reaktionen der Menschen deshalb besser verstehen zu wollen, um sie dadurch besser kontrollieren und anleiten zu können. Viel seltener ging es darum, daß der Mensch selbst die Psychologie in Dienst nehmen kann, um sich und sein eigenes Handeln zu verstehen. Mit einem Satz: Psychologie ist immer auch ein Herrschaftsinstrument gewesen. So gibt es zum Beispiel zahlreiche psychologische Untersuchungen, die in Auftrag gegeben wurden, um etwas über Motive und Verhalten bestimmter Gruppen von «Untergebenen» zu erfahren. Gleichartige Untersuchungen etwa über die Vorstandsmitglieder eines multinationalen Industrieunternehmens hingegen gibt es einfach nicht. Natürlich gibt es Leute, die sich über die Psychologie dieser Menschen Gedanken machen und auch Bücher darüber schreiben – aber es ist ihnen meines Wissens nie erlaubt worden, ihnen mit dem gesamten psychologischen Instrumentarium, zum Beispiel mit Fragebögen, zu Leibe zu rücken, um sie «objektiv» als Gruppe zu vermessen. So etwas tut man nur mit Menschen, die kaum den zehnten Teil der Jahreseinkünfte dieser Spitzenkräfte erhalten.

Es liegt ein Verrat an diesen Menschen darin, daß die Psychologie in ihrer Geschichte Annahmen über psychische Eigenschaften der Persönlichkeit oft weniger deshalb verbreitet hat, um den Untersuchten zu helfen, sondern um das Wissen jener zu vergrößern, die über Menschen ganz oder zum Teil gebieten. Und daß gerade solche Formen der Psychologie, die sich mit Persönlichkeitsmustern beschäftigen, eine so gewaltige Verbreitung in sämtliche Schichten der Bevölkerung hinein gefunden haben, verdankt sich nicht etwa dem wissenschaftlichen Gütepegel solcher Theorien, sondern der Tatsache, daß sie sich – in der Wissenschaft wie in den verwässerten Fassungen des Alltagslebens – so leicht dazu ge- und mißbrauchen lassen, Menschen gewissermaßen in Schubladen zu stecken und sie damit beherrschbar zu machen.

Vor diesem Hintergrund gereicht es auch der Psychiatrie nicht zur Ehre, sondern eher zur Schande, daß sie sich nach wie vor allein darauf konzentriert, jene Menschen zu untersuchen, zu behandeln und auch abzustempeln, die an Lebenszuständen krank geworden sind, die durch das feindliche Verhalten anderer Menschen, «Konkurrenten», entstanden sind.

Wird ein Mensch physisch verletzt oder getötet, so stehen darauf schwere Strafen. Seine Seele schwer zu verletzen oder zu zerstören – was, wie wir ja wissen, wenn es um Mobbing geht, letztlich auch den Selbstmord des Opfers nach sich ziehen kann – ist gesellschaftlich immer noch erlaubt. Eine Psychologie, die diesen Prozeß des Ausstoßes damit zu erklären trachtet, daß das Opfer aufgrund seiner Persönlichkeitsstruktur selbst daran schuld sei, rechtfertigt diesen Prozeß und alle seine Akteure außer dem Opfer – und macht sich damit selbst zum Mittel eines ungezügelten Konkurrenzkampfes.

Mobbing nach Plan: ein deutsches Phänomen?

Ich weiß nicht, ob sich die Industriegesellschaft der Bundesrepublik Deutschland in bezug auf den allgemeinen Konkurrenzdruck sehr von anderen Industriegesellschaften unterscheidet. Ich glaube eher nicht, daß dies der Fall ist. Manchmal habe ich jedoch den Eindruck, daß das Prinzip der Konkurrenz in Deutschland totalitärer aufgefaßt wird als anderswo. Es scheint den Leuten häufig nicht nur daran zu liegen, in der Konkurrenz mit anderen zu obsiegen, vorne zu sein; sie scheinen außerdem danach zu streben, den Konkurrenten auszuschalten, ihn nachgerade zu vernichten.

Ein Phänomen im Zusammenhang mit dem Mobbingkonzept hat mich jedenfalls überrascht und in dieser Beziehung sehr nachdenklich gemacht. Das Mobbingkonzept hat sich in der englisch-, skandinavisch- und deutschsprachigen Welt sehr verbreitet. Es wird viel diskutiert, auch von Praktikern in den Betrieben. In keinem anderen Land jedoch wurde derart ernsthaft der gezielte Einsatz von Mobbing als Instrument der Personalpolitik diskutiert wie in Deutschland. Sicher, auch in anderen Ländern kommt es immer wieder vor, daß versucht wird, Mitarbeiter durch Mobbing in die Kündigung zu treiben. Aber nirgendwo war das Interesse so groß, gewissermaßen Mobbingstrategien nach Plan zu diskutieren.

Ein Beispiel dafür, wie sehr sich offenbar manche Manager dafür interessieren, hat Klaus Niedl in seinem Beitrag für dieses Buch bereits geschildert. Der *Spiegel* berichtet (Nr. 5/1995), das Hinausgraulen von ansonsten kaum noch kündbaren Mitarbeitern, um Arbeitsgerichtsprozesse und Abfindungen zu umgehen, gelte inzwischen als «modischer Management-Kniff», und führt dazu eine Reihe von Beispielen und Zeugen an. Nicht nur im Management, sondern auch an deutschen Hochschulen wird über den gezielten Einsatz von Mobbing nachgedacht. Ich bin inzwischen im Besitz von vier studentischen Arbeiten, in denen versucht wird, wissenschaftlich zu erörtern, wie man durch Mobbing Personal «abbauen» kann. Der am weitesten ausgreifende Text dieser Art wurde von einem Studenten in Süddeutschland geschrieben (ich verzichte bewußt auf eine genauere Literaturangabe).

Die Fragestellung dieser Arbeit ist in der Tat, wie man es zuwege bringen kann, den Psychoterror am Arbeitsplatz so gegen einen Menschen einzusetzen, daß er dem Zweck des Personalabbaus diene. Die Begründung einer solchen Maßnahme läge in der Tatsache, daß es oft sehr schwierig sei, einem Arbeitnehmer zu kündigen, zumal ohne eine Abfindungszahlung. Es sei anzunehmen, so die Studentenarbeit, daß Kosten für gerichtetes Mobbing hoch seien, darum sei es vorwiegend beim Abbau von Führungskräften einzusetzen oder bei Mitarbeitern, wo zum Beispiel Abfindungskosten sehr hoch wären. Das Ziel sei dann, den Psychoterror so weit zu treiben, daß der Angestellte «aus freiem Entschluß» selbst kündigt. Dazu sei aber eine qualitative Mobbingplanung Voraussetzung, deren Ziel es sei, zum einen den Mobbingverlauf effektiv zu gestalten, um in kürzester Zeit ans Ziel zu gelangen, zum anderen sowenig Kosten wie möglich zu verursachen. Der Verfasser präsentiert sogar ein Phasenmodell für die Mobbingplanung. Es besteht aus einer «Identifikationsphase», in der man sich der «Methode» und dem Opfer zuwendet, einer «Informationsphase», in der nach Angriffspunkten gesucht wird, einer «Vollzugsphase» und einer «Kontrollphase». Schließlich macht sich der Verfasser auch Gedanken über Probleme, mit denen das mobbende Management konfrontiert sein könnte. So sei Mobbing kaum durchzuführen in Betrieben, in denen eine Betriebsvereinbarung den Psychoterror am Arbeitsplatz verbiete, darum seien solche Absprachen vorsorglich zu vermeiden. Auch solle die Auswahl der Mobbinghandlungen sorgsam erfolgen, damit dem Opfer keine Möglichkeit der gerichtlichen Klage gegeben werde. Zugleich aber müßten sie geeignet sein, das Ziel zu erreichen. –

Das Erschreckende an diesem Aufsatz ist, wie hier Verbrechen mit Hilfe von wissenschaftlichen Methoden durchdacht werden. Das liest sich zum Teil, als ob eine Stasioperation geplant werden soll. In anderen Ländern werden ebenfalls Seminararbeiten über Mobbing geschrieben, aber alle, die ich kenne, handeln immer davon, wie man Möglichkeiten entwickeln kann, Mobbing zu unterbinden. Warum ist das in Deutschland anders? Sicher, auch die mobbenden Kadetten in Australien haben versucht, Psychoterror zielgerichtet einzusetzen, sie haben aber nicht versucht, dieses Vorgehen mit wissenschaftlicher Präzision zu planen.

Kooperation nicht erwünscht?

Der Einsatz von Mobbing und seine Rechtfertigung als Methode der Konkurrenz oder gar der Betriebs- bzw. Personalwirtschaft paßt leider zu anderen Phänomenen, die sich in der Arbeitswelt beobachten lassen. Der Personalchef einer deutschen Ladenkette mit vielen Filialen hat mir einmal eröffnet: Wenn die Verkäuferinnen anfingen, allzugut zusammenzuarbeiten, und die Geschäftsführung merke das, dann werde diese Verkäuferinnengruppe aufgelöst, und die Frauen würden versetzt. Der Grund: Stehlen könne man nur, wenn mindestens drei zusammenarbeiten. Ein spontan entstehendes gutes psychosoziales Arbeitsklima bedeutet für diese Firma also nicht etwa etwas sehr Nützliches, das über die Arbeitsfreude den Umsatz steigern kann, sondern vielmehr die Gefahr von Kriminalität. Kooperation wird mit Mißtrauen betrachtet.

Kooperation als institutionell herbeigeführte Arbeitsform ist in Deutschland eher selten. Eine repräsentative Umfrage unter 1644 Beschäftigten aus allen Branchen in Westdeutschland, die im vergangenen Jahr das Gelsenkirchener Institut Arbeit und Technik (IAT) durchführte, ergab, daß nur 6,9 Prozent aller Beschäftigten in Gruppenarbeit tätig ist. Nur gut zwei Prozent arbeiten in Systemen der teilautonomen Gruppenarbeit, die ihnen größere Gestaltungsräume ermöglicht (Kleinschmidt / Pekruhl, 1994).

Die mangelnde Bereitschaft, sich von althergebrachten Formen der Arbeitsorganisation zu verabschieden, um das kreative Potential von Mitarbeitern besser zu nutzen, ist wohl nicht allein ein deutsches, sondern im Prinzip ein europäisches Phänomen. Unternehmen in den USA und vor allem in Japan sind da schon sehr viel weiter. Produktionsarbeit in Gruppen ist – branchenunabhängig – seit Anfang der achtziger Jahre in allen großen Industrienationen ein bedeutendes Thema. Arbeitssoziologische Forschungen zeigen, daß diese Form der Produktion den Arbeitsplatz in besonderer Weise zum Lernfeld macht. Wenn sie vom Management sorgsam gestaltet wird, ist sie geeignet, gleichsam spielerisch Erfahrungsbildung, Leistungsbereitschaft und Kreativität hervorzulocken und zu steigern. In Schweden werden zur Zeit bedeutende Forschungsmittel dafür ausgegeben, solche Organisationsformen weiterzuentwickeln. In anderen Ländern geschieht dasselbe.

Rund um die Welt betrachtet man heute in der einschlägigen Forschung gut ausgebildete Menschen, die sich sowohl spontan als auch gezielt über Kooperation und Gruppenproduktion weiterbilden, auf diese Weise reichhaltige Erfahrungen sammeln und zu neuen gemeinsamen Leistungen motiviert sind, als ausschlaggebend für die internationale Konkurrenzfähigkeit einer Volkswirtschaft. Die Konkurrenzfähigkeit einer Nation und ihrer Unternehmen wird darauf gründen, daß sich die arbeitenden Menschen ihres Wertes bewußt sind, daß sie in wohlausgewogenen psychosozialen Arbeitsmilieus produzieren, in denen sie ihr Potential optimal entfalten können.

Die deutschen Manager sind im Begriff, die Konkurrenzfähigkeit der deutschen Industrie aufs Spiel zu setzen. Nicht nur, daß sich deutsche Unternehmen schwertun, produktiveren Formen der Arbeitsorganisation Raum zu geben; es gibt genügend deutsche Studien, die in bezug auf den psychosozialen Zustand deutscher Arbeitsplätze große

Mißstände aufzeigen. Im Zusammenhang mit Mobbing gibt Resch (1994) einen Überblick. Vielfach werden immer noch verschleißende Produktionsmethoden bevorzugt, die – gepaart mit inkompetentem Management – die Leistungsfähigkeit und -bereitschaft der Menschen deutlich herabsetzen, anstatt sie zu steigern. Es gibt Führungsetagen, die mit ihrer «Hire-and-fire-Mentalität» eine Angst erzeugen, die sich in den Unternehmen verbreitet und schließlich das Klima des gesamten Betriebs dominiert. Die American Management Association (AMA), die 1993 870 Personalchefs befragte, stellte fest, daß Unternehmen, die systematisch ihr Personal ausgedünnt hatten, kaum einen Vorteil dadurch erzielten. Weder stieg die Produktivität sonderlich an, noch erhöhte sich der Umsatz pro Beschäftigtem. Dafür aber sank die Arbeitsmoral katastrophal. Wenn sich auch in Deutschland die innere Kündigung immer weiter ausbreitet, dann liegt es an solchen Phänomenen.

Was hält die Mehrzahl der derzeitigen deutschen Manager eigentlich davon ab, sich umzuorientieren, wo doch ein weltweit gesammeltes Wissen dafür spricht und ebenfalls der wirtschaftliche Erfolg? Jedenfalls scheint ihnen die Arbeitsmoral egal zu sein, solange ihr Unternehmen nicht rote Zahlen schreibt. Meine Meinung ist: Es liegt ihnen mehr an der persönlichen Macht.

Was zwei Nobelpreisträger lehren

Konkurrenz innerhalb der Belegschaft um Geltung im Betrieb auf Kosten des Betriebes und Konkurrenz des Betriebes nach außen auf Kosten seiner Angestellten – ist der Raubbau am Menschen am Ende der Preis, den wir für den Wohlstand einer Nation bezahlen müssen?

Was wir bisher sagten, spricht dagegen. Und auch die Forschungen zweier amerikanischer Wirtschaftswissenschaftler, die 1993 den Nobelpreis für Nationalökonomie erhielten, deuten darauf hin, daß dies nicht der Fall ist. Robert Fogel von der Universität Chicago und Douglas North von der Washington Universität in Sant Louis bekamen den Preis für ihre Forschungen zum Zusammenhang von nationalem Wirtschaftswachstum und der staatlichen Gestaltung von Institutionen. Allgemein gesagt, fanden sie heraus, daß Technik, Industrie und Handel nicht aus sich selbst heraus wirtschaftliches Wachstum und

Wohlstand hervorbringen. Ob dies geschieht oder nicht, hängt vor allem von den politisch-gesellschaftlichen Rahmenbedingungen ab, unter denen sich diese Entwicklung entfaltet. Schon früh (1964) hatte sich Fogel kritisch mit den traditionellen Vorstellungen auseinandergesetzt, wie sie von den Wissenschaftlern Schumpeter und Rosstow bestätigt wurden, wonach die rapide Entwicklung der Industriegesellschaft in den Vereinigten Staaten innerhalb von 150 Jahren das Ergebnis epochemachender großer Erfindungen sei und sich speziell dem schnellen Ausbau der Eisenbahnen verdanke. Fogel berechnete, daß dieser eher weniger zu wirtschaftlichen Entwicklungen beigetragen habe.

North konzentrierte seine Forschungen vor diesem Hintergrund auf die Entwicklung von Institutionen und institutionellen Arrangements (Organisationsformen, Gesetze, nationale und internationale Absprachen etc.). Sie regeln das menschliche Zusammenleben und erzeugen je nach ihren Vorgaben wirtschaftliches, moralisches und ethisches Verhalten. Sie sind gewissermaßen ein organisatorisches System von Schienensträngen, auf denen sich die Akteure auf den Märkten bewegen können. Und je größer die Sicherheit ist, mit der sie das können, desto wahrscheinlicher ist der wirtschaftliche Fortschritt. Demzufolge ist es die Entwicklung der Institutionen, sind es ihre positiven Veränderungen, die die Wirtschaft ankurbeln, nicht die technischen und industriellen Erfindungen oder Veränderungen. Diese sind nicht die *Erklärung* für den wirtschaftlichen Fortschritt, sie *sind* vielmehr dieser Fortschritt. Daß die industrielle Revolution in England und in den Niederlanden ihren Anfang nahm, erklärt North damit, daß man in diesen Ländern Institutionen schuf, die diese Revolution erst zuließen. «Institutionen geben eine Basisstruktur vor, wodurch Menschen aller Kulturen und Zeiten geordnete Verhältnisse für sich erzeugen konnten mit der gleichzeitigen Möglichkeit, Unsicherheit zu reduzieren.» (North 1990)

Nach North müssen also politische und soziale Faktoren weit mehr als bisher beachtet werden, wenn man die wirtschaftliche Entwicklung verstehen will. Und sie ist insbesondere von Institutionen abhängig, die ihr Beschluß-, Planungs- und Handlungssicherheit ermöglichen – zum Beispiel auch, indem sie Konkurrenz in konstruktivere Bahnen lenken.

In diesem Buch ging es um Mobbing, darum, was man inzwischen über den Psychoterror am Arbeitsplatz und vor allem seine gesundheitsschädlichen Folgen weiß, es ging auch darum, wie die Gesellschaft mit dem immerhin heftig diskutierten Phänomen umgeht. Die medizinische Forschung macht Fortschritte, Gewerkschaften und andere gesellschaftliche Institutionen machen Hilfsangebote, auch eine Reihe von Managern zeigt – ungeachtet der Kritik, die ich eben geübt habe – Interesse an den Möglichkeiten, Mobbing zu unterbinden. Aber nach wie vor werden in Deutschland grob geschätzt zwischen 1000 und 3000 Arbeitnehmer von den Spätfolgen von Mobbing in den Selbstmord getrieben. Weil wir in einer Konkurrenzgesellschaft leben? Weil, wo gehobelt wird, auch Späne fallen müssen? Solche Gleichgültigkeit wird von einem Konkurrenzverständnis und -verhalten hervorgebracht, das in Deutschland oft schon pathologische Züge trägt. Ein Teil der Verantwortung dafür liegt, um auf Norths Theorie zurückzukommen, bei den politischen Entscheidungsträgern. Sie haben es bislang versäumt, ordnungsstiftende Institutionen und Regeln zum Schutz vor psychischen Schädigungen am Arbeitsplatz einzuführen. Vielleicht werden die Impulse dazu eher über die Europäische Union wirken, in deren politischen Institutionen schon Ansätze zu erkennen sind. Deutschland – andere Staaten natürlich auch – jedenfalls braucht solche Regeln, um humaner und doch effektiver konkurrieren zu können.

Kontaktadressen

ÖSTERREICH

Kammer für Arbeiter und Angestellte in Salzburg / Österreich

Die Kammer in Salzburg ist die erste in Österreich gewesen, die sich sehr ausführlich mit Mobbing auseinandergesetzt hat. Seit 1992 wird eine Vielzahl von Aktivitäten entfaltet, um die Auseinandersetzung mit Mobbing in Österreich auf verschiedenen Ebenen zu befördern. Mitte 1993 fand eine Tagung zum Thema Mobbing statt (der Tagungsband ist bei der Kammer erhältlich), deren Ausstrahlung auf den betrieblichen, gewerkschaftlichen, medizinischen, publizistischen und politischen Bereich erheblich war. Die Salzburger Kammer hat in vielfältiger Weise dazu animiert, sich des Themas Mobbing anzunehmen, und pflegt auch enge Kontakte zum Verlag des Österreichischen Gewerkschaftsbundes (ÖGB), der in deutscher Sprache das schwedische Schulungsmaterial bezüglich Mobbing veröffentlicht hat. Politisch wurde erreicht, daß Mobbingfragen in der nächsten Mikrozensuserhebung eine Rolle spielen werden, und daß versucht wird, die Einführung eines Berufsbildes «Arbeitspsychologe» voranzubringen. In Zusammenarbeit mit den Mobbingkliniken von Dr. Becker und Dr. Leymann wird angestrebt, einen Fortbildungskurs für Mediziner und Psychologen sowie Psychotherapeuten durchzuführen, weiter ist die Kammer bei einer Initiative engagiert, die die Gründung einer Mobbingklinik in Österreich vorantreibt. In einer Datenbank versucht die Kammer, Informationen über Mobbingprozesse am Arbeitsplatz zu sammeln, die weiterer Forschung dienen können.   *Wolfgang Liepold*

Kontaktadresse:
  Wolfgang Liepold, Kammer für Arbeiter und Angestellte
  Abteilung Betriebsräteberatung, Referat Neue Technologien,
  Markus-Sittikus-Straße 10, A-5020 Salzburg
  Telefon: 0043662/8687-414   Fax: 0043662/876258

SCHWEIZ

Kaufmännischer Verband Zürich

Der Kaufmännische Verband Zürich (KVZ) beschäftigt sich in der Schweiz auf verschiedenen Ebenen mit dem Thema Mobbing. Der KVZ ist bis heute der einzige Verband in der Schweiz, der sich mit dem Thema intensiv beschäftigt hat. Es sind neben Schulungsveranstaltungen auch Vorträge und Kurse vorgesehen. Der KVZ unterstützt diverse Selbsthilfegruppen und führt als Drehscheibe eine Dokumentation über das Thema in der Schweiz. Gemeinsam mit dem Schweizerischen Beobachter hat der KVZ eine Untersuchung publiziert und eine Auswertung über ein Mobbingtelefon (Hot Line) herausgegeben. Ein vielbeachtetes Symposium zum Thema ist eine weitere Aktivität des KVZ.

Zur Zeit sind Bestrebungen im Gange, in der Schweiz eine Forschungsarbeit zum Thema Mobbing in Auftrag zu geben.

Peter Vonlanthen

Kontaktadresse:
Peter Vonlanthen (Geschäftsleiter)
Kaufmännischer Verband Zürich
Pelikanstr. 18, Postfach 6889   Tel.: 004 11 / 211 33 22
CH-8023 Zürich   Fax: 004 11 / 221 09 13

DEUTSCHLAND

Kirchlicher Dienst in der Arbeitswelt (KDA)

In Hamburg habe ich als Sozialsekretär des kirchlichen Dienstes in der Arbeitswelt, einer Einrichtung für Industrie und Sozialarbeit in der evangelischen Kirche in Deutschland, das Thema Mobbing frühzeitig aufgegriffen. Es werden regelmäßig Kurse, Abendveranstaltungen, Wochenendtagungen und Veranstaltungen zur betrieblichen Weiterbildung angeboten, die sich an Arbeitnehmerinnen und Arbeitnehmer, an Betriebsräte und an mittlere Führungskräfte richten. Die Erfahrung in Hamburg lehrt, daß vor allem präventive Maßnahmen für den KDA Sinn machen, das heißt Aufklärung über das Phänomen Mobbing, die Erarbeitung von Kriterien zur Früherkennung von Mobbingprozessen und ihrer Verhinderung, ebenso zur Aufdeckung bestehender Mobbingprozesse und der Auseinandersetzung damit, daneben auch Hilfen bei der Erarbeitung von Betriebsvereinbarungen. Darüber hinaus werden Angebote von den KDA-Dienststellen in Kiel, Stade, Braunschweig, Bad Boll und München gemacht.

Der KDA sieht seine besondere Aufgabe darin, eine sozialethische Position mit den Eckwerten Unverfügbarkeit des Menschen, Verantwortlichkeit, kritische Solidarität zu vertreten; es geht darum, den anderen im Anderssein zu achten.

Auf Initiative des KDA hat sich in Hamburg eine Zusammenarbeit mit der DAG und der AOK ergeben, die sich im gemeinsamen Beratungstelefon, in der Herausgabe von Broschüren und in Veranstaltungen niederschlägt. In Zusammenarbeit mit dem Hamburger Neurologen und Psychiater Dr. Peter Halama hat der KDA 1994 eine Fragebogenaktion in Betrieben zum Thema Mobbing durchgeführt, deren Ergebnisse – 183 Fragebögen wurden ausgewertet – freilich nicht repräsentativ sind. Hier dennoch einige Ergebnisse: Jede Arbeitnehmerin und jeder Arbeitnehmer kann zum Betroffenen werden, unabhängig von Alter und Geschlecht, Familienstand, Schulbildung oder Firmenzugehörigkeit. Wie der oder die Betroffene den Prozeß jedoch durchsteht, hängt davon ab, wie er / sie in der Sozialisation den Umgang mit Konflikten gelernt hat. Auffällig ist, daß viele der *Mobbenden* zwischen 41 und 60 Jahre alt sind. Die Befragten waren durchschnittlich vier Monate krank geschrieben, nur acht Prozent fanden von sich aus einen Weg, wieder in der Firma aktiv zu werden; alle anderen brauchten fremde Hilfe.

Weitere Erfahrungen, die Dr. Halama und ich in unserer Arbeit gemacht haben, sind: Menschen, die nur sich selbst und ihre Arbeit haben, sind weniger resistent gegen psychische Folgen von Mobbing als solche, die ihr Leben in einen größeren Zusammenhang zu stellen versuchen und außerhalb ihrer selbst Seinsgewißheiten wahrnehmen, zum Beispiel in der Religion. Mobbingbetroffene schränken ihre Handlungsfähigkeit dadurch ein, daß sie die Neigung haben, die eigenen Anteile an der Krise zu verdrängen oder zu verleugnen. Auch hier kann eine Gesprächsgruppe unter kompetenter Leitung eine Hilfe sein, weil im Idealfall eine Auseinandersetzung damit möglich ist, ohne daß der Betroffene sich angegriffen fühlen muß.

Udo Möckel

Schriftliche Anfragen an:
Sozialsekretär Udo Möckel
Schillerstraße 7, 22767 Hamburg
Telefon: 040 / 3 06 23-212

Deutsche Angestelltengewerkschaft (DAG)

In den Landesverbandsleitungen der DAG sind informierte Mitarbeiter ansprechbar. Kurse für Betriebs- und Personalräte finden in Hamburg statt und in anderen Städten auf Anfrage. Die DAG-Verbände sind jeweils in den einzelnen Landeshauptstädten ansässig (Ausnahmen: für Mecklenburg-Vorpommern in Kiel, für Bremen in Hannover, für Hessen in Frankfurt, für das Saarland in Mainz, für Brandenburg in Berlin, für Thüringen in Magdeburg). Außerdem hat die DAG zum Thema Mobbing einen Leitfaden für Betroffene und einen Leitfaden für Betriebs- und Personalräte herausgegeben. Sie sind auf schriftliche Anfrage kostenlos erhältlich bei:
DAG Hamburg,
Holstenwall 5, 20355 Hamburg.

Beratungstelefon (Zusammenschluß von AOK / DAG / KDA / Gesellschaft gegen psychosozialen Streß und Mobbing e. V.):
Tel.: 040 / 20 23-02 09
Montag von 10.00 bis 14.00 Uhr
Dienstag von 14.00 bis 18.00 Uhr
Donnerstag von 17.00 bis 20.00 Uhr

Deutscher Gewerkschaftsbund (DGB)

Ansprechpartner sind alle DGB-Kreise, insbesondere Düsseldorf, Stuttgart und Frankfurt.

Medizinische Hilfe

In Deutschland hat sich seit einiger Zeit ein Arzt der stationären klinischen Arbeit mit Mobbingpatienten zugewendet. Voraussetzung für eine Behandlung ist die Zusage der Kostenübernahme durch einen zuständigen Leistungsträger (Krankenkasse und/oder Rentenversicherung). Informationen bei Dr. Michael Becker in Neubrück, Tel.: 03 37/6 24 20 10, Fax: 03 37/6 24 19 82.

Eine weitere Klinik für Mobbinggeschädigte gibt es in Schweden. Sie wird von Prof. Heinz Leymann geleitet. Er ist zu erreichen über Tel.: 00 46/455-1 57 70, Fax: 00 46/455-1 57 71.

Prof. Heinz Leymanns deutsche Adresse ist die Beratung Psycho-Soziales Management. Hier wird Managementberatung auf den Fachgebieten Arbeitspsychologie, Arbeitspädagogik und Arbeitsmedizin angeboten. Die Beraterfirma führt auch Seminare und Fortbildung in Betrieben durch – für Führungskräfte und für Arbeitsgruppen. Sie berät u. a. in Fragen problemorientierter Personalpolitik und wirtschaftlich orientierter Konfliktverarbeitung:

PsychoSoziales Management,
c/o Dr. Jürgen Ebeling
Winterhuder Marktplatz 21,
22299 Hamburg

Ausbildung, Fortbildung, Forschung

Gesellschaft gegen psychosozialen Streß und Mobbing e. V., Grüne Straße 14, 33175 Bad Lippspringe. Die Gesellschaft bietet u. a. Fortbildung an und versorgt ihre Mitglieder mit Informationen über neues Wissen, Forschung und Beratung. Man kann ordentliches (Personen mit Fachwissen) oder außerordentliches (Interessierte) Mitglied werden.

Fachgerechte Weiterbildung in Zusammenarbeit mit Prof. Heinz Leymann bietet die Profair an: Wilhelmstr. 19 in 33175 Bad Lippspringe, Tel. 05252/53790, Fax 05252/50892.

Das von Prof. Heinz Leymann erarbeite Schulungsmaterial ist in deutscher Bearbeitung unter dem Titel «Begleitkoffer zum Buch ‹Mobbing, Psychoterror am Arbeitsplatz›» erhältlich beim Verlag des Österreichischen Gewerkschaftsbundes (A-1231 Wien, Postfach 109)

Selbsthilfegruppen

Wer sich über Selbsthilfegruppen informieren möchte oder selbst eine organisieren will, kann sich an folgende zwei überregionale Ansprechpartner wenden:
● Deutsche Arbeitsgemeinschaft für Selbsthilfegruppen e. V., Friedrichstr. 28, 35392 Gießen, Tel.: 0641/7022478.
● Nationale Kontakt- und Informationsstelle zur Anregung und Unterstützung von Selbsthilfegruppen (NAKOS); Albrecht-Achilles-Str. 65, 10709 Berlin. Nur schriftliche Anfragen werden erbeten.

Literatur

Deutschsprachige Literatur

Ardelt, E. / Buchner, R. / Gattinger, E. (1993): Mobbing aus psychologischer Sicht. In: Kammer für Arbeiter und Angestellte (Hg.): Mobbing: Psychoterror am Arbeitsplatz und wie man sich dagegen wehren kann. Salzburg: Kammer für Arbeiter und Angestellte, S. 27–31

Bamberg, E. (1992): Stressoren in der Erwerbsarbeit und in der Freizeit: Zusammenhänge mit psychischen Befindensbeeinträchtigungen. In: Zeitschrift für Arbeits- und Organisationspsychologie, 36, Heft 2, S. 84–91

Becker, M. (1993 a): Kalter Krieg am Arbeitsplatz. Karlsruhe: Therapiewoche Nr. 43

Becker, M. (1993 b): Mobbing – Depressionen durch Kollegen-Terror. Ärztliche Allgemeine, 4

Becker, M. / Nowosad, M. (1993): Mobbing – ein Konfliktphänomen am Arbeitsplatz und seine Auswirkungen. Heidelberg: ID-Informationsdienst für Personalverantwortliche

Bögel, R. (1993): Klima-Verbesserungen oder Was hinter Betriebsklima-Untersuchungen steckt: In: Die Mitbestimmung. Heft 1, 38. Jg., S. 28–30

Bosetzky, H. / Heinrich, P. (1989): Mensch und Organisation: Aspekte bürokratischer Sozialisation; eine praxisorientierte Einführung in die Soziologie und die Sozialpsychologie der Verwaltung. Köln: Deutscher Gemeindeverlag

Dick, U. / Dulz, K. (1994): Zwischenbericht Mobbing-Telefon für den Zeitraum 23. 8. 1993–22. 2. 1994. Hamburg: AOK

DSM-III-R (1989): Diagnostische Kriterien und Differentialdiagnosen des Diagnostischen und statistischen Manuals psychischer Störungen DSM-III-R. Weinheim u. a.: Beltz

Dulz, K.: No Mobbing-Broschüre der DAG Hamburg, AOK Hamburg und KDA Hamburg. Dokumentation zum ersten bundesweiten Fachforum «No Mobbing» vom 16. 2. 1993

Dunckel, H. (1985): Mehrfachbelastungen am Arbeitsplatz und psychosoziale Gesundheit. Psychologische Überlegungen und aktuarische Analysen. Frankfurt/Main u. a.: Peter Lang

Dunckel, H. / Zapf, D. (1986): Psychischer Streß am Arbeitsplatz. Belastungen, gesundheitliche Folgen, Gegenmaßnahmen. Köln: Bund

von Eckardstein, D. / Lueger, G. / Niedl, K. / Schuster, B. (1995): Psychische Befindensbeeinträchtigungen und Gesundheit im Betrieb. Herausforderung für Personalmanager und Gesundheitsexperten. Mering u. a.: Hampp

Färber, C. / Resch, M. / Werner, H. (1994): «... noch nicht zu spät...», herausgegeben von der Kooperationsstelle Hamburg in Zusammenarbeit mit dem IAP (Institut für Arbeitspsychologie und Arbeitspädagogik e. V.)

Frese, M. / Semmer, N. (1991): Streßfolgen in Abhängigkeit von Moderatorvariablen: Der Einfluß von Kontrolle und sozialer Unterstützung. In: Greif u. a., S. 135–153

Gebert, D. (1992): Organisationsklima. In: Gaugler, E. / Weber, W. (Hg.): Handwörterbuch des Personalwesens. Stuttgart: Poeschel, Sp. 1489–1507

Gerhart, U. / Heiliger, A. / Stehr, A. (Hg.): Tatort Arbeitsplatz. Sexuelle Belästigung von Frauen. München: Frauenoffensive

Glasl, F. (1992): Konfliktmanagement. Ein Handbuch für Führungskräfte und Berater. Stuttgart: Verlag Freies Geistesleben

Greif, S. / Bamberg, E. / Semmer, N. (Hg.) (1991): Psychischer Streß am Arbeitsplatz. Göttingen: Hogrefe

Gust, R. / Moitz, R. / Peter, L. (1992): Soziale Interaktion im Arbeitsprozeß. Eine betriebssoziologische Untersuchung. Bremen: Universität, Fachbereich 9: Sozialwissenschaften

Hahne, A. (1994): Mobbing: Konflikte unter Kollegen. In: Zeitschrift Führung und Organisation, 3, S. 188–193

Halama, P. (1991): «Mobbing» oder psychosozialer Terror am Arbeitsplatz. neuro-date aktuell, Nr. 4

Harlander (1985)

Holzbecher, M. / Braszeit, A. / Müller, U. / Plogstedt, S. (1991): Sexuelle Belästigung am Arbeitsplatz. Schriftenreihe des Bundesministers für Jugend, Familie, Frauen und Gesundheit. Band 260. Stuttgart u. a.: Kohlhammer

Hopfgartner, A. / Zeichen, M. (1988): Sexuelle Belästigung am Arbeitsplatz. Forschungsberichte aus Sozial- und Arbeitsmarktpolitik, Nr. 20. Wien: Bundesministerium für Arbeit und Soziales, Frauenreferat

Huber, G. (1992): Psychiatrie. Stuttgart: Schattauer

INFAS (Institut für angewandte Sozialwissenschaft) (1992): Umfrage zur Atmosphäre und zur Zufriedenheit am Arbeitsplatz im Auftrag des Bundesverbandes der Betriebskrankenkassen, Essen. Bad Godesberg: INFAS

Kieser A. / Kubicek, H. (1978): Organisationstheorien. Stuttgart: Kohlhammer

Kleinschmidt, M. / Pekruhl, U. (1994): Kooperative Arbeitsstrukturen und Gruppenarbeit in Deutschland. Ergebnisse einer repräsentativen Beschäftigtenbefragung. IAT-Strukturberichterstattung 01. Gelsenkirchen: Institut für Arbeit und Technik

Knorz, C. (1994): Mobbing – eine Extremform von sozialem Streß am Arbeitsplatz. Diplomarbeit. Gießen: Justus Liebig Universität

Kolb, R. / Höna, S. (1994): Das Projekt Arbeit und Klima bei der J. M. Voith GmbH. In: Westermayr, G. / Bähr, B. (Hg.): Betriebliche Gesundheitszirkel. Göttingen u. a.: Verlag für Angewandte Psychologie, S. 211–219

Kowalewsky, W. (1992): Über den Umgang mit Vorgesetzten. Macht und Mut am Arbeitsplatz. Köln: Bund

Krieger, W. (1993): Ein computergestütztes Explorationsverfahren zur Erfassung von psychosozialen Anforderungen und Ressourcen am Arbeitsplatz. In: Diagnostica, 39, Heft 1, S. 63–79

Lazarus, R. / Launier, R. (1981): Streßbezogene Transaktionen zwischen Person und Umwelt. In: Nitsch, J. (Hg.): Streß: Theorien, Untersuchungen, Maßnahmen. Bern u. a.: Huber, S. 213–260

Leymann, H. (1992 g): Mobbing und Psychoterror am Arbeitsplatz. Wien. Sichere Arbeit. Internationales Fachmagazin für Arbeitsschutz und Arbeitsmedizin Nr. 5

Leymann, H. (1993 a): Mobbing. Psychoterror am Arbeitsplatz und wie man sich dagegen wehren kann. Reinbek: Rowohlt

Leymann, H. (1993 c): Krankheiten und Rechtsprobleme als Folge von Mobbing am Arbeitsplatz. In: Kammer für Arbeiter und Angestellte für Salzburg (Hg.): Mobbing. Psychoterror am Arbeitsplatz und wie man sich dagegen wehren kann. Salzburg

Leymann, H. (1993 d): Ätiologie und Häufigkeit am Arbeitsplatz – eine Übersicht über die bisherige Forschung. Mering: Zeitschrift für Personalforschung, 7. Jahrgang

Leymann, H. (1993 e): Mobbing. Psychokrieg am Arbeitsplatz. gdi impuls, 4, S. 20–29

Leymann, H. / Niedl, K. (1994): Mobbing, Psychoterror am Arbeitsplatz. Ein Ratgeber für Betroffene. Wien: ÖGB-Verlag

Lorenz, K. (1991): Hier bin ich – wo bist du? Ethologie der Graugans. München u. a.: Piper

Lüders, E. (1993): Der tägliche Nervenkrieg. Wie das Büro uns krank macht. In: Psychologie Heute, August, S. 52–57

Moebius, M. (1988): Psychoterror im Betrieb. In: Psychologie Heute, 1, S. 32–39

Mohr, G. (1991): Fünf Subkonstrukte psychischer Befindlichkeitsbeeinträchtigungen bei Industriearbeitern: Auswahl und Entwicklung. In: Greif u. a.

Neuberger, O. (1994): Mobbing. Übel mitspielen in Organisationen. Mering u. a.: Hampp

Niedl, K. (1992): Mobbing, Feindseligkeiten gegen Kollegen/innen, Vorgesetzte und Untergebene am Arbeitsplatz. Eine empirische Analyse in einem Forschungsinstitut. Wien: Wirtschaftsuniversität, Abteilung für Personalwirtschaft

Niedl, K. (1993): Psychoterror/Schikane am Arbeitsplatz. Einsichten in das Phänomen «Mobbing» aus empirischer Sicht. In: Eschenbach, R. (Hg.): Forschung für die Wirtschaft. Im Mittelpunkt: der Mensch. Wien: Service Fachverlag, S. 89–98

Niedl, K. (1995): Mobbing/Bullying am Arbeitsplatz. Eine empirische Analyse zum Phänomen sowie zu personalwirtschaftlich relevanten Effekten von systematischen Feindseligkeiten. Dissertation. Mering u. a.: Hampp

Nitsch, J. (Hg.) (1981): Streß. Theorien, Untersuchungen, Maßnahmen. Bern u. a.: Huber

Nosthoff, M. (1993): Das Phänomen Mobbing – eine Aufgabe betrieblicher Sozialarbeit? Diplomarbeit. Münster: Katholische Fachhochschule NW

Plogstedt, S./Bode, K. (1984): Übergriffe. Sexuelle Belästigung in Büros und Betrieben. Reinbek: Rowohlt

Resch, M. (1994): Wenn Arbeit krank macht. Frankfurt/Main: Ullstein

von Rosenstiel, L./Molt, W./Rüttinger, B. (1988): Organisationspsychologie. Stuttgart u. a.: Kohlhammer

Rothschild, B. (1994[6]): Seele in Not – Was tun? Zürich: Fachverlag AG

Rummel, M. (1983): Neues zum Thema «Psychischer Streß». Ein Untersuchungsbericht für die Beteiligten. Forschungsprojekt «Psychischer Streß am Arbeitsplatz». Berlin: Freie Universität

Rußland, R. (1992): Das Suchtbuch für die Arbeitswelt. Frankfurt/Main: IG Metall

Schneider, K. (1950): Die psychosomatischen Persönlichkeiten. Wien: Denticke. 9. Auflage

Schumpeter, J. (1965): Geschichte der ökonomischen Analyse. Göttingen: Vandenhoeck & Ruprecht

Seemann, H./Meier, R. (1989): Das Prinzip Bosheit: die Alltäglichkeit der Schikane. Basel: Beltz

Theis, K. (1985): Fehlzeiten und psychische Beschwerden. Reaktionsformen auf Belastungen im Betrieb. Spardorf: Wilfer

WHO-ICD-10 (1992). Göttingen: Huber

Wunderer, R. (1992): Zukunftstrends in der Personalarbeit: Schweizerisches Personalmanagement 2000. Bern u. a.: Haupt

Zimmermann, L. (1982): Belastung und Streß bei der Arbeit. Körperliche und psychische Beanspruchung, Gesundheit, Erholungspausen. Reinbek: Rowohlt

Fremdsprachige Literatur

Adams, A. (1992): Bullying at Work. How to confront and overcome it. London: Virago Press

Bachratz, M. (1992): The two faces of power. American Political Science Review 56, S. 947–952

Besag, V. (1989): Bullies and Victims. London: Open University Press

Björkqvist, K./Ekman, K./Lagerspetz, K. (1982): Bullies and victims: Their ego picture, ideal ego picture and normative ego picture. In: Scandinavian Journal of Psychology, 23, S. 307–313

Björkqvist, K. / Österman, K. / Kaukiainen, A. (1992): The development of direct and indirect aggressive strategies in males and females. In: Björkqvist, K. / Niemelä, P. (Hg.): Of Mice and Women: Aspects of Female Aggression. San Diego, CL: Academic Press, S. 51–64

Björkqvist, K. / Österman, K. / Hjelt-Bäck, M. (1994): Aggression among University Employees. Submitted to «Aggressive Behavior», Åbo: Åbo Akademi

Björkqvist, K. / Österman, K. / Lagerspetz, K. (1994): Sex Differences in Covert Aggression Among Adults. In: Aggressive Behavior, Ausg. 20, S. 27–33

Brodsky, C. (1976): The Harassed Worker. Lexington, MA: Heath and Company

Bureau of National Affairs (1990): Violence and Stress: The Work / Family Connection. The BNA Special Report on Work and Family. Special Report Nr. 32, August

Cooper, C. (1989): The Six Major Sources of Stress at Work. In: Kaplun, A. / Wenzel, E. (Hg.): Health Promotion in the Working World. Berlin u. a.: Springer, S. 47–54

Einarsen, S. / Raknes, B. (1991): Mobbing i arbeidslivet. En undersøkelse av forekomst og helsemessige konsekvenser av mobbing på norske arbeidsplasser. Bergen: Forskningssenter for Arbeidsmiljø, Helse og Sikkerhet (FAHS), Universitetet i Bergen

Fogel, R. W. (1964): Railroads and American Growth: Essays in Econometric History. John Hopkins University Press

da Fonseca, M. / Garcia, I. / Perez, G. (1989): Violence, Bullying and Couselling in the Iberian Peninsula. In: Roland, E. / Munthe, E. (Hg.): Bullying: An international Perspective. London: David Fulton Publishers, S. 35–52

Gaventa, J. (1987): Makt och deltagande. I Petterson: Maktbegreppet. Stockholm: Carlsons

Heinemann, P. (1972): Mobbning – gruppvald bland barn och vuxna. Stockholm: Natur och Kultur

Jones, E. (1953–1957): The Life of Sigmund Freud 1–3. New York: Basic Books

Jones, E. (1984): Social stigma – The psychology of marked relationships. New York: W. H. Freeman & Co.

Karasek, R. / Theorell, T. (1990): Healthy work. Stress, Productivity, and the Reconstruction of Working Life. BasicBooks

Kolb, D. M. / Bartunek, J. M. (1992): Hidden conflicts in organizations. Newbury Park: Sage

Lazarus, R. (1966): Psychological Stress and the Coping Process. New York u. a.: McGraw Hill

Lazarus, R. / Folkman, S. (1984): Stress, Appraisal, and Coping. New York: Springer

Leymann, H. (1986): Vuxenmobbning – om psykiskt våld i arbetslivet. Lund: Studentlitteratur

Leymann (1987): Självmord till följd av förhållanden i arbetmiljön. In: Arbete, människa, miljö, 3, S. 155–160

Leymann (1988): Ingen annan utväg – om utslagning och självmord som fjöld av mobbning i arbetslivet. Stockholm: Wahlström & Widstrand

Leymann (1989): När livet slår till. Offersituationer, följdhändelser och psykiska problem. Stockholm: Natur und Kultur

Leymann (1990a): Presentation av LIPT-formuläret. Konstruktion, validering, utfall. Stockholm. Violen inom Praktikertjänst

Leymann (1990b): Mobbing and Pychological Terror at Workplaces. In: Violence and Victims, Ausg. 5, Nr. 2, S. 119–126

Leymann (1991): Rent spel. Ett utvecklingsmaterial mot oetisk kommunikation pa arbetsplatsen. Stockholm: Arbetarskyddsstyrelsens informationsavdelning

Leymann (1992a): Från mobbning till utslagning i arbetslivet. Stockholm: Publica

Leymann (1992b): Vuxenmobbning på svenska arbetsplatser. En rikstäckande undersökning med 2428 intervjuer. Delrapport 1 om frekvenser. Stockholm: Arbetarskydsstyrelsen

Leymann (1992c): Psykiatriska hälsoproblem i samband med vuxenmobbning. En rikstäckande undersökning med 2428 intervjuer. Delrapport 3. Arbetarskyddsstyrelsen

Leymann (1992d): Lönebidrag och mobbad. En svag grupps psykosociala arbetsvillkor i Sverige. Stockholm: Arbetarskyddsstyrelsen

Leymann (1992e): Manligt och kvinnligt vid vuxenmobbning. En rikstäckande undersökning med 2428 intervjuer. Delrapport 2. Stockholm: Arbetarskyddsstyrelsen

Leymann (1992f): Mobbning av föreståndare inom två barnomsorgs-områden. Stockholm: Arbetarskyddsstyrelsen

Leymann (1993b): Oetisk kommunikation i partiarbetet. Stockholm: Arbetaridsskyddsstyrelsen

Leymann (in Arbeit): Suicider bland sjuksköterskor

Leymann, H. / Engström, M. / Green, G. / Rahm, J. (1992): Mobbning av föreståndare inom två barnomsorgsområden. Stockholm: Arbetarskyddsstyrelsen

Leymann, H. / Gustavsson, B. (1984): Psykiskt våld i arbetslivet. Stockholm

Leymann, H. / SIPU (Statens institut för personalutveckling) (1989): Violens handledarpärm: Vuxenmobbning mot psykiskt vald i arbetslivet. Uppsala: SIPU

Leymann, H. / Tallgren, U. (1989): Undersökning av frekvensen vuxenmobbning inom SSAB, ett stålverk. Arbete-människa-miljö 1

Lifton, R. J. (1967): Death in Life. Survivors of Hiroshima. New York: Simon & Schuster

Lindroth, S. / Leymann, H. (1993): Vuxenmobbning mot en minoritetsgrupp av män inom barnomsorgen. Stockholm: Arbetarskyddsstyrelsen

Lukes, S. (1974): Power. A Radical View. London: Macmillan

Matthiesen, S. / Raknes, B. / Rokkum, O. (1989): Mobbing på arbeidsplassen. Tidskrift for Norsk Psykologforening, 26, S. 761–774

Niedl, K. (1994): Occurrence of Harassment in Scandinavian and Austrian Companies – A Cultural Comparison. In: Back to Work. International Conference on Vocational Rehabilitation, Work & Health Welfare. 17. bis 19. Mai, Ronneby / Schweden, S. 37–41

North, D. C. (1990): Institutions, Institutional Change and Economic Performance. Cambridge University Press

Olweus, D. (1986): Mobbning, vad vi vet och vad vi kan göra. Stockholm: Liber utbildningsförlaget

O'Moore, A. (1989): Bullying in Britain and Ireland: An Overview. In: Munthe, E. / Roland, E. (Hg.): Bullying. An International Perspective. London: David Fulton Publishers, S. 3–21

Paananen, T. / Vartia, M. (1991): Henkinen väkivalta työpaikoilla. Kysely- ja haastattelututkimus valtion työterveyshuollossa ja työterveyshuollon auttamiskeinot. Helsinki: Työterveyslaitos, psykologian osasto

Parenti, M. (1970): Power and Pluralism: A View from the Bottom. Journal of Politics

Petersson, O. (1987): Maktbegreppet. Stockholm: Carlsons

Pikas, A. (1989): The Common Concern Method für the treatment of Mobbing. In: Roland, E. / Munthe, E. (Hg.): Bullying: An International Perspective. London: David Fulton Publishers, S. 91–104

Roethlisberger, F. / Dickson, W. (1956): Management and the worker. An Account of a Research Program Conducted by the Western Electric Company, Hawthorne Works, Chicago. Cambridge, Mass.: Harvard University Press

Roland, E. (1983): Strategi mot mobbing. Oslo: Universitetsforlaget

Roland, E. / Munthe, E. (Hg.): Bullying. An international perspective. London: D. Fulton

Thylefors, I. (1987): Syndabockar. Om utstötning och mobbning i arbetslivet. Stockholm: Natur och Kultur

SIF (1986): Frivillig arbetslöshet. Om orsaker. Svenska Industrimannaförbundets avdelning i Göteborg

Vartia, M. (1991): Bullying at workplaces. In: Towards the 21st Century. Work in the 1990s. International Symposium on Future Trends in the Changing Working Life. 13. bis 15. August, Helsinki, S. 131–135

Wilson, B. (1991): U. S. Businesses Suffer from Workplace Trauma. In: Personnel Journal, Juli, S. 47–50

Witey, M. / Cooper, W. (1989): Predicting Exit, Voice, Loyalty, and Neglect. In: Administrative Science Quarterly, 34, S. 521–539

Zu den Autoren

Michael Becker, geb. 1956; Arzt für Neurologie und Psychiatrie; Leiter der Brandenburgischen Klinik für Psychosomatik; Vorsitzender der Gesellschaft gegen psychosozialen Streß und Mobbing e. V. (GPSM).

Wolfgang Däubler, geb. 1939; Studium der Rechtswissenschaft; seit 1971 Professor für deutsches und europäisches Arbeitsrecht, bürgerliches Recht und Wirtschaftsrecht an der Universität Bremen.

Jürgen Ebeling, Dr. med.; geb. 1944; Facharzt für Innere Medizin; praktiziert und lebt in Hamburg; zugleich ist er arbeitsmedizinisch tätig; Beschäftigung mit Mobbing seit Mitte der 80er Jahre.

Uwe Grund, geb. 1952, Landesverbandsleiter der DAG Hamburg und Bürgerschaftsabgeordneter.

Heinz Leymann, geb. 1932 in Wolfenbüttel (Niedersachsen), lebt seit 1955 in Schweden; Betriebswirt; Diplompsychologe; 1978 Dissertation zum Thema Arbeitspsychologie; seit 1982 Associate professor an der Universität Stockholm; von 1979 bis 1990 Forschungsleiter am Reichsinstitut für Arbeitswissenschaften; 1990 Dissertation (Dr. med. sci.) am psychiatrischen Institut der Universität Umeå; seit 1992 Lehrstuhl für Arbeitswissenschaft an der Universität Umeå.

Klaus Niedl, Mag., Dr.; geb. 1965; Betriebswirtschaftsstudium mit Schwerpunkt Personalwirtschaft; Dissertation über Mobbing; als Lektor an der Wirtschaftsuniversität Wien und als Personalentwickler in einem Privatunternehmen tätig.

Martin Resch, geb. 1955; Diplompsychologe und Konfliktforscher; seit 1989 leitet er das Institut für Arbeitspsychologie und Arbeitspädagogik e. V. (IAP) in Seevetal bei Hamburg. Er ist als Dozent, Trainer und Berater tätig und berät Unternehmen zu Fragen der psychischen Belastungen in der Arbeit und der Gestaltung von gesundheitsgerechten Arbeitsbedingungen.

«Niemand darf die Arbeit des Betriebsrates behindern, insbesondere darf kein Arbeitnehmer in der Ausübung des aktiven und passiven Wahlrechts beschränkt werden. Niemand darf die Wahl des Betriebsrats durch Zufügung oder Androhung von Nachteilen oder durch Gewährung oder Versprechen von Vorteilen beeinflussen.»
§ 20 des Betriebsverfassungsgesetzes

Frank von Auer/Franz Segbers (Hg.)
Markt und Menschlichkeit
Kirchliche und gewerkschaftliche Beiträge zur Erneuerung der Sozialen Marktwirtschaft. Mit dem gemeinsamen Sozialwort der Kirchen.
(rororo aktuell 13690)

Wolfgang Belitz (Hg.)
Wege aus der Arbeitslosigkeit
(rororo aktuell 13671)

Wolfgang Däubler
Ratgeber Arbeitsrecht *Mit den Übergangsregelungen für die neuen Bundesländer*
(rororo aktuell 13014)
Das Arbeitsrecht 1 *Leitfaden für Arbeitnehmer*
(rororo aktuell 4057)
Das Arbeitsrecht 2 *Leitfaden für Arbeitnehmer*
Vollständig überarbeitete und erweiterte Neuausgabe
(rororo aktuell 13674)

Heinz Leymann
Mobbing *Psychoterror am Arbeitsplatz und wie man sich dagegen wehren kann*
(rororo aktuell 13351)
Heinz Leymann beschreibt, welche Arten von Mobbing es

gibt, wie sie entstehen und welche Folgen sie haben.
Der neue Mobbing- Bericht
Erfahrungen und Initiativen, Auswege und Hilfsangebote
(rororo aktuell 13567)

Humane Arbeit - Leitfaden für Arbeitnehmer 1
Arbeitsgestaltung und Mitbestimmung
Herausgegeben von Lothar Zimmermann
Teil I: Arbeitswissenschaft - Arbeitsgestaltung - Arbeitnehmerinteressen
Teil II: Rechtliche Grundlagen der Arbeitsgestaltung
(rororo aktuell 4941)

H. Matthies/U. Mückenberger/C. Offe/E. Peters/ S. Raasch
Arbeit 2000 *Anforderungen an eine Neugestaltung der Arbeitswelt. Eine Studie der Hans- Böckler- Stiftung*
(rororo aktuell 13565)

«Vater schrie die Hebamme an und spuckte ihr ins Gesicht, als er hörte, daß das Neugeborene ein Mädchen war. Er verließ das Haus, sein Stolz und seine Männlichkeit waren zutiefst gekränkt. Erst nach zwei Wochen schleppten ihn seine Freunde in betrunkenem, elendem Zustand nach Hause. An diesem Tag schlug er unsere Mutter das erste Mal. Sie jedoch spürte seine Fäuste nicht, weinte vor Freude und war froh, daß er zurückgekommen war. Sie zog ihm die zerlumpten Kleider vom Leib, wusch ihn und legte ihn schlafen.»
(Aus Saliha Scheinhardt, «Träne für Träne werde ich heimzahlen»)

Veronika Bennholdt-Thomson (Hg.)
Juchitán - Stadt der Frauen
Vom Leben im Matriarchat
(frauen aktuell 13396)

Saliha Scheinhardt
Träne für Träne werde ich heimzahlen *Kindheit in Anatolien*
(frauen aktuell 12234)
Die Autorin erzählt von einer Kindheit in Armut, Unsicherheit und bedrückender Enge. Und von den ständigen Ausbruchversuchen, der Sehnsucht nach Freiheit, nach einem eigenen Leben.

Barbara Yurtdas
Wo mein Mann zuhause ist ...
Tagebuch einer Übersiedlung in die Türkei
(frauen aktuell 5137)

Gisela Frese-Weghöft
Ein Leben in der Unsichtbarkeit
Frauen im Jemen
(frauen aktuell 5645)

Martha Mamozai
Schwarze Frau, weiße Herrin
Frauenleben in den deutschen Kolonien
(frauen aktuell 12506)
«Wir waren auch Komplizinnen, Unterdrückerinnen, Herrinnen. Frauen haben, das lehrt diese historische Retrospektive, mitgeschwiegen und mitgemacht - und müssen deshalb heute mitverantworten.»
Martha Mamozai
Komplizinnen
(frauen aktuell 12405)
Die Autorin erzählt in diesem Buch Geschichten von Frauen, die Gesetzlose, Kolonialistinnen, Nationalsozialistinnen, Terroristinnen gewesen sind - Geschichten, die die Vorstellung, daß dort, wo Frauen herrschen, das Leben anders, besser, friedlicher sei, in Zweifel ziehen.

Dirk Brouër, Herbert Trimbach u.a.
Offene Vermögensfragen - ein Ratgeber *Der Streit um Häuser, Datschen und Grundstücke: Zur veränderten Rechtslage in den neuen Ländern*
(rororo aktuell 13672)

Daniela Dahn
Wir bleiben hier oder Wem gehört der Osten *Vom Kampf um Häuser und Wohnungen in den neuen Bundesländern*
(rororo aktuell 13423)
Mehrere Millionen Menschen in den neuen Bundesländern sehen die Grundlage ihrer Existenz gefährdet. Sie wissen nicht, ob und wie lange sie noch in ihren Häusern und Wohnungen bleiben können. Der Band beschreibt die desaströsen Folgen der bis heute üblichen Rechtspraxis – «Rückgabe vor Entschädigung» – und entwickelt Perspektiven für eine politisch wie sozial vertretbare Eigentumsregelung.

Götz Eisenberg/Reimer Gronemeyer
Jugend und Gewalt *Der neue Generationenkonflikt oder Der Zerfall der zivilen Gesellschaft*
(rororo aktuell 13352)

Walter Hanesch u.a.
Armut in Deutschland *Der Armutsbericht des DGB und des Paritätischen Wohlfahrtsverbandes*
(rororo aktuell 13420)

Holger Rosenberg/Marianne Steiner
Paragraphenkinder *Erfahrungen mit Pflege- und Adoptivkindern*
(rororo aktuell 12989)

Wolfgang Schmidbauer (Hg.)
Pflegenotstand – das Ende der Menschlichkeit *Vom Versagen der staatlichen Fürsorge*
(rororo aktuell 13118)

Burkhard Schröder
Heroin *Sucht ohne Ausweg? – Ein Aufklärungsbuch*
(rororo aktuell 13276)

Bernd Wagner (Hg.)
Handbuch Rechtsextremismus *Netzwerke, Parteien, Organisationen, Ideologiezentren, Medien*
(rororo aktuell 13425)